Irmhild Katharina Jakobi-Reike

Die Wewelsburg 1919 bis 1933

Kultureller Mittelpunkt des Kreises Büren und
überregionales Zentrum der Jugend- und Heimatpflege

mit einem Beitrag von *Albrecht Seufert*
und einem Nachwort von *Wulff E. Brebeck*

Schriftenreihe des Kreismuseums Wewelsburg
Herausgeber: Kreis Paderborn
Band 3

Redaktion: Wulff E. Brebeck

Paderborn 1991
Druck: Druck + Verlag Ernst Vögel GmbH, Kalvarienbergstr. 22, 8491 Stamsried

Für die in diesem Band enthaltenen inhaltlichen Aussagen
tragen die Autoren die Verantwortung.

Titel: Michael Vogdt
Reprofotografie: Johannes Büttner

ISBN 3-925355-69-3

Inhalt

	Seite
Vorwort des Kreises Paderborn	5
Vorwort des Vereins für Geschichte an der Universität-Gesamthochschule Paderborn e. V.	7
Abkürzungen	8
Einleitung: Zur Geschichte der Wewelsburg bis 1919	9

I. Die Wewelsburg 1919 bis 1923: Der erste Schritt in die Gegenwart
Albrecht Seufert — 17

1. Blick auf die historischen Bedingungen — 17
2. Die unmittelbare Vorgeschichte — 18
3. Das Jugendheim-Projekt und sein (vorläufiges) Scheitern — 21

II. Der Ausbau der Wewelsburg durch den Kreis Büren ab 1924 — 33

1. Der Beginn der Baumaßnahmen und der Erwerb der Wewelsburg — 33
2. Die Finanzierung des Burgausbaus — 43
3. Die einzelnen Ausbauphasen — 53
4. Der Beitrag des Vereins zur Erhaltung der Wewelsburg e. V. zur Entwicklung der Wewelsburg zum kulturellen Mittelpunkt des Kreises Büren und überregionalen Zentrum der Jugend- und Heimatpflege — 65

III. Die Bedeutung der Wewelsburg als kultureller Mittelpunkt des Kreises Büren und überregionales Zentrum der Jugend- und Heimatpflege — 83

1. Die Eröffnung der Wewelsburg am 31. Mai 1925 — 83
2. Die Wewelsburg als Stätte der Jugendbegegnung — 98
3. Die Wewelsburg als Versammlungs- und Tagungsort — 103
4. Die Wewelsburg als Zentrum der Heimatpflege — 116

Ausblick: Zur Nutzung der Wewelsburg für kulturelle Zwecke nach dem Zweiten Weltkrieg	131
Nachwort: *"Unserem sinkenden Volke wenigstens eins zu erhalten ..."* - ein Nachwort zur Heimatpflege in Wewelsburg *Wulff E. Brebeck*	135
Quellen und Literatur	148
Personenregister	155
Abbildungsverzeichnis	159

Vorwort des Kreises Paderborn

Mit diesem Buch legt der Kreis Paderborn den dritten Band der Schriftenreihe des Kreismuseums Wewelsburg vor. Als der Kreis im Zuge der kommunalen Neugliederung 1975 vom Landkreis Büren die Wewelsburg übernahm, verpflichtete er sich damit, für die Erforschung aller Epochen der Geschichte dieses bedeutenden Bauwerks Sorge zu tragen. Der vorliegende Band ist der Geschichte der Burg in der Weimarer Zeit gewidmet, in der Gedanken in die Tat umgesetzt wurden, die grundlegende Bedeutung bis in die Gegenwart hinein besitzen.

Mit der Übernahme der Burg vom preußischen Staat und ihrer Nutzung als „Kulturzentrum" ab 1925 leistete der Kreis Büren nicht nur einen Beitrag zur zeitgemäßen Denkmalpflege, da der über ein Jahrhundert währende Verfall der einstigen fürstbischöflichen Nebenresidenz aufgehalten wurde, sondern entwickelte auch ein kulturpolitisches Konzept, das auch heute noch Beachtung verdient.

Sozial- und bildungspolitische Ausgangspunkte (Vermittlung sozialer Kontakte zu Jugendlichen in den besetzten Gebieten des Rheinlandes, Bekämpfung des Jugendalkoholismus, Verminderung des Bildungsgefälles zwischen Stadt und Land u. a.) führten zu einer Verbindung von Museum, Jugendherberge mit Bibliothek und modern ausgestatteten Veranstaltungsräumen in der neu ausgebauten Wewelsburg. Die reizvolle Umgebung und die Möglichkeit, sich auf einem Sportplatz zu betätigen, ergänzten das Angebot.

Irmhild Jakobi-Reike zeigt nicht nur auf, wie im Verlauf des Ausbaus und der Konkretisierung der Zielstellungen die verschiedenen Verwaltungsebenen und beteiligten Behörden auf die tatkräftige Initiative der Bürener Landräte hin zusammenwirkten, sondern auch, welche Bedeutung die Beteiligung aktiver Bürger und vor allem heimischer Firmen für das Gelingen des Projekts besaß. So entstand u. a. in dieser Zeit erstmalig ein Förderverein Wewelsburg.

Aus der weiteren Darstellung wird deutlich, wie schnell sich die Wewelsburg zum kulturellen Zentrum des Kreises Büren entwickelte. Nicht nur die Einheimischen nahmen die vielfältigen Möglichkeiten zur Teilnahme an Fortbildungs- und Kulturveranstaltungen wahr; die Wewelsburg wurde zu einem Ort der Jugendbegegnung mit überregionalem Einzugsgebiet. Besonders Kenner der katholischen Jugendbewegung der Weimarer Zeit werden feststellen, daß die Wewelsburg in ihrer zentralen Bedeutung für viele katholische Verbände bislang noch kaum zureichend gewürdigt wurde.

Der Kreis dankt der Autorin für die sorgfältige Arbeit, die über die Darstellung der örtlichen Entwicklung hinausreicht und Einblicke in die Kulturgeschichte der Weimarer Republik ermöglicht.

Dank gebührt auch Albrecht Seufert für seine Studie zum ersten gescheiterten Projekt eines Jugendheims 1919 bis 1923, das gleichwohl die Grundlage für die kommenden Pläne schuf.

Das vorliegende Buch entwickelte sich aus einer Staatsexamensarbeit der Verfasserin bei Prof. Dr. Karl Hüser. Der zweite Vorsitzende des „Fördervereins Kreismuseum Wewelsburg" und Fachmann für die Geschichte der Burg im Nationalsozialismus hat mit dem Themenvorschlag und der Betreuung der Arbeit einmal mehr seine Verbundenheit mit der Wewelsburg bewiesen.

Die Veröffentlichung hätte in dieser Form nicht realisiert werden können ohne die Unterstützung des Vereins für Geschichte an der Universität-Gesamthochschule Paderborn, dem Mitherausgeber des Buches, und des Landschaftsverbandes Westfalen-Lippe. Ihnen sei besonders gedankt.

Wir wünschen dem Werk die große Leserschaft, auch über den Kreis Paderborn hinaus, die diese Studie richtungsweisender Kulturpolitik eines preußischen Landkreises in den zwanziger Jahren unseres Erachtens verdient.

(Joseph Köhler)
Landrat des Kreises Paderborn

(Werner Henke)
Oberkreisdirektor

Vorwort des Vereins für Geschichte

Das Erscheinen eines Buches über die Wewelsburg für den kurzen Zeitraum von 1919 bis 1933 mag verwundern. Viele vermuten zweifellos, die Burg habe neben ihrer architektonischen Schönheit und ihrer eher unrühmlichen und bereits beschriebenen Rolle während der Zeit des Nationalsozialismus nur wenig zu bieten, das eine derartige Veröffentlichung rechtfertige.

Diese Annahme ist jedoch irrig. Die Wewelsburg verdient nicht nur wegen ihrer baulichen Besonderheiten Aufmerksamkeit, sondern auch aufgrund der Tatsache, daß sich in den damaligen Ausbau- und Nutzungsplänen wesentliche Züge der geistigen Verfassung der Weimarer Republik widerspiegeln. So weist die vorliegende, ursprünglich auf eine Staatsarbeit der Autorin zurückgehende Veröffentlichung die enge Verflechtung von scheinbar nur regional bedeutsamen Aktivitäten des Landkreises Büren zum Ausbau der Wewelsburg mit reichsweiten Tendenzen in Politik, Wirtschaft und Kultur in den zwanziger Jahren nach.

Wurden auch bereits im 19. Jahrhundert schon Versuche gemacht, das Bauwerk durch eine wie auch immer geartete Nutzung vor dem Verfall zu bewahren, so ist doch das nach dem Ersten Weltkrieg durchgesetzte Konzept neu, nämlich die Probleme und Anliegen jener Zeit aufzugreifen und allgemeine Bestrebungen, wie die Pflege von Heimat und Brauchtum auf der einen und das Ideal der Erziehung der Jugend auf der anderen Seite, in der Konzeption zu berücksichtigen.

Als Ergebnis des Studiums der bislang unveröffentlichten Quellen läßt sich der gelungene Ausbau der Wewelsburg zu einem kulturellen Mittelpunkt des Kreises und zu einem überregionalen Zentrum der Jugend- und Heimatpflege festhalten, der die Burg in abgewandelter Form bis in unsere Tage prägt.

Der Verein für Geschichte an der Universität-Gesamthochschule Paderborn e. V., der die Erarbeitung und Veröffentlichung der Forschungsergebnisse nach Kräften gefördert hat und hiermit gemeinsam mit dem Kreis Paderborn der Öffentlichkeit übergibt, hofft mit der Verfasserin, daß dieses Buch dem Leser weitere Anregungen und neue Kenntnisse über die Wewelsburg, ihre Geschichte und ihre Bedeutung gerade auch für die Gegenwart zu geben vermag.

Paderborn, im Mai 1990

Friedhelm Golücke

Vorsitzender des Vereins für Geschichte
an der Universität-Gesamthochschule-Paderborn

Abkürzungen

BKW	Bau- und Kunstdenkmäler von Westfalen
BÜ	Büren
BZ	Bürener Zeitung
DJH	Deutsches Jugendherbergswerk/Verband deutscher Jugendherbergen
DJK	Deutsche Jugendkraft
DNVP	Deutschnationale Volkspartei
DT	Detmold
FAD	Freiwilliger Arbeitsdienst
F.D.K.	Friedensbund Deutscher Katholiken
KA	Kreisarchiv
KM	Kreismuseum
LThK	Lexikon für Theologie und Kirche
MGH	Monumenta Germaniae Historica
MS	Münster
NS	Nationalsozialismus
NSDAP	Nationalsozialistische Deutsche Arbeiterpartei
NW	Neue Westfälische
PB	Paderborn
RhVjbll	Rheinische Vierteljahresblätter
SA	Sturmabteilung
SS	Schutzstaffel
StA	Staatsarchiv
StdtA	Stadtarchiv
W	Wewelsburg
WK	Westfälischer Kurier
WV	Westfälisches Volksblatt
WZ	Westfälische Zeitschrift - Zeitschrift für vaterländische Geschichte und Altertumskunde

Einleitung

Zur Geschichte der Wewelsburg bis 1919

"Die dreitürmige, im Stil der Weserrenaissance auf einer Bergzunge hoch über dem Almetal erbaute Wewelsburg ist in dieser Gestalt seit Anfang des 17. Jahrhunderts das Wahrzeichen des Bürener Landes."[1]

Diese Aussage bezieht sich auf die Zeit, als sich die Wewelsburg im Besitz der Paderborner Kirche befand und namentlich unter den Bischöfen Theodor von Fürstenberg (1585 – 1618), Theodor Adolph von der Recke (1650 – 1661) und Ferdinand von Fürstenberg (1661 – 1683), denen sie als Residenz und Jagdschloß diente, ihre bis heute charakteristische Dreiecksgestalt erhielt, mit der sie Gegenstand und Grundlage dieser Arbeit ist.

Auch wenn sich das Thema auf den Zeitraum von 1919 bis 1933 beschränkt, haben die Forschungen hierzu die Notwendigkeit aufgezeigt, einen Blick auf das wechselvolle Geschick des Bauwerkes vor dieser Zeit zu werfen. Erst wenn die unterschiedlichen Funktionen, die der Burg im Laufe der Jahrhunderte, insbesondere im 19. Jahrhundert, unter ihren jeweiligen Besitzern zugedacht wurden, gegenwärtig sind, läßt sich die Tragweite ihres grundlegenden Bedeutungswandels ermessen, die sie nach dem Ersten Weltkrieg erfuhr und die im folgenden behandelt wird: Von einem in preußischer Zeit dem Verfall ausgesetzten baulichen Denkmal entwickelte sie sich als Eigentum des Kreises Büren innerhalb von nur wenigen Jahren zu einem kulturellen Mittelpunkt dieses Gebietes und zu einem überregionalen Zentrum der Jugend- und Heimatpflege.

Da eine lückenlose Beschreibung der Geschichte der Wewelsburg in diesem Rahmen weder angestrebt noch möglich ist – insofern, als mehrere Untersuchungen vor allem zur mittelalterlichen Baugeschichte sowie zum Schicksal der Burg von der Renaissance bis zum Ersten Weltkrieg[2] in absehbarer Zeit neue Erkenntnisse erwarten lassen –, sei die Geschichte der Burg an dieser Stelle unter stärkerer Betonung des 19. Jahrhunderts lediglich abrißhaft skizziert.

Die Anfänge der Wewelsburg,[3] die ihren Namen nach heutigen Erkenntnissen wohl nicht von einem in der Überlieferung genannten Wevel von Büren erhalten hat,[4] sondern nach ihrer Lage auf der vorspringenden Bergspitze – in mittelalterlichen Urkunden immer wieder als *"Weifel, Wifel, Webel"* oder ähnlich bezeichnet[5] – lassen sich bis in das 10. Jahrhundert zurückverfolgen, als mehrfach Ungarn nach Westfalen eindrangen und dabei bis in den Bürener Raum vorstießen. Während die Entstehungszeit, die in der Zeit Heinrichs I. (919 – 936) zwischen 919 und 924 oder um 930 vermutet wird,[6] wissenschaftlich noch nicht genau festgelegt werden konnte, bestätigte eine Grabung aus dem Jahr 1924 jedoch die Existenz einer Wallburg, welche – wie auch schon von dem sächsischen Chronisten des 12. Jahrhunderts, dem sog. Annalista Saxo, angegeben – den Bewohnern der Umgebung Schutz gegen die Überfälle der Ungarn bot.[7]

Im Jahre 1123 ließ der Stiftsvogt und Neffe des Paderborner Bischofs Heinrich II. (1105 – 1127), Graf Friedrich von Arnsberg (1092 – 1124),[8] die später verfallene Wewelsburg als zweite Grenzburg neben der Burg Rietberg bei Wiedenbrück zum Schutz der alten Grenzen seiner Grafschaft gegen die immer mehr um sich greifende Macht der Bischöfe von Münster und Paderborn von den Bauern in hartem Frondienst

---

[1] Karl Hüser, Wewelsburg 1933 bis 1945, Kult- und Terrorstätte der SS: eine Dokumentation, Paderborn, 2. überarb. Aufl. 1987 (Schriftenreihe des Kreismuseums Wewelsburg 1), S. 8.

[2] Zu letzterem sei vor allem auf die Dissertation von Albrecht Seufert verwiesen.

[3] Vgl. besonders Ferdinand Frhr. von Fürstenberg, Monumenta Paderbornensia ex historica romana, francia, saxonica eruta et novis inscriptionibus, figuris, tabulis geographicis et notis illustrata, editio altera a priori auctior, Amstelodami 1672, S. 219 – 231 bzw. die deutsche Übersetzung, in: Franz-Josef Micus, Denkmale des Landes Paderborn, Paderborn 1844, S. 418 – 431. – Weitere Angaben zur Geschichte der Wewelsburg finden sich bei Wilhelm Engelbert Giefers, Geschichte der Wefelsburg und des Bischofs Theodor von Fürstenberg "Memorialbüchlein", Paderborn 1855, Johannes Voermanek, Die Wewelsburg. Beiträge zur Geschichte derselben, Paderborn 1912, sowie Wilhelm Segin, Geschichte der Wewelsburg, Büren 1925.

[4] Böddeker Copiar I, Urkunde Nr. 627, Erpernburg, zitiert in: Voermanek, a. a. O., S. 23.

[5] So auch schon zu finden bei Voermanek, a. a. O., S. 25 und bei Franz Wesselmann, Die Wewelsburg, Bürens Kreis- und Jugendburg, in: Heimatblätter der Roten Erde 4 (1925) S. 406.

[6] Wilhelm Peter, Die Wewelsburg, in: Heimatbuch des Kreises Büren 1925, Büren 1925, S. 5; weitere Erläuterungen zur Wewelsburg, in: Burgen und Schlösser in Deutschland, Ostfildern-Kemnat 1982, S. 76, Giefers, a. a. O., S. 7 und Hüser, a. a. O., S. 8.

[7] Dazu auch Monumenta Paderbornensia, a. a. O., S. 218. Dort werden jedoch die Hunnen genannt.

[8] Angaben zu Friedrich von Arnsberg als Paderborner Vogt bei Frhr. von Dalwigk, Die ältere Genealogie des gräflichen Hauses Schwalenberg-Waldeck, in: WZ 73 II (1915) S. 160 f. und bei Karl Féaux de Lacroix, Geschichte Arnsbergs, Arnsberg 1895, S. 21. Angaben zu Person und Familie, s. Féaux de Lacroix, ebd., besonders S. 12–22 sowie J. S. Seibertz, Übersicht der Geschichte des Regierungsbezirks Arnsberg, in: WZ 16 (1855) S. 208 f.

ausbauen,⁹ bevor diese sie unmittelbar nach Bekanntwerden seines Todes im Jahre 1124 wieder niederrissen.¹⁰

Die Tatsache, daß die Burg nach ihrer Zerstörung erstmals wieder in einer Urkunde vom 16. August 1301 erwähnt wird,¹¹ obwohl aus der diesem Datum vorausgehenden Zeit ansonsten zahlreiches Quellenmaterial überliefert ist, läßt darauf schließen, daß sie in dieser Zeit in Trümmern gelegen hat. Nachdem in diesem Jahr der Paderborner Bischof Otto von Rietberg (1277 – 1307)¹² die Hälfte der von den Grafen von Waldeck erworbenen Burg an die jüngere Linie der Edelherren von Büren¹³ – von da an mit dem Zunamen "*de Wevelsburg*" oder "*Wyvelsborgh*" versehen – übergeben hatte und diese dorthin übergesiedelt waren sowie Teile ihrer Grafschaft über den Almegau und das Sintfeld zur Herrschaft Wewelsburg vereinigt hatten, blieb die Wewelsburg 36 Jahre lang im Besitz der Herren von Büren-Wewelsburg und des Amtmanns und Verwalters der bischöflichen Burghälfte, Berthold von Brenken, bevor ein wechselvolles Spiel mit Verpfändungen, Auslösungen und erneuten Verpfändungen begann, das auch noch weiterging, als ab 1384 auch die zweite Hälfte der Burg und Herrschaft Wewelsburg der Paderborner Kirche gehörte.

Erst mit der endgültigen Einlösung der Burg durch den Paderborner Bischof Theodor von Fürstenberg am 14. Juli 1589¹⁴ ging eine Zeit zu Ende, in der die Burganlage Ort ritterlich geprägten Lebens war, das später auch häufig zum Gegenstand von Dichtung und Sage wurde.¹⁵

Fortan wurde die Wewelsburg Sitz eines besonderen Amtes, das von Rentmeistern und Drosten verwaltet wurde.¹⁶ Bereits mit dem Einzug des ersten Rentmeisters in die Wewelsburg im Jahre 1589 wurde die Anlage renoviert und zu dessen Amts-, Gerichts- und Wohnräumen ausgebaut. Bischof Theodor von Fürstenberg war es, der in den folgenden Jahren den Auftrag dazu gab, die Wewelsburg unter Miteinbeziehung von vorhandener Bausubstanz zu einer zweiten bischöflichen Residenz neben Neuhaus auszubauen.¹⁷ Ohne daß wegen der zu erwartenden neuen Erkenntnisse auf die

Luftaufnahme von Schloß und Dorf Wewelsburg aus den zwanziger Jahren
(KM W Fotoarchiv 1.4.2.0.)

---

9 Hierzu H. Kampschulte, Der Almegau. Ein Beitrag zur Beschreibung und Geschichte desselben, in: WZ 23 (1863) S. 219 und 249 ff. sowie J. Marx, Otto von Rietberg, Bischof von Paderborn (1270 – 1307), in: WZ 59 II (1901) S. 58 f.

10 Annalista Saxo, in: MGH SS VI, S. 542. Dt. Übersetzung nach Eduard Winkelmann/ W. Wattenbach, Der sächsische Annalist, Leipzig, 2. neu bearb. Aufl. o. J., S. 132 f.

11 Nikolaus Schaten, Annales Paderbornenses, ad annum 1301, editio altera, Münster 1775, S. 139.

12 Zu Otto von Rietberg vgl. Marx, a. a. O., S. 3–92 im allgemeinen und S. 58 f. im besonderen.

13 Stammtafel der Edelherren von Büren und Erläuterungen zu den beiden Linien der Familie bei Wilhelm Spancken, Zur Geschichte der Gerichtsverfassung in der Herrschaft Büren und zur Geschichte der Edelherren von Büren, in: WZ 43 II (1885) S. 1–46. Weitere aktualisierte Angaben s. Reinhard Oberschelp, Die Edelherren von Büren bis zum Ende des 14. Jahrhunderts, Münster 1963 (Geschichtliche Arbeiten zur westfälischen Landesforschung 6) sowie ders., Die Wewelsburg als Sitz der Edelherren von Büren im 14. Jahrhundert, in: WZ 113 (1963) S. 377–383.

14 Giefers, a. a. O., S. 21. Memorialbüchlein des Bischofs Theodor von Fürstenberg, Paderborn 1855, S. 21.

15 Vor allem zur mittelalterlichen Feme und Freigerichtsbarkeit – Wewelsburg war Sitz eines sog. Freistuhles – ist später vieles geschrieben worden; zu den allgemeinen Gerichtsverhältnissen des 15. und 16. Jahrhunderts vgl. u. a. die Schrift 250 Jahre Erpernburg, Erpernburg 1981, S. 12 f. und den Artikel des WV vom 10. August 1925, Nr. 222 "Fegfeuer des westfälischen Adels"; zur Bedeutung der Wewelsburg als Gerichtsstätte den Abschnitt "Die Gerichtsstätte 'Vor dem Blocke' – Gerichte und Richter der Wewelsburg", in: Voermanek, a. a. O., S. 82–117. Zur Wewelsburg als Gegenstand von Dichtung und Sage sei z. B. auf die Norbertuslegende verwiesen sowie die von Annette von Droste-Hülshoff (1797 – 1848) in einer Ballade verewigte Hinrichtung Kurt von Spiegels, abgedruckt u. a. in: Heimatbuch des Kreises Büren 1925, a. a. O., S. 8 f.

16 Seit 1589 bildete die Wewelsburg eine fürstbischöfliche Drostei, die insgesamt fünf Kirchspiele umfaßte: 1. Brenken mit Ahden, Erdbeerenburg und Scheelenkrug, 2. Haaren mit Tyndeln, 3. Niederntudorf, 4. Oberntudorf, 5. Wewelsburg mit Böddeken, Altenböddeken und Graffeln. Vgl. dazu "Drosten, Rentmeister, Pfarrer und Förster zu Wewelsburg" bei Voermanek, a. a. O., S. 76–81.

17 Anlaß dazu waren wohl die Vorfälle in Paderborn, die ihn dazu zwangen, bis zum endgültigen Sieg über den aufständischen Volksbürgermeister Liborius Wichart auf der Wewelsburg Zuflucht zu nehmen. Ausführliche Erläuterungen dazu bei Franz von Löher, Geschichte des Kampfes um Paderborn, Paderborn 1874, sowie bei Klemens Honselmann, Der Kampf um Paderborn in der Geschichtsschreibung, in: WZ 118 (1968) S. 229–338.

Baugeschichte eingegangen werden kann, bleibt festzuhalten, daß die möglicherweise auf ältere manieristische Vorbilder französischer Anlagen zurückzuführende Wewelsburg[18] in dieser Zeit, in der sie als Eigentum der Paderborner Kirche gleichzeitig ihren glanzvollen Höhepunkt als Residenz und Jagdschloß der Fürstbischöfe von Paderborn erlebte, ihre sich der natürlichen Lage völlig anpassende, fast gleichschenklige Dreiecksform erhalten hat, die seither – wie einleitend bemerkt – das Wahrzeichen des Bürener Landes darstellt und die es auch bei dem Ausbau in den zwanziger Jahren zu bewahren galt.

Auf Theodor Adolph von der Recke[19] sowie auf dessen Nachfolger Ferdinand von Fürstenberg ist schließlich zurückzuführen, daß die Burg nach den Beschädigungen durch die schwedischen Truppen[20] im Dreißigjährigen Krieg wiederhergestellt wurde und mit den barocken Schweifhauben auf ihren Türmen, von denen zwei nach 1945 wiederhergestellt worden sind, ein das Äußere bis heute bestimmendes Merkmal erhielt.[21]

Die insgesamt beschauliche Ruhe, die in den Jahren bischöflicher Herrschaft vom Ende des Dreißigjährigen Krieges (1648) bis zur Säkularisation (1803) in der Burg und im Amt Wewelsburg wohl geherrscht hat, wurde nur wenige Male gestört. Obwohl die Wewelsburg Gerichtsort war und deshalb immer auch als Gefängnis diente, sei in diesem Zusammenhang auf zwei Episoden hingewiesen, in denen ihre Nutzung von der gewohnten Weise abwich. Dieses galt zum einen für die Zeit von 1655 bis 1658, als ein Teil der sog. "Besessenen" in ihr untergebracht war, die längere Zeit die Paderborner Gegend in Unruhe versetzt hatten,[22] sowie während des Siebenjährigen Krieges (1756 – 1763),[23] in dem sie 1759 dem auf Seiten Österreichs und Frankreichs kämpfenden Paderborn als Militärgefängnis diente.[24]

Schon bevor jedoch die Wewelsburg mit dem Fürstbistum als Entschädigung für linksrheinische Verluste am 3. August 1802 in den Besitz des preußischen Staates überging,[25] scheint das Interesse der Paderborner Bischöfe an ihr nachgelassen zu haben und die Burg – schon seit langem auf ihre Funktion als Sitz eines Amtes und Wohnung eines Renteibeamten beschränkt – immer mehr vernachlässigt worden zu sein.[26] Der Bedeutungsverlust wird anschaulich beschrieben in dem Werk Wilhelm Segins. War die Wewelsburg früher *"ein imponierender Ausdruck landesherrlicher Macht, [...] eine sichere Festung für den von Revolution bedrohten Fürsten, ein weiträumiges Jagdhaus für den Hof, ein achtunggebietendes Verwaltungsgebäude für den bischöflichen Amtmann und ein die Landschaft beherrschendes Gebäude von kraftvoller Schönheit,"*[27] so schildert er die Bedeutung und den Zustand der Burg am Ende des 18. und Anfang des 19. Jahrhunderts folgendermaßen: *"Aus der Burg war jetzt längst das "Ambthaus" geworden, [...] sie war zur Rentmeisterwohnung herabgesunken und hatte sonst keine Bedeutung mehr."*[28]

Auch äußerlich befand sich die Wewelsburg in einem schlechten Zustand und war, wie der preußische Regierungsrat Johann Schwarz, Mitglied der "Spezialorganisationskommission" für die Reorganisation des Fürstentums, bei einer Besichtigung der Burg im Oktober 1802 feststellte, schon *"halb zerfallen"*.[29] Die Aufgabe des Regierungsrates hatte im übrigen nach der Übernahme des Fürstbistums Paderborn durch Preußen[30] darin bestanden, im Rahmen einer allgemeinen Visitation der Untergerichte zu untersuchen, ob sich das Gerichtsamt Wewelsburg möglicherweise zur Einrichtung einer preußischen Strafanstalt eigne.[31]

---

18 Burgen und Schlösser, a. a. O., S. 77.

19 Max Gorges, Beiträge zur Geschichte des ehemaligen Hochstifts Paderborn im 17. Jahrhundert unter Dietrich Adolf von der Reck, in: WZ 50 II (1892) S. 1–85, besonders S. 15 und 32 f., sowie Friedrich von Klocke, Aus dem Elternhause des Paderborner Fürstbischofs Dietrich Adolf von der Recke, in: WZ 83 (1925) S. 143 f.

20 Segin, a. a. O., S. 46.

21 Angaben zu den Baumaßnahmen, die jedoch immer unter dem Vorbehalt künftiger neuer Erkenntnisse gelesen werden müssen, bei Max Sonnen, Die Weserrenaissance, Münster 1918, S. 49 ff., BKW, Kreis Büren, Münster 1926, S. 250 f. sowie Karl E. Mummenhoff, Die Wewelsburg, München-Berlin 1972.

22 Richter, Die "vom Teufel Besessenen" im Paderborner Lande unter der Regierung des Fürstbischofs Theodor Adolf von der Reck, in: WZ 51 II (1893) S. 77. Dazu ebenso Rainer Decker, Die Hexenverfolgungen im Hochstift Paderborn, in: WZ 83 (1978) S. 315–356, besonders S. 330 ff., und ders., Die Hexenverfolgungen im Herzogtum Westfalen, in: WZ 131 (1981/82) S. 339–386.

23 Johann Baptist Greve, Der 7-jährige Krieg und seine Drangsale im Hochstifte Paderborn, in: Blätter zur näheren Kunde Westfalens 10 (1872) S. 76–115, Albert Stoffers, Das Hochstift Paderborn zur Zeit des Siebenjährigen Krieges, in: WZ 69 II (1922) S. 1–90, sowie Harald Kindl, Der siebenjährige Krieg und das Hochstift Paderborn, Paderborn 1974.

24 Segin, a. a. O., S. 49 f.

25 Ergänzend Richter, Der Übergang des Hochstifts Paderborn an Preußen, in: WZ 62 II (1904) S. 163–235 und der Abschnitt "Das Hochstift Paderborn unter preußischer Herrschaft", in: Alfred Heggen, Das Hochstift Paderborn im Königreich Westfalen von 1807 bis 1813, Paderborn 1984, S. 6–9.

26 Der Abschnitt "Die letzten Jahre der fürstbischöflichen Zeit", ebd. S. 163–220.

27 Segin, Die Burg, in: Wewelsburg, Internationale Begegnungsstätte, Büren 1953.

28 Ders., Geschichte der Wewelsburg, Büren 1925, S. 50.

29 Johann Ludwig Georg Schwarz, Denkwürdigkeiten aus dem Leben eines Geschäftsmannes, Dichters und Humoristen, Leipzig 1828, Bd. 2, S. 320.

30 Vgl. dazu auch die Ausführungen von Richter zur ersten Besitzergreifung des Hochstifts Paderborn durch Preußen in seinem Aufsatz "Der Übergang des Hochstifts Paderborn an Preußen", a. a. O., S. 163–235.

31 Schwarz, a. a. O., S. 320 ff.

Den schwersten Schlag jedoch erhielt die ohnehin dem Verfall ausgesetzte Burg schließlich am 11. Januar 1815, als während eines schweren, über ganz Rheinland und Westfalen niedergehenden Gewitters der Blitz in drei Türme – in Xanten, in den Domturm zu Paderborn und in den großen Nordturm der Wewelsburg[32] – einschlug und bei letzterem das Dach und das Holzwerk entzündete.[33] Die Chronik der Gemeinde Wewelsburg berichtet hierüber: *"Der Brand dauerte die Nacht hindurch bis gegen zwei Uhr morgens, wo das holzreiche und zirkelförmige Dachgebäude unter fürchterlichem Krachen in den hohlen Raum des Mauerwerks hinabstürzte und die weitere Gefahr verschwunden war."*[34] Übrig blieb eine leere, bis auf den Grund ausgebrannte Ruine des einstmals größten und beeindruckendsten Turmes der Wewelsburg, die in ihrer Verlassenheit und Zerstörung ein Spiegelbild für das weitere Schicksal der Burg im 19. Jahrhundert darstellte.

Mit dem Tode des letzten Burgbewohners, des Rentmeisters Wilhelm Anton Grundhoff, am 1. Januar 1818[35] und der damit verbundenen Verlegung der Kreiskasse von der Wewelsburg nach Büren verlor die Burg ihre letzte öffentliche Funktion, nachdem bereits 1803/04 die früher auf dem Amtshause Wewelsburg vom Amtmann ausgeübte Gerichtsbarkeit an das preußische Justizamt übergegangen war.[36] Wurden die großen ehemaligen Repräsentations- und Gesellschaftsräume im Westflügel schon 1806 als *"Korn- und Raukorngelaß"* genutzt, wie aus einer Bauaufnahme aus dem Jahre 1806 zu ersehen ist,[37] und ist bereits zu dieser Zeit im noch nicht ausgebrannten Erdgeschoß des großen Nordturmes, der ehemaligen Schloßkapelle, ein Holzgelaß und Dreschplatz eingezeichnet, so dienten die verlassenen Keller, Säle und Türme der Wewelsburg nach dem Tode des letzten Bewohners und dem Brand des Nordturmes nur noch der Domänenverwaltung als herrschaftliche Kornböden[38] und den Wewelsburger Bauern

32 Johannes Pöppelbaum, Die Wewelsburg, Paderborn 1925, S. 22 f.

33 Greve, Die Brände der Stadt Paderborn, in: Blätter zur näheren Kunde Westfalens 9 (1871) S. 104.

34 StdtA BÜ, Gemeindechronik Wewelsburg, Januar 1815.

35 Voermanek, Die Wewelsburg. Beiträge zur Geschichte derselben, Paderborn 1912, S. 79 f.

36 Segin, Geschichte der Wewelsburg, a. a. O., S. 55.

37 StA MS Kartensammlung A Nr. 19 848, Grundriß der Burg aus dem Jahre 1806. – Siehe auf dieser Seite unten.

38 KA PB Nr. B 421 Bl. 99.

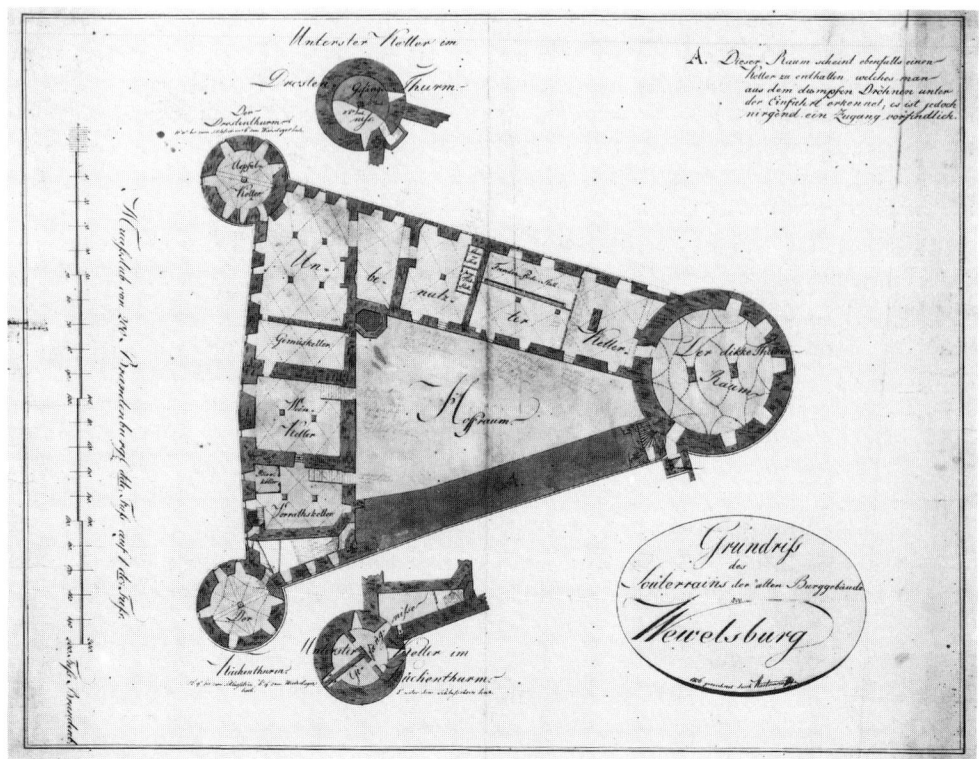

Grundriß der Wewelsburg aus dem Jahre 1806 (StA MS Kartensammlung A Nr. 19 848)

als Pack- und Lagerräume für Getreide, Kartoffeln u.ä.m. "*In den Türmen hausten Eulen und Dohlen, in dem unteren Gemäuer vierfüßiges Raubgetier*", schreibt Franz Wesselmann dazu romantisierend verklärt, "*[...] so stand [die Burg], dem allmählichen Verfall preisgegeben, [...] hoch in stummer Trauer.*"[39]

Als 1832 nach langen Verhandlungen mit der preußischen Regierung[40] schließlich der halbe östliche Teil des unteren Südflügels nebst Burggarten[41] dem Pfarrer als Ersatz für das fehlende Pfarrhaus als Wohnung überlassen wurde,[42] hatte man bei den Instandsetzungsarbeiten zwar nicht die ganze Burg berücksichtigt, sondern sich, wie Segin angibt, ängstlich auf diesen Bauteil beschränkt und ansonsten nur das Notwendigste durchgeführt,[43] doch erhielt die Burg mit dem Pfarrer wenigstens wieder eine Aufsicht, die das Gelände vor dem Zutritt Unbefugter bewahren konnte. Beim Einzug des Pfarrers und Geistlichen Rates Johannes Pöppelbaum Jahrzehnte später (1907) wurde nicht nur der von diesem bewohnte Gebäudeteil für insgesamt siebentausend Mark vom Staat renoviert, sondern ein Jahr später für sechstausend Mark auch das gesamte Dach ausgebessert.[44] Wie stark die Burg zu diesem Zeitpunkt bereits verfallen war, zeigt die Tatsache, daß Voermanek im Jahre 1909 jeden Fremden vor dem Betreten sämtlicher, selbst der oberhalb der Pfarrwohnung liegenden Räume mit dem Hinweis auf wiederholte Deckendurchbrüche und sich daraus ergebende Körperschäden warnt, während noch 1890, seinen Angaben zufolge, alle Räume der Burg, wenn auch nur mit Vorsicht, begehbar gewesen seien.[45]

Wenn man sich im 19. Jahrhundert auch immer wieder Gedanken darüber gemacht hat, wie der Verfallsprozeß gestoppt und die Burg wieder sinnvoll genutzt werden könnte, so ist es doch stets bei Erwägungen und Anregungen geblieben. Neben der vorübergehenden Überlegung des preußischen Ministeriums für Domänen, Landwirtschaft und Forsten, in dessen Trägerschaft die Wewelsburg stand, in die Burg eine staatliche Försterschule zu verlegen[46] und sie so nach wiederholten vergeblichen Angeboten an die Gemeinde Wewelsburg in den Jahren 1821 und 1832 selbst zu nutzen, setzte sich vor allem der Bürener Landrat Reinhard Franz Carl Freiherr von und zu Brenken (1848 – 1870)[47] in der Mitte der fünfziger Jahre des 19. Jahrhunderts nachdrücklich für eine Nutzung der Burg als Kranken-, Pflege- und Erziehungshaus des Kreises Büren ein.[48] In einem längeren, sich mehrere Jahre lang hinziehenden Schriftwechsel mit der königlichen Regierung in Minden begründete er seine Absicht, die Wewelsburg in der obengenannten Funktion vom preußischen Staat zu übernehmen, immer wieder damit, daß sich die Burg im allgemeinen und ihr südlicher Teil im besonderen, entgegen dem Gutachten eines preußischen Regierungsrates vom 8. Januar 1855, der eine derartige Nutzung der Burg grundsätzlich abgelehnt hatte, mit nur geringem Kostenaufwand als Krankenanstalt herrichten ließe – zumal überdies schon zu jener Zeit, wie er betonte, eine "*Menge Kranke und Reconvaleszenten*" die Wewelsburg besuchten, um "*durch den Genuß der Luft Heilung und Stärkung zu gewinnen*". Als Fabrikgebäude oder Magazin sei sie hingegen wegen des fehlenden Wasseranschlusses und ihrer entfernten Lage völlig ungeeignet.[49]

Von einem weiteren Versuch, die Wewelsburg wiederzubeleben, berichtet uns der Pfarrer Johannes Pöppelbaum. Es war der Bürener Landrat Dr. Carl Friedrich von Savigny (1895 – 1912),[50] der – wenn er auch nicht als erster den Gedanken zur Burgrestaurierung faßte, wie Pöppelbaum irrtümlich annahm – zwölf Aufnahmen von der Wewelsburg machen ließ[51] und sie nach Berlin schickte, um die Regierung und die Abgeordneten des Reichstages für die Wiederherstellung dieses alten Baues zu interessieren.[52]

---

39 Wesselmann, a. a. O., S. 500.

40 Wie aus KA PB Nr. B 421, Bl. 99, Schreiben vom 14. März 1832, hervorgeht, hatte sich die katholische Gemeinde Wewelsburg zwar um eine eigentümliche Überlassung der Burg mit allem Zubehör bemüht, sich aber geweigert, die Unterhaltung der Dienstwohnung für den katholischen Pfarrer zu übernehmen, woraufhin die preußische Regierung die Verhandlungen beendete.

41 Ebd.

42 Bis zur Säkularisation war die Pfarrei Wewelsburg von den Mönchen des 1803 ebenfalls an den preußischen Domänenfiskus gefallenen Klosters Böddeken betreut worden. Aus der Notwendigkeit heraus, dem nun für die Gemeinde Wewelsburg zuständigen Pfarrer eine Bleibe zu verschaffen, entschied man sich nach langen Verhandlungen, einen Teil der Wewelsburg als Pfarrwohnung zu nutzen.

43 Segin, Geschichte der Wewelsburg, a. a. O., S. 55 sowie WV vom 10. Januar 1927, Nr. 10 und BZ vom 1. August 1927, Nr. 174.

44 Voermanek, a. a. O., S. 70.

45 Ebd.

46 BZ vom 27. Januar 1925 Sonderdruck "Zum Ausbau der Wewelsburg", S. 3 und WV vom 10. Januar 1927, Nr. 10.

47 Angaben zu Person und Wirken des Landrats bei Heinrich Pohlmeier, Die Bürener Landräte bis 1934 und ihre Verwaltungstätigkeit, in: 150 Jahre Landkreis Büren, hg. v. Landkreis Büren, bearb. v. Heinrich Pohlmeier, Büren 1966, S. 91 f.; ebenso StA DT M 1 Pr Nr. 565 ff. und Nr. 602.

48 StA DT M 2 Bür Nr. 707, Acta, die Wewelsburg betreffend.

49 Ebd., Landrat Frhr. von Brenken zum Gutachten des königlichen Regierungsrates Kawerau vom 8. Januar 1855 über die Nutzung der Wewelsburg als Krankenhaus o. ä.

50 Angaben zu Dr. Carl Friedrich von Savigny bei Pohlmeier, Die Bürener Landräte, a. a. O., S. 95–99 und im StA DT M 1 Pr Nr. 601 und M 1 P Pers I Nr. 806 (Personalakte).

51 Laut Pöppelbaum fielen die Bemühungen Savignys in seine Zeit als Reichstagsabgeordneter. Demnach müssen sie nach 1900 erfolgt sein, da er erst in diesem Jahr in den Reichstag gewählt wurde.

52 Pöppelbaum, a. a. O., S. 23. Seine Angaben sind jedoch weder belegt noch andernorts bestätigt.

Doch die Bemühungen dieser beiden Bürener Landräte blieben letztlich vergebliche Versuche, die Wewelsburg aus ihrer Trostlosigkeit herauszureißen und sie mit neuem Leben zu erfüllen. Abgesehen von den Besuchen jener, die – glaubt man den Angaben von Brenkens – wirklich einmal den Weg zur Wewelsburg fanden, um dort die Landschaft und die Luft zu genießen oder um die Ruine zu sehen, die nach Ansicht Kampschultes im Jahre 1863 *"auch als solche noch eine Zierde der Gegend und von europäischem Rufe"* war,[53] und den vereinzelten Wewelsburger Bürgern, die das Burggelände betraten, um sich der Steine der verfallenden Burg als Baumaterial zu bedienen, hielten sich nur noch der dort wohnende und mit der Verwaltung der Burgschlüssel beauftragte Pfarrer sowie der während des Kulturkampfes vorübergehend für den Burggarten und für den Schlüssel zuständige königlich preußische Förster für längere Zeit in der Wewelsburg auf.[54] – Bereits 1833 vermerkte Schinkel, der zu dieser Zeit Westfalen besuchte, in seinem Reisebericht zum "Schloß Wewelsburg bei Büren": *"Jetzt Domaine, wird von den Beamten zu Schuttböden verbraucht."*[55]

Landrat Dr. Aloys Vogels
(150 Jahre Landkreis Büren, hg. vom Landkreis Büren, Büren 1966, nach S. 92)

Wie dieses *"ehrwürdige Denkmal westfälischer Geschichte"*,[56] das schon im Jahre 1855 nach Ansicht Giefers' nichts mehr zu erwarten hatte *"als den gänzlichen Einsturz"*,[57] Jahrzehnte später, nach dem Ersten Weltkrieg, auf den Besucher gewirkt haben mochte, beschreibt Wilhelm Segin am Ende seiner 1925 veröffentlichten Geschichte der Wewelsburg in einer uns heute übersteigert erscheinenden Weise: *"[...] Das Bild des ganzen Baues war eine ständige Anklage der Gegenwart, die sich an der Vergangenheit versündigte, die traditionslos ein so mächtiges Bauwerk einfach dem Tode überantwortete. Und die Burg stand da in stolzer Trauer, ein Leben, das nur noch von den Kräften der Vergangenheit zehrte, ein sterbendes Wesen, dessen Todeskampf Jahrhunderte zu dauern schien."*[58]

Hatte Johannes Voermanek im Jahre 1912 noch gezweifelt, ob sich das scheinbar besiegelte Schicksal der Wewelsburg wenden ließe – *"vielleicht – vielleicht auch nicht"*[59] –, so fand sein Appell etwa ein Jahrzehnt später Gehör bei einem engagierten Mann des Kreises Büren, der durch seine Initiative nicht nur den gänzlichen Verfall der Wewelsburg verhindern, sondern auch eine neue Blütezeit der Burg als kultureller

---

53 Kampschulte, a. a. O., S. 251.

54 Segin, Geschichte der Wewelsburg, a. a. O., S. 55.

55 Zitiert in: KA PB Nr. B 406, Schreiben des Landrats von Solemacher-Antweiler an den Zeitungsredakteur Dr. Kollofrath vom 3. Dezember 1932.

56 Voermanek, a. a. O., S. 70.

57 Giefers, Geschichte der Wefelsburg und des Bischofs Theodor von Fürstenberg "Memorialbüchlein", a. a. O., S. 13.

58 Segin, Geschichte der Wewelsburg, a. a. O., S. 55 f.

59 Voermanek, a. a. O., S. 2.

Mittelpunkt der Region und Zentrum der Jugend- und Heimatpflege einleiten konnte. Wie schon mehrfach zuvor war es auch diesmal wieder ein Landrat, der sich wenige Jahre nach dem Ersten Weltkrieg schließlich der Wewelsburg erinnerte und für deren Neuaufbau und sinnvolle Wiederverwendung einsetzte.

Wie bereits erwähnt, war mehr als sechzig Jahre früher der damalige Landrat des Kreises Büren, Freiherr von und zu Brenken, mit seinem Plan, die Wewelsburg als Krankenhaus für den Kreis zu nutzen, ebenso gescheitert wie der spätere Landrat Karl von Savigny mit seinen Bemühungen zur Burgrestaurierung. Nun versuchte der dreiunddreißigjährige, aus Siegburg stammende und dem Zentrum angehörende Regierungsrat Dr. Aloys Vogels als Nachfolger für den nach Münster versetzten Adolf Winkelmann (1913–1921) im Landratsamt des Kreises Büren,[60] die Burg vor dem weiteren Verfall zu bewahren und ein allgemeines Interesse für ihre zukünftige sinnvolle Nutzung zu wecken.

Das Engagement dieses Landrats bedeutete eine entscheidende Wende für das wechselvolle Geschick des Bauwerkes. Sein Einsatz legte nicht nur den Grundstein für den Ausbau der Wewelsburg in den zwanziger Jahren bis 1933 und ihre Entwicklung von einem zwar als Wahrzeichen geltenden, jedoch weitgehend leerstehenden Baukörper zum kulturellen Mittelpunkt des Kreises Büren sowie auch überregional bekannten Zentrum der Jugend- und Heimatpflege. Darüber hinaus stellte er mit seinem die Zeichen der Zeit widerspiegelnden und anders als alle vorhergehenden Plänen erstmals auch politisch beeinflußten und überregional-reichsweite Aspekte berücksichtigenden Nutzungskonzept die Weichen über den durch den Nationalsozialismus bedingten Einschnitt hinaus bis in unsere Gegenwart hinein. Gewisse Linien in der Nutzung der Burg während der Weimarer Zeit wurden, wie das letzte Kapitel dieser Untersuchung und das Nachwort aufzeigen, nach dem Zweiten Weltkrieg bewußt wieder aufgenommen und fortgeführt bzw. mit neuen Ideen verknüpft.

Bevor im folgenden der endgültige Ausbau der Wewelsburg durch den Kreis Büren von 1924 bis zu ihrer Übernahme durch die SS im Jahre 1933 sowie ihre Bedeutung als kultureller Mittelpunkt und überregionales Zentrum der Jugend- und Heimatpflege geschildert wird, geht Albrecht Seufert in dem nachstehenden Kapitel auf die letztlich zwar gescheiterten, für den tatsächlichen Ausbau einige Jahre später dennoch bedeutsamen ersten Ausbau- und Nutzungspläne aus den Jahren 1919 bis 1923 ein, für die die Situation in dem von den Folgen des Ersten Weltkrieges geprägten Deutschland von besonderem Einfluß war.

---

60 Angaben zu Person und Wirken der Bürener Landräte bei Pohlmeier, Die Bürener Landräte, a. a. O., S. 86–105. Zur Person Winkelmanns vgl. außerdem StA D M 1 Pr Nr. 691.

Blick vom Innenhof auf das Hauptportal der Wewelsburg in der Zeit vor 1924 (Westfälisches Landesamt für Denkmalpflege Münster)

I. Die Wewelsburg 1919 bis 1923: Der erste Schritt in die Gegenwart
Albrecht Seufert

1. Blick auf die historischen Bedingungen

Das folgende Kapitel befaßt sich mit der Geschichte der Wewelsburg von 1919 bis 1923. Im Mittelpunkt steht dabei der erste Ansatz zur Einrichtung eines Jugendheims. Von Baugeschichte zu sprechen, ergäbe hier ein schiefes Bild. Tatsächlich liefen die Ereignisse darauf hinaus, daß ein Ausbauvorhaben (noch) nicht verwirklicht wurde. Gerade diese Phase ist aber von größter Bedeutung für die Geschichte der Wewelsburg, weil das heutige Nutzungskonzept in den damaligen Plänen angelegt worden ist.

Dem wirtschaftlichen, militärischen und politischen Zusammenbruch des deutschen Reiches 1918 folgte eine wirtschaftliche, soziale und politische Dauerkrise. Unter anderem auch für die Bauwirtschaft bedeutete dies, daß einem Überangebot an Arbeitskräften ein durch Materialknappheit und zunehmend inflationäre Kostenentwicklung bedingter Mangel vor allem hochwertiger Werkstoffe gegenüberstand. Bereits vorhandenen ausbaufähigen Objekten wie der Wewelsburg mußte so zwangsläufig gesteigertes Interesse zukommen. Und entsprechend den wirtschaftlichen und sozialen Bedingungen mußte dies dazu führen, daß eine kurzfristige Entscheidung zu treffen war, wo zuvor Gelegenheit für Lösungsmöglichkeiten abgewartet werden konnte.

In der Pariser Friedenskonferenz, die in den Vorortverträgen der Siegermächte mit den einzelnen Verliererstaaten ihren Abschluß fand, wurden die dem Deutschen Reich verbliebenen linksrheinischen Gebiete in drei Besatzungszonen aufgeteilt. Deren Freigabe war in Fristen von fünf, zehn sowie fünfzehn Jahren nach Vertragsabschluß vorgesehen. Französische Truppen besetzten darüber hinaus am 8. März 1921 Duisburg, Ruhrort und Düsseldorf, um von der Reichsregierung die Annahme von Reparationsbedingungen zu erzwingen. Im Januar 1923 marschierten dann Franzosen und Belgier im ganzen Ruhrgebiet ein. Bereits Anfang 1919 waren zudem im Rheinland separatistische Bewegungen aufgekommen, die die Gründung einer Westdeutschen Republik betrieben. Außer den bis 1918 zum Deutschen Reich gehörenden Gebieten Elsaß, Lothringen, Eupen und Malmedy, Ostoberschlesien, Posen und Westpreußen drohten weitere Verluste, in diesem Fall industriell besonders wichtiger Gebiete.[1] Unter diesen Umständen war an eine Stabilisierung der zerrütteten deutschen Wirtschaft nicht zu denken. Das weitgehende Scheitern der Bemühungen um den Wiederaufbau einer funktionsfähigen Friedenswirtschaft bedrohte die Zukunftsperspektiven vor allem auch der Jugendlichen aus der Arbeiterschicht in den Industriegebieten. Jugendalkoholismus als Folge von Resignation wurde zu einem gesellschaftlichen Problem von Ausmaßen, das die Einrichtung von Antialkoholfonds in den staatlichen Haushaltsplänen veranlaßte, um Gegenmaßnahmen zu finanzieren.

Ein weiterer Gesichtspunkt der offiziellen Jugendpflege war, den nationalen Zusammenhalt zwischen dem Reich und den besetzten Gebieten zu fördern. Jenem Projekt, in der Wewelsburg ein Jugendheim einzurichten, wurde so der Rang einer nationalpolitischen Aufgabe beigemessen, weshalb gesamtgesellschaftliche Belange und nicht nur Einzel- oder Gruppeninteressen am Ort und in der engeren Region zu berücksichtigen waren.

---

1 Zu *"der besonderen Situation des Rheinlandes sowie dem damit eng zusammenhängenden schwierigen deutsch-französischen Verhältnis"* speziell in seiner Bedeutung für die Wewelsburg vgl. unten S. 84 ff.

Zu den Unwägbarkeiten kam noch die Konkurrenz verschiedenster Gruppen, die auf unterschiedlicher ideeller Grundlage jedenfalls nominell ähnlich gerichtete Ziele verfolgten.

Besonderes Interesse kommt in diesem Zusammenhang der Persönlichkeit des damaligen Landrats des Kreises Büren Dr. Aloys Vogels zu.[2] Aus Siegburg stammend, war ihm die Rheinland-Politik Berlins zu unterstützen ebenso persönliches Anliegen wie Gebot der Staatsräson. Für den Angehörigen der Zentrumspartei und gläubigen Katholiken, dazu Landrat in einem fast rein katholischen Kreis, nahm die konfessionelle Orientierung des Wewelsburg-Projekts und der zu beteiligenden Jugendverbände selbstverständlich einen ganz anderen Stellenwert ein als für die preußische Staatsregierung und die Behörden des Regierungsbezirks Minden sowie der Provinz Westfalen in Münster.

Diese Faktoren des politischen Klimas und noch mehr die persönlicher Art werden in den Akten nicht hinreichend dokumentiert, haben aber wesentlichen Einfluß auf die Vorgänge um den geplanten Ausbau der Wewelsburg ausgeübt.

Unter dem Gesichtspunkt der Förderung des nationalen Zusammenhalts und der Bekämpfung der Alkoholismusgefahren sollten die Interessen des Kreises Büren und des preußischen Staates hinsichtlich der Wewelsburg zusammengeführt werden. Der Kreis sollte die Räumlichkeiten für kulturelle und Wohlfahrtszwecke nutzen und der Fiskus von den Unterhaltungskosten für das Baudenkmal entlastet werden. Beide Seiten nahmen eine Eigentumsübertragung an den Kreis Büren in Aussicht. Die staatlichen Behörden waren auch bereit, den Kreis nicht durch sofortige und vollständige Abwälzung der Kostenlast zu überfordern. Die Verhandlungen über die Rechtsform und nähere Einzelheiten des Übergangs kamen im Untersuchungszeitraum, den dieses Kapitel umfaßt, nicht mehr zum Abschluß.[3]

2. Die unmittelbare Vorgeschichte

Der erste Ansatz zum Ausbau der Wewelsburg als Kreisjugendheim ist mit der unmittelbaren Vorgeschichte eng verzahnt. Dabei werden in Auseinandersetzungen um Nutzungsrechte an Räumen der Burg auf lokaler Ebene genau die Interessenkonstellationen vorweggenommen, die den Gang der Ereignisse zwischen 1921 und 1923 prägten und bei der endlichen Verwirklichung des Projekts 1924/25 nochmals auflebten.

Im November 1919 wird in Wewelsburg ein Turnverein gegründet. "*Da der Verein den großen Burgsaal als Übungssaal benutzt (der Landrat hat die Benutzung gestattet), entstehen Differenzen mit den beiden Geistlichen, die zudem durch die Gründung des Turnvereins den kirchlichen Jünglingsverein gefährdet glauben. Auf Beschwerde der Pfarrer zieht der Landrat seine Genehmigung zur Benutzung des Burgsaals zurück.*"[4] Darüber hinaus beansprucht Pastor Pöppelbaum den an die Pfarrwohnung im Südflügel der Burg angrenzenden Saal für die kirchliche Jugendpflege. Ein Recht dazu leitet der seit 1907 amtierende Geistliche daraus ab, daß die katholische Gemeinde die Räumlichkeiten während der Erweiterung und "Restauration" der Pfarrkirche 1883/84 – und nur für diese Zeit – als Behelfskirche einrichten und nutzen durfte.[5]

Der Pastor bezichtigt in einem Schreiben an den Landrat vom 13. Januar 1920 die Turner des Getreidediebstahls zur Deckung angeblicher Spielschulden.[6] In einem

---

[2] Vgl. Pohlmeier, Die Bürener Landräte, a.a.O., S. 101 f.

[3] Vgl. hierzu unten S. 33–39.

[4] StdtA Bü Ortschronik der Gemeinde Wewelsburg, November 1919, S. 313. – Die "*beiden Geistlichen*" sind der Pastor Johannes Pöppelbaum und ein Kaplan, der bei den hier behandelten Vorgängen sonst keine Rolle spielt.

[5] Pöppelbaum am 5. Feb. 1920 an die Mindener Regierung: "*Später haben wir geglaubt, daß derselbe im Interesse der Jugendpflege, die so nötig ist, benutzt werden dürfte,*" StA DT M 1 III C Nr. 2355, Bl. 173 f.

[6] StA DT ebd., Bl. 166. – Irgendeine Bestätigung dieser Unterstellung, etwa in Form einer Notiz in der Ortschronik oder eines behördlichen Aktenvermerks, findet sich nicht!

Schreiben an die Regierung vom 5. Februar 1920 spricht Pöppelbaum die Erwartung aus, der Verein werde sich, da er sich nicht "*an einen anderen Verein*" anlehne, bald selbst auflösen, und verweist in diesem Zusammenhang auf die Sportpflege in der katholischen Jünglingssodalität.[7]

Gegen seine anfängliche Haltung unterstützt der Bürener Landrat Dr. Vogels die Intrige[8] Pöppelbaums und kann beim Regierungspräsidium, das zunächst eine Entscheidung scheut,[9] schließlich die Ablehnung erwirken, die er selbst am 1. März 1920 ausspricht:[10] "*Der Herr Reg.-Präs. in Minden hat den Antrag des dortigen Turnvereins um Benutzung der Räume in der Wewelsburg abgelehnt, da hier besondere Verhältnisse vorliegen, indem durch die Benutzung der Räume durch den Turnverein Störungen sowohl des Herrn Pfarrers als auch der Jünglingssodalität zu erwarten seien. Ich habe den Herrn Pfarrer gebeten, dafür sorgen zu wollen, daß innerhalb der Sodalität eine Turnabteilung gegründet wird und stelle den Mitgliedern des dortigen Turnvereins anheim, dieser alsdann beizutreten.*"

Der Schriftführer des Turnvereins, Hans Bolley, pocht dagegen am 26. Januar 1920 auf Gleichbehandlung mit den katholischen Jünglings- und Jungfrauenvereinen, denen die Nutzung gestattet wurde, fordert Beweise für die Anschuldigungen, protestiert am 20. März 1920 gegen die Zumutung, der Sodalität beitreten zu müssen, um turnen zu dürfen, und droht mit Gegenmaßnahmen, unter anderem auch Mitteilung von Beschwerden an die Deutsche Turnerschaft.[11] Auch ein mit dem Schreiben an den Bürener Landrat vom 20. März fast wortgleicher Protest bei der Mindener Regierung am 22. April[12] kann die Behörden nicht mehr zu einer Korrektur ihres Standpunkts bewegen.

Ob die Turner – wie Pöppelbaum behauptet – "*durch impertinentes Auftreten die Sympathie der Gemeinde verloren hatten,*"[13] ist nicht zu belegen. Allerdings fehlte dem Turnverein eine wirkliche Basis im Gemeindeleben oder der Rückhalt einer auch am Ort anerkannten Organisation in der Auseinandersetzung mit dem Pastor.

Dieser wird mit der Tatsache konfrontiert, daß er nicht auf Dauer ohne Nachbarn in der Wewelsburg residieren und diese wie sein Privateigentum behandeln kann. Er versucht deshalb, die – übrigens wenig geliebte[14] – Idylle abzuschirmen und für ihm genehme Einrichtungen vollständig in Beschlag zu nehmen. Pöppelbaum reklamiert in einem Schreiben vom 9. Januar 1920 an den Landrat[15] praktisch den ganzen Westflügel für ein Kinderheim-Projekt: Er habe "*schon von Minden aus durch den Herrn Geheimrath Tiede um Erlaubniß gebeten, diese Ritter-Säale zu einem Kinderheim umzugestalten*", einen Plan erstellen lassen und diesen nach Essen sowie Mülheim/Ruhr "*zur Prüfung eingesandt, weil dort Herren sich im Interesse der armen untergenährten Kinder dafür interessiren*". Diese Herren sind Krupp in Essen und Thyssen in Mülheim/Ruhr, von denen einer "*schon 60 Betten für diesen Zweck gekauft*" hatte.[16]

Mit einem Schreiben vom 5. Mai 1920 an die Mindener Regierung[17] versucht der Pfarrer, die Unterbringung von 40 deutschen Nonnen, die ihr bisheriges Kloster in Dauendorf im Elsaß aus politischen Gründen verlassen mußten, in der Wewelsburg zu erwirken. Ihre Aufgabe, vermerkt Pöppelbaum, sei "*Pflege von Waisenkindern und invaliden Leuten*" gewesen. Dieser Brief wird am 10. Mai zurückgereicht mit Fragen zu Details. "*Dabei bemerken wir, daß der H. Reg. Präsident Wert darauf legt, daß für die Jugendpflege die notwendigen Räume zur Verfügung bleiben.*" – Unter dem Druck der allgemein desolaten Verhältnisse der Nachkriegszeit finden sich die Behörden damit ab, von der Wewelsburger Kirchengemeinde vor vollendete Tatsachen gestellt worden zu

---

[7] Ebd., Bl. 173 f.

[8] Von einer Intrige zu sprechen, rechtfertigen die Fakten: Die Ortsgeistlichen fürchteten, durch Abwanderungen aus der katholischen Jünglingssodalität zu dem Turnverein den Einfluß auf die Jugendlichen zu verlieren, und Pöppelbaum operiert, wie gesagt, mit zumindest zweifelhaften Behauptungen.

[9] Das "*Gesuch des Turnvereins Wewelsburg um Überlassung des Burgsaals*" vom 21. Dez. 1919, ebd., Bl. 164, wird am 19. Jan. 1920 "*aus sicherheitspolizeilichen Gründen*" abgelehnt. Ebd., Bl. 167. – Dagegen wird dem Gesuch, den Saal für Veranstaltungen nutzen zu dürfen, vom 26. Jan. 1920 – ebd., Bl. 169 – am 28. Feb. 1920 stattgegeben. Ebd., Bl. 154 b.

[10] Ebd., Bl. 183.

[11] Ebd., Bl. 169 bzw. Bl. 178. – Der Wewelsburger Turnverein hatte sich also doch an einen Dachverband angelehnt!

[12] Ebd., Bl. 184.

[13] Ebd., Bl. 173 f.

[14] "*Der Südflügel bleibt nach wie vor dem Pfarrer vorbehalten, wie schon seit mehr als 100 Jahren. Hoffentlich verbleibt ihm diese 'romantische' Wohnung auch für immer, es sei denn, daß eine Pfarrwohnung auf dem Ringe gebaut würde.*" – Pöppelbaum, a.a.O., S. 25 (über den gerade fertiggestellten Ausbau der Wewelsburg).

[15] StA DT D 4 D Nr. 451. – Die orthographischen Eigenheiten in dem folgenden Zitat entsprechen dem Original! Als "Rittersäle" wurden die beiden großen Räume bezeichnet, die damals jeweils Erd- bzw. Obergeschoß des Westflügels fast vollständig einnahmen. Diese Benennung begegnet erstmals in der Bauaufnahme von 1806. StA MS Kartensammlung A Nr. 19 848 f.

[16] StA DT D 4 D Nr. 451. – Pöppelbaum übernimmt mit seinem Kinderheim-Projekt einen Plan August Thyssens, der 1917 erwogen hatte, in der Wewelsburg ein Kinderheim für Werksangehörige einzurichten. Wahrscheinlich hatte Thyssen die 60 Betten in Erinnerung daran gestiftet, wenn sie nicht ein Relikt jenes Vorhabens darstellten. – Auf diese Sache wird in der Diss. d. Verf. über die Geschichte der Wewelsburg bis zum Anfang des 20. Jahrhunderts näher eingegangen. Hier sei lediglich noch darauf hingewiesen, daß die humanitäre Tat des Industriellen auf einen Zeitpunkt fällt, zu dem in der Kriegsproduktion mehr und mehr weibliche Arbeitskräfte die an die Front kommandierten Männer ersetzen mußten, wodurch familiäre Belange mit militärisch-industriellen Interessen in Konflikt gerieten.

[17] StA DT M 1 III C Nr. 2355, Bl. 187.

19

sein. Der Jugendpflege als sozial stabilisierender Einrichtung wird unbedingter Vorrang vor rechtlichen und organisatorischen Detailfragen eingeräumt. Damit verbleibt der "Burgsaal" bis auf weiteres der kirchlichen Jugendpflege.

Die Dauendorfer Schwestern finden jedoch in Holland Aufnahme und verzichten *"vorläufig auf eine Einreise nach Wewelsburg."*[18]

Am 1. November 1921 greift Pöppelbaum diesen Ansatz nochmals auf.[19] Er setzt sich dafür ein, *"daß die Hausmeisterschaft Schwestern übertragen würde, und zwar den Franziskanerinnen in Eupen-Malmedy, welche Belgien verlassen wollen oder sogar müssen."*

In einem Schreiben an die "Franziskanerinnen von der heiligen Familie" vom 24. August 1921 äußert Landrat Vogels aber *"gewisse Zweifel, ob die Staatsbehörden ohne weiteres geneigt sein würden, die Burg für diesen Zweck herzugeben, da die Burg zur Zeit einen recht beliebten Ausflugspunkt und Sammelpunkt für Jugendvereine usw. bildet und sie diesem Zwecke doch mehr oder weniger durch die beabsichtigte Hineinverlegung eines Klosters entzogen würde."*[20]

Im gleichen Sinn antwortet der Landrat am 25. November 1921 auf eine direkte Intervention des Wewelsburger Pastors zugunsten der Nonnen.[21]

Einen verspäteten letzten Versuch, die Wünsche Pöppelbaums durchzusetzen, unternimmt die Gemeinde Wewelsburg am 20. März 1922 mit dem Beschluß, das Projekt eines Jugendheims mit 10 000 Mark statt 6 000 Mark zu unterstützen, falls die Betreuung Ordensschwestern übertragen würde.[22]

Daß Pöppelbaum schon damals als Verlierer dieser Partie gesehen wurde, geht aus der Formulierung in der Eröffnungsrede des Bürener Landrats von Solemacher-Antweiler (des Nachfolgers von Dr. Vogels) am 31. Mai 1925 hervor, der Wewelsburger Pfarrer und Geistliche Rat Johannes Pöppelbaum – lange Zeit alleiniger Bewohner der Burg – habe sich *"in bewundernswerter Weise in die neuen Pläne eingefunden und diese unterstützt."*[23]

Das Interesse an der Wewelsburg hatte anfangs der zwanziger Jahre weitere Kreise gezogen. Am 24. Mai 1921 geht bei der Mindener Regierung eine Anfrage mit Datum 23. Mai 1920 (!) ein.[24] Eine *Landwirtschaftliche Moorkultur- und Heideverwertungsgenossenschaft eGmbH* in Osnabrück möchte die ganze Wewelsburg kaufen, um sie *"unter Wahrung der jetzigen äußeren Beschaffenheit in ein Erholungsheim auszubauen."*

Weiter gedeiht dieser Ansatz nicht: am 27. Juni 1922 teilt das Regierungspräsidium Osnabrück der Mindener Regierung mit, daß sich die Genossenschaft in Liquidation befinde.[25]

Ein nächster Schritt zur Okkupation der ganzen Wewelsburg ist für den Pfarrer, der immer noch auf sein Kinderheim-Projekt setzt, im Juni 1921 die eigenmächtige Überlassung zweier Räume an den Paderborner Quickborn-Verein.[26] In Minden wird zunächst am 20. Juni auf der offiziellen Anfrage des "Quickborn" die interne Aufforderung notiert, zu *"prüfen, ob die Räume dem Pastor tatsächlich s. Z. überwiesen sind. Nach den Akten und Zeichnungen über Burg Wewelsburg gehören die Räume nicht zur Pfarrwohnung."* – Einer Überlassung stimmt Minden dennoch unter Vorbehalt ministerieller Genehmigung zu.

18 Ebd., Bl. 195. – Mitteilung des bischöflichen Generalvikariats in Paderborn an die Mindener Regierung vom 17. Sept. 1920.

19 StA DT M 2 Bü Nr. 985.

20 Ebd. – Antwort auf eine Anfrage vom 21. Aug. 1921. – Zu beachten ist das Stichwort *"Sammelpunkt für Jugendvereine usw."* und das Gewicht, das diesem Aspekt beigemessen wird!

21 Ebd.

22 Ebd.: "Auszug aus dem Protokollbuch der Gemeinde Wewelsburg" – 20. März 1920. – Der Einfluß des Pfarrers bei dieser Entscheidung ist unverkennbar.

23 Vgl. unten S. 94.

24 StA DT M 1 III C Nr. 2355, Bl. 196.

25 Ebd., Bl. 197.

26 Ebd., Bl. 200. – Das Schreiben ist im Haupttext nicht mit Adresse, Datum und Unterschrift versehen, wird aber durch eine Bestätigung Pöppelbaums *"für Herrn Stud. theol. Honselmann, Mitglied des Quickborn in Paderborn"* vom 16. Juni 1921 ergänzt. – Prof. Klemens Honselmann ist heute über die erzbischöflich-theologische Fakultät in Paderborn hinaus durch seine Tätigkeit im Westfälischen Altertumsverein bekannt.

Gegenüber den umfassenden Durchbau-Plänen für die Wewelsburg bleibt dem Quickborn-Verein später aber nur der Weg, im Kontakt mit den Trägern des Vorhabens auf die Berücksichtigung der eigenen Interessen im Gesamtkonzept hinzuwirken.[27] Der Verein bemüht sich demgegenüber jedoch weiterhin, das mit dem Wewelsburger Pfarrer getroffene Arrangement durchzusetzen, was letztlich aber nicht gelingt.[28]

3. Das Jugendheim-Projekt und sein (vorläufiges) Scheitern

Die 1921 geplante und letztlich 1924/25 verwirklichte Lösung nimmt erkennbar Anregungen aus zuvor erwogenen Vorhaben auf. Überlegungen, in der Wewelsburg ein Erholungsheim oder eine Pension für Durchreisende und Urlauber einzurichten, waren bereits früher diskutiert worden. Von dem Vorhaben Thyssens – das im Gegensatz zu späteren Ansätzen frei von konfessionellen Beschränkungen konzipiert war – war hier bereits die Rede.[29]

Auch das Konzept eines Versammlungsraumes, das bald als Veranstaltungsort für Seminare und Kongresse (insbesondere zur Bekämpfung des Jugendalkoholismus) präzisiert wurde, hatte seine Vorläufer. In einem kommerziell orientierten Vorhaben aus dem Jahr 1919 war an gleicher Stelle, im Erdgeschoß des Westflügels, ein *Ankerplatz für Bildungszwecke* geplant, wo *praktische Redner* Vorträge halten sollten.[30]

Dem Anschein nach geht das Jugendheim, wie vom Kreis Büren (oder vielmehr dem damaligen Landrat Vogels) zusammen mit dem Verband der katholischen Jugend- und Jungmännervereine Deutschlands in Düsseldorf konzipiert, aus dem Plan eines Kinderheims gemäß den Wünschen des Ortsgeistlichen Pfarrer Pöppelbaum hervor. Tatsächlich tritt das Projekt des Kreisjugendheims, auch als Tagungs- und Wanderherberge für auswärtige Vereine geplant, zu den Absichten Pöppelbaums in Konkurrenz. Die Interessenkollision wird dabei offenbar bewußt in Kauf genommen.

Am 6. August 1921 benachrichtigt Baurat Niemann vom staatlichen Hochbauamt in Paderborn den Bürener Landrat von einer Besichtigung der Wewelsburg mit Kaplan Mosterts, dem Generalpräses des Düsseldorfer Verbands, um Pläne zur *"Errichtung eines Stützpunkts für die Jugendbewegung in der Wewelsburg"* zu erörtern.[31] Ein entsprechendes Interesse werde sofort bei der Mindener Regierung angemeldet, da *"man auch von anderen Seiten bestrebt ist, die Burg wieder auszubauen."* Ein ausgearbeiteter Vorentwurf mit Kostenanschlag solle nachgereicht werden.

Für Kontakte und Absprachen zwischen dem Düsseldorfer Jugendverband und dem Wewelsburger Pfarrer gibt es im Ablauf der Vorgänge keinerlei Anzeichen. Daß eine Annäherung nicht erzielt oder gar nicht erst gesucht wurde, ist vielleicht aus dem Gegensatz zwischen moderner, auf die Kategorie des Massenerfolgs bezogener Propaganda auf der einen Seite[32] und konventioneller, auf die Gemeinde beschränkter Seelsorge auf der anderen Seite zu erklären. Pöppelbaum ging es letztlich aber nur darum, seine Ruhe zu haben. Kinderheim, klösterliche Niederlassung und Räume für die lokale Jugendpflege sollten den Gebäudekomplex für andere Vorhaben blockieren.

Ihrer äußeren Form nach waren die beiden konkurrierenden Ansätze ziemlich ähnlich. Beide zielten auf den Ausbau der Wewelsburg zu Zwecken konfessioneller Jugendpflege ab. Pöppelbaums Vorhaben war aber auf persönliche Interessen und die örtlichen Verhältnisse beschränkt und hätte zudem eine bauliche und organisatorische Parzellie-

---

27 Vgl. hierzu eine Mitteilung der Regierung in Minden an den Verband der katholischen Jugend- und Jungmännervereine in Düsseldorf vom 15. Aug. 1921, ebd., Bl. 198. - Der Aufforderung zur Kontaktaufnahme ist der „Quickborn" nicht nachgekommen. – Vgl. den Bericht von Landrat Vogels nach Minden vom 4. Feb. 1922, ebd., Bl. 223.

28 Daß sich die Paderborner Quickborn-Leute um ein Vereinslokal in Wewelsburg bemühten, könnte auf eine Einladung des Pastors zurückgehen, dem die Ziele der an entschiedenem Katholizismus und Abstinenz orientierten Schülervereinigung sympathisch und für seine privaten Vorstellungen zur Wewelsburg passend gewesen sein müßten. - Zum „Quickborn" vgl. Winfried Mogge, Art. „Quickborn", in: LThK, Bd. 8, Freiburg 1963, Sp. 937, sowie Barbara Schellenberger, Katholische Jugend und Drittes Reich. Eine Geschichte des Katholischen Jungmännerverbandes 1933-1939 unter besonderer Berücksichtigung der Rheinprovinz, Mainz 1975, S. 3 ff.

29 Vgl. oben, S. 19, Anm. 16.

30 Auf das Vorhaben von 1919 wie auch auf die vorangegangenen Überlegungen zum teilweisen oder vollständigen Durchbau des dringend sanierungsbedürftigen Baudenkmals geht die Diss. d. Verf. näher ein. – Auch die erst im zweiten Ansatz 1924/25 ins Auge gefaßte Verlegung des Kreisheimatmuseums in die Wewelsburg kann in gewissem Umfang als Erweiterung des Jugend- und Volksbildungsangebots um ein zusätzliches Medium betrachtet werden.

31 StA DT M 2 Bü Nr. 985.

32 Der Verband der katholischen Jugend- und Jungmännervereine Deutschlands war 1896 in Düsseldorf als Dachorganisation der Gesellenvereine gegründet worden. Seit 1908 war Kaplan Carl Mosterts Generalpräses des unter ihm straffer strukturierten Verbands. Die klassische Zielsetzung einer Laienvereinigung hatte im *Fuldaer Bekenntnis* eine kämpferische Attitüde angenommen: *"katholisch sein bis ins Mark, [...] jung sein, [...] Männer werden"*. Mosterts suchte allerdings auf der Ebene der Verbandsführung auch über den von ihm angeregten (Reichs-) Ausschuß der Deutschen Jugendverbände Kontakt zu anderen Gruppierungen einschließlich der sozialistischen Jugendorganisationen. Tragendes Element war im Sinne des *Fuldaer Bekenntnisses* aber die in die Zeit der Gegenreformation zurückreichende Tradition der marianischen Kongregationen. Sozialpolitisches Engagement war also Instrument einer aktiven religiösen Bewegung. Umgekehrt nimmt die so formulierte Religiosität einige geradezu aggressiv-revolutionäre Züge an, wie sie in den Jugendbewegungen nach dem ersten Weltkrieg fast allgemein zum Ausdruck kommen. - Vgl. Schellenberger, a.a.O., sowie Oskar Köhler, Art. "Jugendbewegung", in: LThK, Bd. 5, Freiburg 1960, Sp. 1181 f., u. Ludwig Paulussen, Art. „Marianische Kongregation", in: Ebd., Bd. 7, Sp. 49 f.

rung der Gesamtanlage bewirkt. Mit der Aussicht, die weitere Behandlung der Wewelsburg der Willkür von Maßnahmen nach Gelegenheit zu entziehen und die Staatskasse durch finanzielle Beteiligung der Nutznießer zu entlasten, konnten die Wünsche des Pfarrers keinem Vergleich mehr standhalten.

Dementsprechend behandelt Minden den formellen Antrag des Bürener Landrats vom 8. August 1921 in der Antwort vom 15. August[33] ausgesprochen wohlwollend. Die Regierung verspricht materielle Förderung nach Möglichkeiten. Hinsichtlich der beiden dem Quickborn-Verein zugesprochenen Räume wird erklärt: *"Wir geben natürlich Ihrem Plan als dem größeren und vom fiskalischen Standpunkte aus den Vorzug."*

Das zur Ausführung bestimmte Projekt wird von vornherein von der Korrespondenz der Interessen der Verwaltungsspitzen im Kreis Büren und dem Regierungsbezirk Minden sowie des Düsseldorfer Verbands getragen. Kernpunkte des Einvernehmens und argumentative Grundlage praktisch aller Anträge und Bewilligungen sind der Kampf gegen den Alkoholismus und die Stärkung des Zusammenhalts zwischen dem Reich und den besetzten Industriegebieten als zentrale Aufgaben der Jugendpflege sowie die besondere Eignung der Wewelsburg als Stützpunkt hierfür.

Im ersten Bericht zur Sache vom 8. August 1921 hebt der Bürener Landrat die günstigen Voraussetzungen durch bestehende Wasser- und Stromanschlüsse für die Pfarrwohnung, die Nähe einer Bahnstation und die reizvolle Lage der Burg hervor. Das geplante Heim sollte der örtlichen Jugendpflege dienen (also die Funktionen des Pöppelbaumschen Ansatzes verwirklichen), Veranstaltungen der Jugendvereine des ganzen Kreises offenstehen und sei auch als *"Tagungs- und Wanderheimstätte für auswärtige Jugendvereine"* gedacht. Vogels erwähnt das Interesse des katholischen Jugendverbands. Vom Ausbau der Wewelsburg - wie zuvor schon anderer Burgen - als Stützpunkt der Jugendpflege erwartet der Landrat nun auch *"die Hebung des Kreises Büren im allgemeinen"*.[34]

Den gleichen Tenor zeigen auch die Schreiben einer Kampagne zur Spendenakquisition durch den Landrat[35] vom 7. November 1921. Vogels wendet sich an verschiedene Behörden, Industrieverbände und andere Institutionen des öffentlichen Lebens. Die Schreiben folgen alle demselben Schema. Sofern der Adressat nicht, wie etwa der Regierungspräsident in Minden, schon einschlägig informiert ist, wird das Projekt kurz vorgestellt. Im weiteren wird auf zu erwartende besondere Interessen des jeweiligen Adressaten eingegangen. – Im Schreiben an den Paderborner Bischof hebt Vogels besonders die Pfarrwohnung sowie die ideelle und finanzielle Beteiligung des katholischen Jugendverbands hervor. Die Bereitschaft staatlicher Stellen zur Förderung des Unternehmens habe aber Beiträge der *"zunächst beteiligten Kreise,"* nämlich des Kreises Büren, der Provinz, der Stadt Paderborn und der Gemeinde Wewelsburg, zur Voraussetzung. Um nicht abgedeckte Summen beizubringen, ist ein Aufruf zur Zeichnung privater Spenden geplant. Vom Bischof erhofft sich Vogels (vergeblich) außer Unterstützung des Spendenaufrufs durch die bischöfliche Amtsautorität auch einen direkten finanziellen Beitrag des Bistums. Vogels betont die Bedeutung des Unternehmens, *"um der immer mehr drohenden Verwahrlosung der Jugend, die sich als Folgeerscheinung der Kriegs- und Nachkriegszeit auch in ländlichen Bezirken bemerkbar macht, vorzubeugen."* – Entsprechend argumentiert der Landrat gegenüber dem Landeshauptmann der Provinz, Dickmann, in Münster. Die Angelegenheit werde *"für die Förderung der Jugendpflege nicht nur des Kreises Büren, sondern des ganzen Paderborner Landes und darüber hinaus auch des Industriegebiets von großer*

---

33 StA DT M 1 III C Nr. 2355, Bl. 198 f. sowie eine Abschrift StA DT M 2 Bü Nr. 985 – Bericht vom 8. Aug. 1921, bzw. StA DT Nr. 2355, Bl. 198 – Randentwurf – sowie StA DT M 2 Bü Nr. 985, Schreiben vom 15. Aug. 1921. – Die Liegenschaften des vormaligen Hochstifts Paderborn kamen durch die Säkularisation 1803 an die preußische Domänenverwaltung, die dem Minister für Landwirtschaft, Domänen und Forsten verantwortlich war.

34 StA DT M 2 Bü Nr. 985.

35 Alle Schreiben ebd.. – Alle folgenden Zitate entstammen dieser Quelle. – Der Brief an den Landwirtschaftsminister befindet sich auch in StA DT M 1 III C Nr. 2355, Bl. 212 ff.

Bedeutung sein." Außerdem sei die Erhaltung des vom Verfall bedrohten Bauwerks *"auch vom Standpunkt der Heimatpflege [...] dringend erwünscht."*

Der Dialog mit dem Regierungspräsidium in Minden war bereits fortgeschritten. Einer Aufforderung vom 31. Oktober 1921 entsprechend, werden hier am 7. November Pläne und Kostenanschläge sowie eine Beschreibung des Ausbauprogramms eingereicht.[36] Es sollten *"zur weiteren Bekämpfung der Alkoholgefahr vor den sich dort versammelnden Jugendvereinen und -Kongressen Vorträge über die schädigende Wirkung des Alkohols an Hand von Lichtbild- und Lichtspielvorführungen gehalten werden."* – Die Bildungsarbeit sollte also durch den Einsatz damals modernster Medien noch effektiver gestaltet werden. Deshalb ist das geplante Jugendheim nicht gleich als besonderes Experiment auf sozialpolitischem Gebiet zu verstehen. Der Landrat zeigt sich aber offenkundig bemüht, das Bauwerk für die ihm zugedachte Funktion mit möglichst sorgfältig ausgewählter Ausstattung auf hohem Niveau zu versehen.

Zusammen mit dem Schreiben an den Regierungspräsidenten geht ein Antrag an den Landwirtschaftsminister nach Minden, den befürwortend weiterzuleiten der Landrat ersucht. Den Darlegungen wie in den anderen Schreiben folgt die Bitte um Überlassung der erforderlichen Partien der Wewelsburg in Erbbau- oder Erbpachtrecht oder leihweise für dreißig Jahre gegen Zahlung einer Anerkennungsgebühr. Eine entsprechende Regelung und die Bereitschaft des Staates, die baulichen Unterhaltungsmaßnahmen in der bisher üblichen Größenordnung zu tragen, sei Voraussetzung *"für eine Uebernahme der Burg in die Unterhaltung des Kreises."* Vogels versucht, bei der Mindener Regierung, dem Landwirtschaftsministerium und dem Ministerium für Volkswohlfahrt in Berlin eine Revision des bisherigen Standpunkts zu bewirken, wonach eine Veräußerung der Wewelsburg den Übergang jeglicher weiterer Verpflichtungen auf den Kreis Büren zum Ziel haben müßte.

In der Frage der geeigneten Rechtsform einer Überlassung der Wewelsburg an den Kreis Büren plädiert der Regierungspräsident in einem Begleitschreiben vom 29. November 1921 zu dem Bericht des Landrats vom 7. November[37] gegenüber dem Minister für Volkswohlfahrt für einen Pachtvertrag, *"um dem Fiskus als Eigenthümer die Möglichkeit zu sichern, entstellenden Umbauten entgegen treten zu können."*

Auf Anforderung durch das Landwirtschaftsministerium vom 12. Dezember 1921 hin erklärt die Domänenabteilung in Minden am 24. Dezember,[38] bereits am 19. August 1917 habe man sich für die *"Vermietung der Wewelsburg auf längere Zeit"* gegen eine Anerkennungsgebühr ausgesprochen. Die Dächer sollten dabei in Rücksicht auf die Gemeinnützigkeit des Vorhabens weiterhin auf Staatskosten unterhalten werden. Alle sonstigen Ausgaben wären dagegen vom Kreis Büren als Mieter zu tragen.

Das Landwirtschaftsministerium erklärt sich gegenüber der Regierung in Minden am 23. Januar 1922 dagegen zur *"eigentümlichen Ueberlassung"* der Wewelsburg bereit.[39] Der Kreis müsse dabei zu ordnungsgemäßer Unterhaltung verpflichtet werden. Die Zuständigkeit der Regierung beziehungsweise des Provinzialkonservators bei rechtlichen oder baulichen Veränderungen wird betont. Sollte der Kreis eine mietweise Übernahme der Burg vorziehen, erklärt sich das Ministerium bereit, *"die Kosten der ersten Einrichtung der Burg für den als Jugendheim gedachten Zweck sowie die Kosten der erstmaligen ordentlichen Instandsetzung der Dächer zu übernehmen."* Deren weitere Unterhaltung aus dem Domänenbaufonds ist für beide Formen der Übernahme der Burg durch den Kreis vorgesehen.

---

36 StA DT M 1 Ju Nr. 110, Schreiben vom 31. Okt. 1921 - bzw. M 2 Bü Nr. 985, Schreiben vom 7. Nov. 1921.

37 Beide Aktenstücke StA DT M 1 Ju Nr. 110.

38 StA DT M 1 III C Nr. 2355, Bl. 209, Schreiben vom 12. Dez. 1921 bzw. Bl. 209 b f., Schreiben vom 24. Dez. 1921. – Der Chronologie nach steht der fragliche Termin, der 19. Aug. 1917, in Zusammenhang mit dem Projekt des Thyssen-Werkskinderheims.

39 Ebd. sowie StA DT M 2 Bü Nr. 985 (Abschrift).

Provinzialkonservator Körner meldet sein Interesse an der Sache bereits am 14. Dezember 1921 an und schlägt dem Landrat eine Besichtigung am 29. oder 30. Dezember vor.[40] Die Frage der Überlassung des Bauwerks und die denkmalpflegerischen Gesichtspunkte treten danach für längere Zeit in den Hintergrund.

Das ministerielle Entgegenkommen könnte ein Erfolg der Methode von Landrat Vogels sein, wichtige Entscheidungen durch Aktivierung persönlicher Beziehungen vorzubereiten. Vogels war nämlich, bevor er 1921 als Landrat nach Büren berufen wurde, im preußischen Innenministerium tätig und verfügte so über bemerkenswerte Verbindungen zu verschiedenen Berliner Dienststellen.[41] In diesem Fall wendet er sich am 19. November 1921, knapp zwei Wochen nach der ersten Werbe- und Antragskampagne für das Projekt, an den Landgerichtsdirektor Oppenhoff. Vogels bittet diesen, seinen Einfluß als Mitglied des preußischen Landtags selbst sowie über Fraktionskollegen geltend zu machen, um beim Minister für Volkswohlfahrt und beim Landwirtschaftsminister auf eine Zustimmung zur Überlassung der Wewelsburg in der vom Landrat angestrebten Form hinzuwirken.[42]

40 Ebd.

41 Zu Landrat Vogels vgl. oben S. 18, Anm. 2.

42 StA DT M 2 Bü Nr. 985. – Vogels kennt Oppenhoff persönlich sehr gut: er dankt in dem Schreiben auch für Glückwünsche zur Verlobung.

Pfarrer und Geistlicher Rat Johannes Pöppelbaum (vorn in der Mitte) im Jahre 1930 anläßlich seines diamantenen Priesterjubiläums (KM W Fotoarchiv 1.2.3.4.)

In gleicher Weise wendet sich Vogels am 3. Februar 1922 an Regierungsassessor Eiler beim Oberpräsidium der Provinz in Münster, um die Vorbedingungen für eine Sachlotterie abzuklären.[43] Vogels gibt an, die Mittel für den Ausbau sollten nach seiner *"anfänglichen Absicht zum Teil durch eine Geldlotterie aufgebracht werden"* und Oberpräsident Dr. Würmeling habe Bereitschaft signalisiert, das Vorhaben zu unterstützen. Er habe Würmeling dieses Anliegen mündlich vorgetragen. Daraus erklärt sich wohl, warum die Akten zuvor keinen Hinweis auf eine geplante Lotterie enthalten.

Ein Finanzierungsplan, in den die erhofften Lotterieerträge aufgenommen sind, ist vor dem offiziellen Antrag auf eine Lotterie[44] vom 23. März 1922 nicht zuverlässig datierbar. Dieses Schreiben an den Oberpräsidenten entspricht fast wörtlich dem an den Bischof gerichteten[45] vom 7. November 1921. Der nun beigefügte Finanzierungsplan, der auch den Vorschlag einer Lotterie enthält, weist gegenüber dem ersten Ansatz deutliche Korrekturen auf. Danach sollten zwar wie bisher 150 000 Mark an unverzinslichen Darlehen aus dem Antialkohol- und dem Jugendpflegefonds und 20 000 Mark von der Provinz zufließen. Der Beitrag des katholischen Jugendverbands war ebenfalls unverändert mit 20 000 Mark veranschlagt. Dagegen sollte der Anteil des Kreises mit 80 000 Mark viermal so hoch ausfallen, und die Beiträge der Gemeinde Wewelsburg sowie aus privaten Spenden sollten sich mit 10 000 Mark beziehungsweise 70 000 Mark verdoppeln.

Dieser Zahlenvergleich zeigt deutlich die inflationäre Entwicklung. Ohne den hier noch nicht bezifferten Ertrag der geplanten Lotterie gerechnet, liegt der angesetzte Gesamtbedarf bereits um 100 000 Mark oder 40% höher als ein halbes Jahr zuvor. Allerdings ist auch zu fragen, wie solide der ursprüngliche Kostenanschlag auf 250 000 Mark wirklich war. Schon am 2. Dezember 1921 versucht der Landrat nämlich, die Wewelsburger Schützen dazu zu bewegen, die für den Neubau einer Schützenhalle veranschlagte Summe von 150 000 Mark (!) als Beteiligung am Ausbau der Burg zu investieren.[46] Die geplante Einrichtung solle dann die entsprechende Funktion mit übernehmen. Die Schützen antworten aber am 16. Dezember 1921, zwar einen Bauplatz beantragt, die nötigen Mittel aber gerade nicht verfügbar zu haben.[47]

Zumal der Landeshauptmann am 10. April 1922 materielle Förderung des Wewelsburg-Projekts unter Hinweis auf erhebliche Beihilfen für den Ausbau der Hohensyburg zu gleichartigen Zwecken und die schlechte finanzielle Lage der Provinz ablehnt,[48] muß Landrat Vogels am 13. April der Mindener Regierung berichten, daß die Finanzierung noch nicht gesichert sei.[49] Entscheidungen des Ministers für Volkswohlfahrt über Beihilfen aus dem Antialkohol- und dem Jugendpflegefonds sowie des Oberpräsidenten über die Genehmigung einer Sachlotterie stünden noch aus. Danach solle der Kreistag sich für Ankauf oder Anmietung der Wewelsburg entschließen.

Tatsächlich findet sich in den Akten kein direkter oder indirekter Hinweis auf ein Mitwirken von Kreisausschuß oder Kreistag in irgendeiner Form an dem Jugendheim-Projekt im Untersuchungszeitraum dieses Kapitels.[50] Der Landrat lancierte das Unternehmen an den Kreisorganen vorbei. Vogels war seit seinem Amtsantritt mit einer negativen Grundhaltung im Kreis konfrontiert.[51] Deshalb mußte es ihm geraten erscheinen, die Entwicklung an einen Punkt zu treiben, an dem substantielle Einwände den Kreisorganen nicht mehr möglich wären, bevor eine der Geschäftsordnung gemäße Entscheidung herbeigeführt werden sollte.

Weitergehende Entscheidungsbefugnisse als die über formale Details kamen den Bürener Kreisorganen nicht zu: dem geplanten Jugendheim war das Prädikat einer

---

43 Ebd. – Eiler war ein Duzfreund des Landrats.

44 StA DT M 2 Bü Nr. 985.

45 Vgl. oben, Anm. 35 und 36.

46 StA DT M 2 Bü Nr. 985.

47 Ebd.

48 Ebd.

49 StA DT M 1 III C Nr. 2355, Bl. 223. – Die Antwort aus Büren bezieht sich auf eine Aufforderung vom 4. Februar 1922, nach Minden zu berichten.

50 Vgl. KA PB Nr. B 40 u. KA PB Nr. B 119.

51 Vgl. die an Vogels in der Kreistagssitzung vom 25. November 1921 geübte Kritik (KA PB Nr. B 40) sowie die Darstellung unten S. 39 f.

"nationalen Bedeutung des Unternehmens"[52] durch Übereinstimmung der Protagonisten zugesprochen worden. Damit war aber zugleich eine kritische Grenze überschritten. Solange die Nutzung der Wewelsburg ausschließlich im Büren-Paderborner Maßstab verhandelt wurde, waren im sozialen Bereich andere Interessen als die katholischer Organisationen den demographischen Verhältnissen[53] entsprechend zu vernachlässigende Größen. In dem Moment, in dem gesamtgesellschaftliche Belange Handlungsgrundlage wurden, stellte die sich abzeichnende konfessionelle Orientierung nur noch ein Sonderinteresse und Ausschnitt aus dem gesellschaftlichen Spektrum dar. Ein großer Teil der Kosten mußte aus öffentlichen Etats finanziert werden, um die für den Ausbau erforderlichen Mittel aufzubringen.

Die Frage nach der für das Projekt reklamierten Gemeinnützigkeit beziehungsweise nach der Zulässigkeit der Begünstigung eines richtungsgebundenen Vorhabens durch den der Allgemeinheit verpflichteten Staat stellte sich, als der Deutsche Jugendherbergsverband (DJH) mit seinem Angebot, das Unternehmen durch organisatorische und Sachleistungen mitzutragen, keine Resonanz fand.

52 Befürwortungsgrund für einen vorgezogenen Beginn der Ausbauarbeiten nach einem Schreiben des Ministeriums für Volkswohlfahrt an den Landwirtschaftsminister vom 13. Juli 1922 – Abschrift: StA DT M 1 III C Nr. 2355, Bl. 226.

53 Vgl. unten S. 28, Anm. 65.

Gesamtansicht der Wewelsburg von Südwesten aus dem Jahre 1924 vor Beginn der Ausbaumaßnahmen – Foto: Günther (KM W Fotoarchiv 1.4.3.4.)

Die Möglichkeit einer Beteiligung des DJH an der Einrichtung der Wewelsburg als Jugendheim scheint weder in Minden noch in Münster oder Berlin in der Zeit zwischen 1921 und 1923 jemals erwogen worden zu sein. Vermutlich hatte dies seine Ursache darin, daß die Verbandssektion Gau Oberweser erst 1919 gegründet worden und zudem mit dem "Geburtsfehler" behaftet war, daß die Grenzen des DJH-Gaus nicht mit solchen politischer Einheiten übereinstimmten.[54] So mußte die laizistische Neugründung ohne zureichende Lobby beim gewachsenen Verwaltungs- und Entscheidungsapparat gegen die von der Tradition begünstigte konfessionelle Seite konkurrieren. Durch den Einfluß der Kirche selbst und dadurch, daß zahlreiche Beamte, wie auch Landrat Vogels in Büren, der kirchenfreundlichen Zentrumspartei angehörten, hatte diese Seite eine breite gefestigte Basis im öffentlichen Leben. Die Paderborner Sektion des DJH war überhaupt erst 1921 gegründet worden. Deren Leiter, ein Lehrer Horwald, wäre als Ansprechpartner bei den Überlegungen zum Ausbau der Wewelsburg in Frage gekommen. Auf Kreisebene konnte man den DJH offensichtlich (wie früher schon die Interessen der Wewelsburger Turner!) problemlos übergehen. Auch zum Regierungspräsidium in Minden und zum Oberpräsidium der Provinz in Münster sind wirksame Kontakte in jener Zeit nicht zu erkennen. Bei den DJH-Funktionären waren pädagogische und soziale Berufe überproportional vertreten. Einen politischen Repräsentanten hatte der Gau Oberweser zunächst allein in dem Bielefelder Stadtrat und (sozialdemokratischen) Reichstagsabgeordneten Carl Schreck.

Der Herbergsverband meldet sein Interesse an der Sache der "*Jugendherberge Wevelsburg*" am 14. Februar 1922 beim Bürener Landrat an.[55]

Nachdem der DJH nach eigenem Bekunden auf zwei weitere Schreiben an den Landrat keine Antwort erhalten hat, wendet sich der Geschäftsführer des Verbands, Münker, am 15. April 1922 an die Mindener Regierung.[56] Er protestiert dagegen, daß dem DJH Aufklärung über das Vorhaben verweigert werde und daß in der Wewelsburg trotz allgemeiner Raumnot eine Sonderherberge geschaffen werden solle, was gerade bei einem Bauwerk in staatlichem Besitz "*ganz unverantwortlich*" sei. Münker bezieht sich auf einen Tätigkeitsbericht in Heft 4/1921 des internen Mitteilungsblatts *Die Deutsche Jugendkraft* der gleichnamigen, dem katholischen Jugendverband angeschlossenen[57] Vereinigung. In dem fraglichen Artikel wird (Seite 18) zur Wewelsburg vermerkt: "*Dank der Bemühungen des Landrats Dr. Vogels in Büren wird die Burg als Wanderheim unserer katholischen Jugendbewegung nutzbar gemacht werden.*" Der Herbergsverband scheint hierdurch auf das Vorhaben aufmerksam geworden zu sein. Auf einen hinter dieser Formulierung zu vermutenden Exklusivanspruch dürfte der DJH geschlossen haben, als sein Beteiligungsangebot übergangen worden war.

Am 27. April 1922 benachrichtigt der Herbergsverband den Landrat als Vorsitzenden des Kreisausschusses in Büren von dem Protest.[58]

Bezeichnend für die Bürener Haltung zu der Frage der konfessionellen Ausrichtung und allgemein zur organisatorischen Zuständigkeit für das Vorhaben ist eine Einladungsliste vom 1. Mai 1922 für eine geplante Besprechung über den Ausbau der Wewelsburg.[59] Die Liste ist als Typoskript mit zwei handschriftlichen Nachträgen erstellt. Dabei finden sich ein Vertreter der amtlichen Jugendpflege und Repräsentanten der staatlichen Bauaufsicht und der Denkmalpflege erst in den Nachträgen, während fraglich ist, ob die Teilnahme so vieler Geistlicher wirklich nötig war, um über die Form eines zweckmäßigen Ausbaus der Wewelsburg zu befinden, zumal Pläne bereits ausgearbeitet waren.

---

54 Vgl. zu dem hier behandelten Komplex: Karl Hartung, Das Jugendherbergswerk in Westfalen-Lippe. 50 Jahre DJH-Werk, Hagen 1959, S. 164 ff.

55 StA DT M 2 Bü Nr. 985.

56 StA DT M 1 Ju Nr. 110.

57 Diese Tatsache erwähnt Landrat Vogels in einem Schreiben vom 13. April 1922 - StA DT M 2 Bü Nr. 985 – bzw. – in Abschrift an das Oberpräsidium vom 25. April, StA DT M 1 Ju Nr. 110. Darin bittet er darum, angesichts der inflationsbedingt mehr als verdoppelten Baustoffpreise eine der Deutschen Jugendkraft bewilligte Beihilfe unmittelbar dem Kreis für das Jugendheim zu überlassen. Ein Ausschnitt aus der Zeitschrift *Die Deutsche Jugendkraft* ist dem Schreiben Münkers in den Akten beigefügt.

58 StA DT M 2 Bü Nr. 985.

59 Ebd. – Genannt werden im Typoskript: Amtmann Rempe und Dechant Hüttemann aus Büren, Kaplan Gerlach und Definitor Pöppelbaum aus Wewelsburg, Domvikar Weskamp aus Paderborn, Generalpräses Mosters aus Düsseldorf, Kreisbauwart Schumacher und Kreiswohlfahrtsamtsleiter Nillies aus Büren sowie Dechant Freiberg aus Atteln – im 1. handschriftlichen Nachtrag (mit Tinte): Regierungsbaurat Niemann vom Hochbauamt Paderborn und Gemeindevorsteher Stellbrink aus Wewelsburg – im 2. handschriftlichen Nachtrag (mit Bleistift): Landesbaurat Körner (der Provinzialkonservator), Oberlehrer Tüffers und Kaplan Hellweg aus Paderborn. Oberlehrer Tüffers war laut dem Protokoll der Besprechung vom 12. Mai 1922 Kreisjugendpfleger.

Ebenfalls am 1. Mai 1922 gehen Berichte des Landrats an Provinzialkonservator Körner nach Münster und an das Landwirtschaftsministerium in Berlin.[60] Landrat Vogels bemüht sich um die Genehmigung für einen Beginn der Arbeiten, bevor das Ausbauprogramm festgelegt und "*auch wenn der Mietvertrag noch nicht formell vollzogen sein sollte*".[61] In beiden Schreiben setzt der Landrat das Einverständnis des Provinzialkonservators als gegeben voraus. Das "*vorläufige Ausbauprogramm*" sollte aber erst in der Besprechung am 12. Mai festgelegt werden.[62] Körner kann zu diesem Zeitpunkt noch gar keine definitive Zustimmung gegeben haben, da die Planung noch nicht hinreichend gesichert war!

In der Besprechung können, zumal weder Provinzialkonservator Körner noch Generalpräses Mosterts vom katholischen Jugendverband daran teilnehmen, keine weiteren Entscheidungen getroffen werden. Es bleibt bei einem Überblick über den Stand der Dinge.[63]

Landrat Vogels wendet sich in der Frage einer konfessionellen Bindung des geplanten Jugendheims am 15. Mai 1922 an Regierungsrat Amelunxen beim Ministerium für Volkswohlfahrt in Berlin.[64] Die Einrichtung des Jugendheims paritätisch zu gestalten, stellt für den Landrat eine Ersatzlösung für die gewünschte konfessionelle Ausrichtung dar, denn die Besprechung am 12. Mai habe gezeigt, "*daß es zu Schwierigkeiten führen könne, wenn in der geplanten Jugendherberge gleichzeitig die Mitglieder des Mosterz'schen Verbandes und die Jugendlichen anderer Richtungen zugelassen würden.*" Dem katholischen Verband seien jedenfalls Vorzugsrechte, etwa in Form eines Exklusivanspruchs auf bestimmte Räume, zu gewähren.

Amelunxen antwortet in einem vertraulichen Schreiben am 19. Mai.[65] Vor dem Hintergrund des Protests des DJH im besonderen und leichterer Akzeptanz paritätischer Einrichtungen im grundsätzlichen legt Amelunxen Argumente für die "*Einräumung weitgehender Vorrechte an die Düsseldorfer Zentrale*" nahe: "*Dabei würden Sie sowohl auf den Fürstbischof von Paderborn als auch auf das prozentuale Verhältnis der beiden Konfessionen in Ihrem Kreise hinzuweisen haben.*" Die Besitzverhältnisse vor der Säkularisation und die Tatsache, daß die Einrichtung des Jugendheims "*nicht vom Staat, sondern von einem Kommunalverband erfolgt, dessen Bewohner schätzungsweise zu 99% katholisch sind,*" könnten auch nach dem Dafürhalten des Ministerialbeamten die Ansprüche des katholischen Jugendverbands untermauern.

Das Engagement Amelunxens deutet auf Sympathie für die Sache von Landrat Vogels hin. Es reicht aber nicht so weit, in dem Provinzkonflikt Partei zu ergreifen, der in Berlin außer dem Bielefelder Reichstagsabgeordneten (und DJH-Funktionär) Schreck[66] niemand näher interessierte. Ohne den Einfluß forcierter Interessensvertretung wurde die Angelegenheit gängigem Recht entsprechend geregelt.

Als Reaktion auf den Protest des DJH vom 15. April 1922 beziehungsweise die Nachricht darüber an die Adresse des Vorsitzenden des Kreisausschusses in Büren vom 27. April bestätigt Vogels gegenüber dem Herbergsverband am 22. Mai 1922 die Absicht, den katholischen Jugendorganisationen Sonderrechte für die Nutzung des Jugendheims in der Wewelsburg einzuräumen, dementiert jedoch, daß andere Gruppierungen überhaupt nicht zugelassen werden sollten.[67]

Die Notwendigkeit des Abrückens von der ursprünglichen Maximalforderung wird zwei Tage später bestätigt: der Oberpräsident macht die Genehmigung der am 15. Mai beantragten Sachlotterie am 24. Mai 1922 von der Zulassung auch anderer als katholischer Jugendgruppen abhängig.[68]

---

60 Beide Aktenstücke: StA DT M 2 Bü Nr. 985.

61 Vgl. das Schreiben an das Landwirtschaftsministerium, ebd. – Bemerkenswert ist, daß Vogels die Möglichkeit einer definitiven Eigentumsübertragung auf den Kreis hier nicht einbezieht!

62 Vgl. den Bericht an Körner, der die Einladung zu jener Besprechung einschließt, ebd.

63 Vgl. das Protokoll vom 12. Mai 1922, ebd.

64 Ebd. – Dr. Rudolf Amelunxen (1888 – 1969) trat 1919 in den preußischen Staatsdienst ein, wurde drei Jahre später persönlicher Referent des preußischen Ministerpräsidenten Otto Braun und 1926 Regierungspräsident in Münster. 1932 von diesem Amt (aus politischen Gründen) abgelöst, wurde er 1945 Oberpräsident von Westfalen und 1946/47 erster Ministerpräsident des neugebildeten Landes Nordrhein-Westfalen. Zeitweilig war er zugleich Kultusminister, dann Sozialminister, schließlich 1950 – 58 Justizminister. – Vgl. hierzu: Brockhaus Enzyklopädie in zwanzig Bänden. Siebzehnte völlig neu bearbeitete Auflage des grossen Brockhaus, Bd. 1 (Buchst. A bis ATE), Wiesbaden 1966, S. 442 ; Alfred Hartlieb v. Wallthor, Die landschaftliche Selbstverwaltung, in: Wilhelm Kohl (Hg.), Westfälische Geschichte, Düsseldorf 1983, Bd. 2, S. 165–209 sowie Karl Teppe, Zwischen Besatzungsregime und politischer Neuordnung (1945 – 1949). Verwaltung - Politik – Verfassung, ebd., S. 269–339. "*Im Jahre 1926 wurde Amelunxen Regierungspräsident in Münster. Gerade in der Führung dieses Amtes zeigte sich seine durch und durch republikanische Einstellung sowie Aufgeschlossenheit gegenüber den sozialen und wirtschaftlichen Problemen jener Jahre.*" – Teppe, a.a.O., S. 278.

65 StA DT M 2 Bü Nr. 985. – Die Vertraulichkeit des Schreibens zeigt, daß bei diesem Meinungsaustausch besondere persönliche Beziehungen den Hintergrund bilden.

66 Schreck interveniert am 20. April 1922 gegenüber dem Mindener Regierungspräsidenten, StA DT M 1 Ju, Nr. 110, und sieht sich gezwungen, "*über eine derartige zersplitternde Maßnahme*" notfalls eine Diskussion in der Öffentlichkeit veranlassen zu müssen.

67 StA DT M 2 Bü Nr. 985.

68 StA DT M 1 Ju Nr. 110.

Die finanzielle und organisatorische Beteiligung der Verbandszentrale in Düsseldorf dagegen wird vom Wohlfahrtsministerium am 15. Juni 1922 in einem Schreiben an den Regierungspräsidenten ausdrücklich begrüßt.[69] Dies erscheine "*besonders wertvoll, weil die Burg vorzüglich auch für die rheinische Wanderbewegung und Jugendpflege einen Stützpunkt bieten soll und die Verbandszentrale ihren Sitz im besetzten Gebiet hat.*"

Am 6. Juli 1922 teilt Amelunxen Landrat Vogels wiederum vertraulich mit, die Sonderrechte für den katholischen Jugendverband seien vom DJH und "*in einer sehr bestimmten Gegenforderung vom Reichstagsabgeordneten Schreck in Bielefeld angegriffen worden.*"[70]

Unter Hinweis auf die "*katastrophale Geldentwertung*" sondiert Vogels am 4. Juli 1922 bei Amelunxen, ob der Anordnung des Landwirtschaftsministers vom 20. Mai 1922 entgegen die Erlaubnis zu erwirken sei, vor Abschluß eines Mietvertrags mit dem Ausbau zu beginnen.[71]

Offiziell wendet er sich am 7. Juli an das Ministerium für Volkswohlfahrt, um dort Unterstützung für einen sofortigen Baubeginn zu finden.[72]

Das Ministerium leitet das Gesuch am 13. Juli befürwortend "*in Anbetracht der nationalen Bedeutung des Unternehmens*" weiter, woraufhin der Landwirtschaftsminister am 18. Juli 1922 unter der Bedingung zustimmt, daß der Kreis Büren die Lasten zu tragen habe, falls der angestrebte Mietvertrag nicht zustande kommen sollte. Weitere Bedingungen solle die Mindener Regierung im Einvernehmen mit dem Provinzialkonservator erwägen.[73]

Die Regierung leitet dem Vorsitzenden des Kreisausschusses am 25. Juli 1922 wiederum eine Abschrift des Bescheids vom 18. des Monats zu.[74] Als Bedingungen werden gestellt: Bauaufsicht durch das Hochbauamt in Paderborn, Zustimmung des Provinzialkonservators zu den Plänen sowie Zulassung "*unter anderen*" auch der im Jugendherbergsverband vertretenen Organisationen.

Ebenfalls vom 25. Juli 1922 datiert die Zustellung eines Erlasses über Beihilfen für Regierung und Kreis zu dem Jugendheim-Projekt vom 23. April des Jahres.[75] Die Zustellung erfolge verzögert, "*weil die mehrfachen Widersprüche gegen die alleinige Ueberlassung der Wewelsburg an die katholische Jugend nicht früher geklärt werden konnten.*"

Landrat Vogels reagiert am 28. Juli mit einer der Empfehlung Amelunxens vom 19. Mai folgenden Erklärung.[76] Angeblich sei kein Exklusivrecht für den katholischen Jugendverband beabsichtigt gewesen, sondern das Zugeständnis, daß ihm "*einige Räume jederzeit zur Verfügung stehen müssen.*" Dieser Anspruch erscheint dem Landrat durch direkte finanzielle Beteiligung und Mitwirkung bei der Lotterie gerechtfertigt sowie durch den Umstand, daß "*der erzieherische Einfluß, den die konfessionell gerichteten Jugendvereine auf ihre Mitglieder ausüben wollen, doch sehr in Frage stehen würde, wenn [...] Angehörige der verschiedensten Richtungen der Juge[n]dlichen gleichzeitig Aufnahme finden würden*"! Ein genaueres Verfahren ließe sich noch nicht festlegen. Es sei "*zunächst abzuwarten, wie sich das Bedürfnis gestaltet.*"[77] Als ob kein Zusammenhang zwischen der Verzögerung und seiner eigenen Politik bestünde, beklagt Vogels den Verfall der im April bewilligten Mittel auf "*nur noch etwa 1/3 – 1/4 ihres damaligen Wertes*" und bittet um namhafte Erhöhung sowie kostenfreie Überlassung von Bauholz aus dem Staatsforst Böddeken. Andernfalls werde "*es bei der ungeheuren Steigerung der Baukosten gänzlich unmöglich sein, den Plan zur Ausführung zu bringen.*"

---

69 Ebd.

70 StA DT M 2 Bü Nr. 985.

71 Ebd.

72 StA DT M 1 III C Nr. 2355, Bl. 227 u. StA DT M 1 Ju Nr. 110.

73 StA DT M 1 III C Nr. 2355, Bl. 226.

74 Ebd., Bl. 228 u. StA DT M 2 Bü Nr. 985.

75 StA DT M 2 Bü Nr. 985 u. StA DT M 1 Ju Nr. 110. Der Erlaß vom 23. April 1922: StA DT M 2 Bü Nr. 985.

76 StA DT M 2 Bü Nr. 985 u. StA DT M 1 Ju Nr. 110.

77 Betrachtet man die Listen der zwischen 1925 und 1933 die Wewelsburg frequentierenden Jugendgruppen und anderen Organisationen – vgl. unten S. 103–129, fällt auf, daß "*sich das Bedürfnis*" so gestaltete, daß eine dem Exklusivanspruch nahekommende Praxis herrschte.

Mosterts und seinem Jugendverband gegenüber macht der Landrat am 2. August 1922 den sozialdemokratischen Reichstagsabgeordneten Schreck aus Bielefeld, der "*namens des Verbandes für deutsche Jugendherbergen sich dagegen gewandt hat, daß die Wewelsburg angeblich einseitig katholischen Kreisen zugänglich gemacht werden sollte,*" für die Verzögerungen im Bewilligungsverfahren verantwortlich.[78]

Zur Frage des Exklusivanspruchs oder einer Zulassung anderer Gruppierungen findet sich in den Akten keine Stellungnahme aus Düsseldorf. Möglicherweise war der Verband nicht dazu bereit, den pragmatischen Kurs des Bürener Landrats mitzutragen.

Die letzten Schriftwechsel der hier behandelten Periode in der Geschichte der Wewelsburg werden bestimmt durch das Bemühen von Landrat Vogels um Zuteilung von kostenlosem Bauholz.

Das Wohlfahrtsministerium teilt jedoch am 2. November 1922 der Mindener Regierung definitiv mit, der Vorsitzende des Kreisausschusses in Büren sei dahingehend zu bescheiden, daß Bauholz höchstens zu um ein Drittel ermäßigten Vorzugspreisen vergeben werden könne.[79]

Daraufhin erklärt Vogels am 21. November 1922 in einem Brief an den Regierungspräsidenten, daß bloße Ermäßigung des Holzpreises nicht genüge und unter diesen Umständen der Ausbau des Jugendheims in der Wewelsburg überhaupt nicht mehr möglich sei.[80]

78 StA DT M 2 Bü Nr. 985.

79 StA DT M 1 Ju Nr. 110.

80 Ebd.

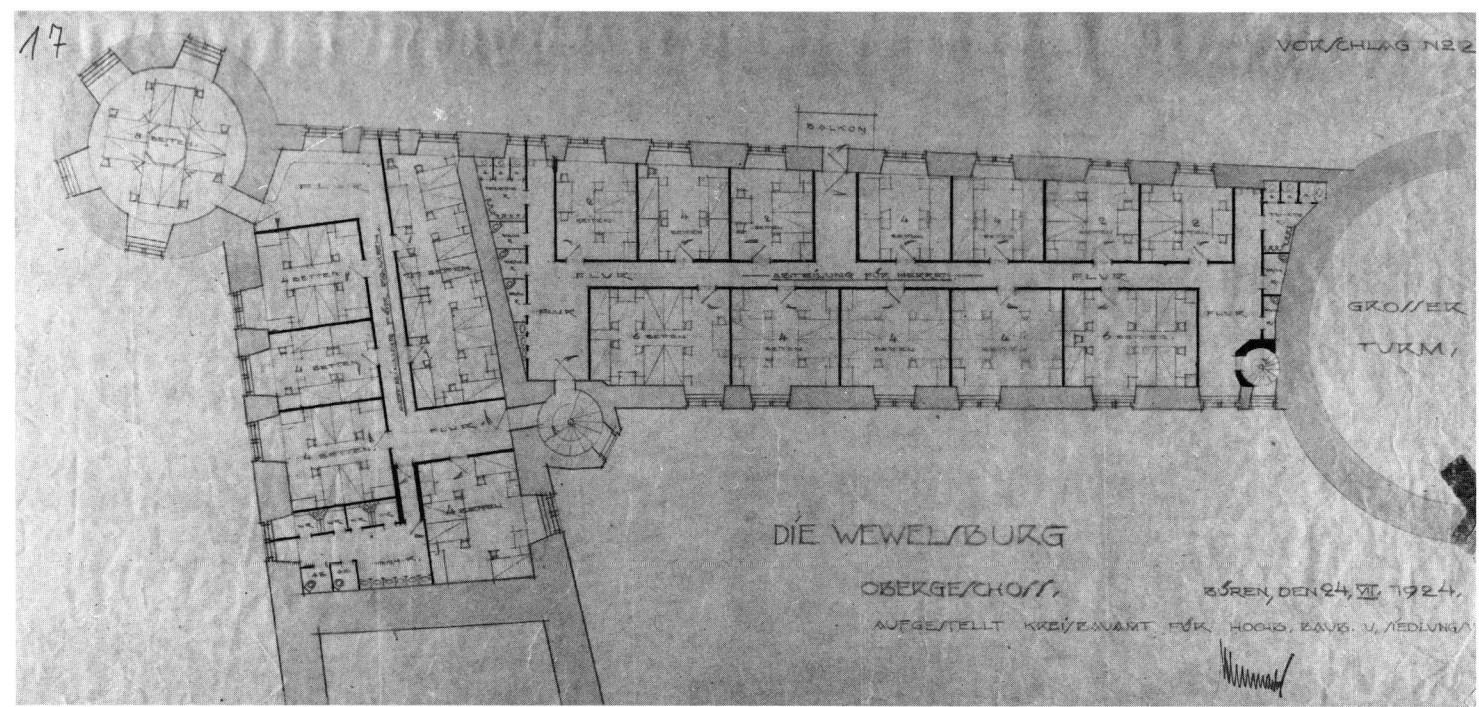

Entwurf für die Gestaltung des Obergeschosses der Wewelsburg vom 24. Juli 1924 (KM W Plan Nr. 17)

Der Regierungspräsident versucht am 29. November 1922, beim Ministerium für Volkswohlfahrt einen annähernden Ausgleich der inflationsbedingten Mehrkosten durch weitergehende Ermäßigung der Holzpreise und Zusatzbeihilfen durchzusetzen.[81] Er sieht kein Verschulden des Landrats daran, daß die Gewährung der Beihilfen verzögert wurde. Dagegen hätten Regierungspräsidium und Regierung den Widerstand des Jugendherbergsverbands nicht übergehen können. Deshalb befürwortet der Regierungspräsident die Bürener Anträge auch im Hinblick darauf, daß es sehr bedauerlich wäre, *"wenn zu guter Letzt noch das ganze Projekt ins Wasser fiele und bedenklich daneben, da die katholischen [gestrichen und ersetzt durch: "beteiligten"!] Kreise mit ihren reichen Mitteln schwerlich so bald wieder zu ähnlichen Einrichtungen heranzuziehen sein würden."*

Diesen Antrag lehnt das Ministerium in einem Schreiben vom 23. Januar 1923 an den Regierungspräsidenten ab, woraufhin der Landrat am 12. Februar 1923 erklärt, daß mangels finanzieller Mittel das Projekt fallengelassen werden müsse.[82]

Der Regierungspräsident informiert das Wohlfahrtsministerium über den Bericht des Landrats am 16. Februar und das Landwirtschaftsministerium am 13. März 1923, letzteres unter dem besonderen Hinweis darauf, daß der Minister für Volkswohlfahrt den Bürener Antrag auf weitere Beihilfen abgelehnt habe.[83]

---

81 Ebd.

82 Ebd.

83 Entwürfe zu beiden Schreiben: StA DT M 1 III C Nr. 2355, Bl. 237.

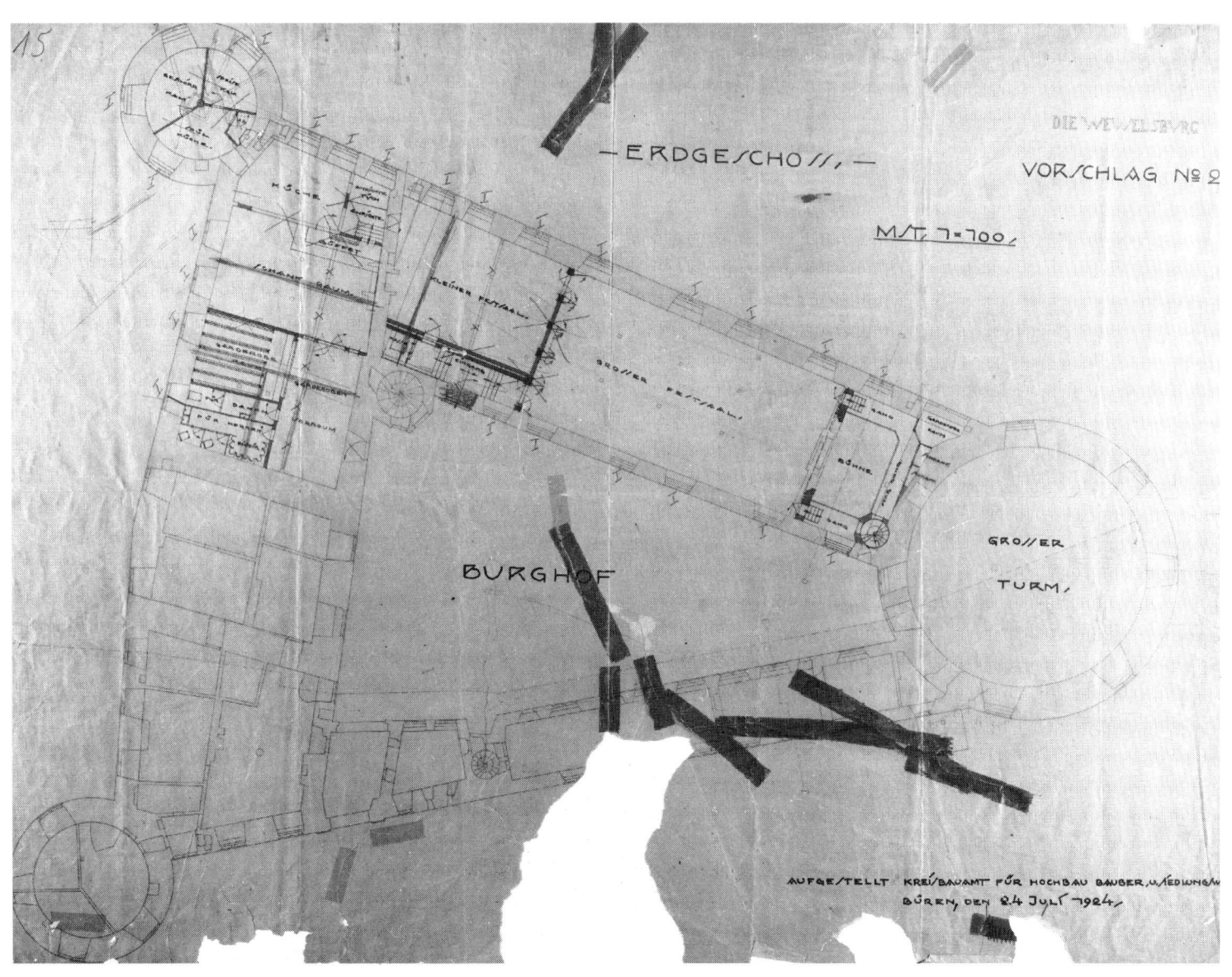

Entwurf für die Gestaltung des Erdgeschosses der Wewelsburg vom 24. Juli 1924 (KM W Plan Nr. 15)

II. Der Ausbau der Wewelsburg durch den Kreis Büren ab 1924

1. Der Beginn der Baumaßnahmen und der Erwerb der Wewelsburg

Etwa anderthalb Jahre, nachdem die ersten Maßnahmen zum Ausbau der Wewelsburg gescheitert waren und die Zeit der größten wirtschaftlichen und politischen Krise überwunden schien, machte sich Landrat Vogels, sobald sich eine zunehmende Stabilisierung der Verhältnisse abzeichnete, erneut daran, die ursprünglichen Pläne zur Erhaltung und zum Ausbau der Wewelsburg wiederaufzunehmen und endlich zum Erfolg zu führen.[1]

Unmittelbar an frühere Aktivitäten anknüpfend, bemühte er sich ab Juni 1924 nicht nur erneut darum, die für den Ausbau notwendigen finanziellen Mittel und Materialien zu beschaffen, sondern gleichzeitig auch um die schon früher initiierte Übernahme der Burg durch den Kreis Büren.

Ein Gegenstand besonderer Verhandlungen im Vorfeld der Ausbau- und Übernahmemaßnahmen war zunächst auch jetzt wieder die Klärung von Zuständigkeit und Finanzierung der Instandsetzung des Burgdaches.[2] Hatte Vogels im Mai 1922 den Kreisvertretungen empfohlen, die erstmaligen Ausbesserungsarbeiten an den Dächern durch den Kreis selbst ausführen zu lassen und die weiteren Unterhaltungskosten dem preußischen Domänenfiskus zu übertragen, so bat er nun die Domänenverwaltung mit Hinweis auf die mangelnde Leistungsfähigkeit des Kreises, diese Kosten zu übernehmen und die Burg bzw. die entsprechenden Burgräume dem Kreis Büren zum Ausbau und zur weiteren Unterhaltung zur Verfügung zu stellen.[3] In der schon vom ersten Ausbauversuch in den Jahren 1921/22 gewohnten Argumentationsweise führte Vogels auch in diesem Zusammenhang weiter aus, schließlich rechtfertige der Gesichtspunkt der Erhaltung der Substanz des Bauwerkes schon für sich allein, ohne Rücksicht auf die idealen Zwecke, die mit dem Ausbau verfolgt würden und deren Förderung zweifellos auch im staatlichen Interesse liege, eine Beteiligung des Staates in der vom Kreis Büren gewünschten Form.[4]

Unabhängig von den Verhandlungen zwischen Kreis und Domänenfiskus zur genaueren Ausgestaltung des Übernahmevertrages drängte Vogels, veranlaßt durch die zu dieser Zeit hohe Zahl von Erwerbslosen im Kreis, die bei den Ausbauarbeiten der Burg beschäftigt werden sollten, auf einen Beginn der Renovierungsmaßnahmen noch im Sommer desselben Jahres.[5]

Am 30. Juni 1924 berichtete der Landrat dem Regierungspräsidenten in Minden, daß die Vorarbeiten beendet seien und auch der nähere Ausbau, nachdem die Domänenverwaltung und das Wohlfahrtsministerium endlich ihre Genehmigung erteilt hätten, in wenigen Wochen fertiggestellt werden könne.[6] Bereits vier Wochen später waren die Arbeiten der dreißig Arbeitslosen "*in vollem Gange*" und so weit fortgeschritten, daß der erste Bauabschnitt[7] möglicherweise noch im selben Jahr abgeschlossen werden konnte.[8]

---

1 KA PB Nr. B 410, Schreiben vom 29. Juli 1924.

2 Vgl. dazu oben S. 23.

3 KA PB Nr. B 421, Schreiben vom 14. Juni 1924.

4 Ebd.

5 Ebd., KA PB Nr. B 406, Schreiben des Landrats vom 30. Juni und 23. Juli 1924 sowie Protokoll der konstituierenden Sitzung des Burgvereins vom 19. Juli 1924 in: KA PB, Protokollbuch des Burgvereins, S. 1. Danach war ein wesentlicher Grund für die rasche Wiederaufnahme des Ausbauplanes für die Wewelsburg die Tatsache, daß die Arbeitslosigkeit in der Bürener Zement- und Kalkindustrie fortdauerte und die Gemeinden nicht mehr in der Lage waren, geeignete Notstandsarbeiten zu fördern (S. dazu unten Anm. 44).

6 KA PB Nr. B 406.

7 Vgl. unten S. 53 ff.

8 KA PB Nr. B 406, Schreiben des Landrats vom 26. Juli 1924.

Vorlage zu Punkt 1 der Tagesordnung.

In der letzten Kreistags-Sitzung wurde überwiegend der Wunsch geäußert, die Wewelsburg nicht pachtweise, sondern eigentümlich vom Staate gegen eine Abfindungssumme zu erwerben. Die Verhandlungen mit dem Staate sind günstig verlaufen, wie sich aus dem beiliegenden Vertrage ergibt. Insbesondere behält der Staat danach die Verpflichtung, die Pfarrerwohnung, die die Hauptunterhaltungslast erforderte, nach wie vor zu unterhalten. Die Abfindungssumme von 10 000 ℳ ermöglicht es dem Kreise, die übrigen Teile der Burg im Sinne der Denkmalspflege zu unterhalten, wobei besonders zu berücksichtigen ist, daß infolge des bisherigen, größtenteils durch Spenden und Beihilfen gedeckten Ausbaues große Teile der Burg für geraume Zeit keinerlei Unterhaltungskosten mehr erfordern werden. Die bisherigen Verhandlungen waren schwierig und zeitraubend, zumal da außer den sonstigen Regierungs- und Provinzialstellen drei Ministerien beteiligt waren. Dank dem Interesse, das der Herr Regierungspräsident und Herr Ministerialdirektor Dr. Arnoldi vom Landwirtschaftsministerium der Sache entgegengebracht haben, sind sie in einer für den Kreis annehmbaren Form zum Abschluß gebracht worden. Es wird gebeten, dem Vertrage in der vorliegenden Form die Genehmigung zu erteilen.

     Büren, den 29. Januar 1925.
     Namens des Kreisausschusses
      Der Vorsitzende
       Dr. Vogels,
       Landrat.

Vorlage zur Beratung über den Erwerb der Wewelsburg vom 29. Januar 1925 für die Kreistagssitzung am 4. Februar 1925
(KA PB Nr. B 40, Bl. 343)

347

Beschlüsse des Kreistages vom 4. Februar 1925.

Gemäss § 69 Absatz 3 der Kreisordnung und § 27 der Geschäftsordnung des Kreistages werden nachstehend die Beschlüsse des Kreistages vom 4. Februar 1925 zur öffentlichen Kenntnis gebracht:

1. Zu dem vom Kreisausschuss mit dem Preussischen Staat zu tätigenden Vertrage wegen Uebereignung der Wewelsburg wurde die Genehmigung erteilt.

2. Von den Abänderungen der neuen Sparkassensatzung durch den Herrn Oberpräsidenten wurde Kenntnis genommen.

3. Auf Grund von einer Anzahl von Kreistagsabgeordneten beantragten Besprechung der Landratsfrage wurde nachstehende Resolution angenommen:

"Der heute in Wewelsburg versammelte Kreistag des Kreises Büren spricht dem Herrn Landrat Dr. Vogels mit grösster Stimmenmehrheit sein uneingeschränktes Vertrauen sowie seine volle Anerkennung und aufrichtigsten Dank für seine eifrige und erfolgreiche Tätigkeit im Kreise Büren aus. Mit Bedauern hat der Kreistag die Absicht des Herrn Landrats erfahren, den Kreis Büren zu verlassen, um die Verwaltung eines anderen Kreises zu übernehmen. Der Kreistag spricht den Wunsch und die Hoffnung aus, dass Herr Landrat Dr. Vogels unter Berücksichtigung der heutigen Vertrauenskundgebung und im Hinblick auf die ihm aus allen Teilen des Kreises zugegangenen Symphathiebeweise seine Fortmeldung zurückziehen und dem Kreise Büren fernerhin als Landrat verbleiben wird."

Büren, den 6. Februar 1925.

Der Vorsitzende des Kreisausschusses:

Landrat.

1. Der anliegende Durchschlag ist in dem Kasten am Kreishause zum Aushang zu bringen.

&

2. Zu den Akten.

Beschluß des Kreistages über den Erwerb der Wewelsburg in der Sitzung vom 4. Februar 1925, Aushang vom 6. Februar
(KA PB Nr. B 40, Bl. 347)

Der Ende Juni, Anfang Juli ausgearbeitete und bereits am 9. Juli vom Kreisausschuß grundsätzlich genehmigte Vertragsentwurf zur Übernahme der Wewelsburg durch den Kreis Büren[9] entsprach im wesentlichen den Übereinkünften, die der Oberregierungs- und Baurat Plinke von der Regierung in Minden, der Regierungs- und Baurat Niemann vom Hochbauamt Paderborn sowie Landrat Vogels und Kreisbauwart Schumacher aus Büren im Juni des Jahres getroffen hatten.[10] Danach sollte ein Teil der domänenfiskalischen Wewelsburg vom Kreis zum Zwecke der Einrichtung eines Jugendheimes und Heimatmuseums für die Dauer von dreißig Jahren – beginnend am 1. Juli 1924 – gegen eine jährliche Anerkennungsgebühr von zehn Mark gepachtet werden mit der Maßgabe, daß die Burg unter der Aufsicht des Provinzialkonservators ausgebaut werde und der Kreis Büren berechtigt sei, gegen Übernahme der vollen Unterhaltungslast die Wewelsburg eigentümlich zu erwerben.[11]

Zog man im Kreis zu diesem Zeitpunkt, wie schon 1921, noch eine mietweise Burgübernahme in Betracht, so änderte sich die Meinung in den folgenden Wochen dahingehend, daß im September des Jahres Landrat Vogels zusammen mit dem Kreisbauwart Schumacher und dem Vorsitzenden des inzwischen neu gegründeten "Vereins zur Erhaltung der Wewelsburg" – von dem an anderer Stelle noch ausführlicher zu berichten sein wird – zu Verhandlungen wegen eines eigentümlichen Erwerbs der Burg nach Berlin fuhr.[12] Bereits in "*geheimer Sitzung*" des Kreistages am 31. Juli 1924 hatte man nach Erläuterung der Sachlage durch den Vorsitzenden und nach eingehender Erörterung festgestellt, der Kreistag sei nicht abgeneigt, die Burg für den Kreis eigentümlich zu übernehmen, falls sich günstige Bedingungen hierfür erzielen ließen, und nur im anderen Falle solle eine Anpachtung stattfinden.[13] Die sich an die Reise anschließenden Verhandlungen über die Vertragsbedingungen endeten mit der grundsätzlichen Einigung über eine vom preußischen Fiskus an den Kreis zu zahlende einmalige Abfindung als Entschädigung für die bisherige Unterhaltungslast des Staates, wobei jedoch noch Unstimmigkeiten über die Höhe der Summe herrschten: "*Zur Zeit schweben die Verhandlungen in dem Sinne, daß dem Kreis ein Betrag von 20.000 Mark Abfindung gewährt werden soll. Der Herr Finanzminister glaubt sogar, vorläufig nur 10.000 Mark vertreten zu können. Es liegt auf der Hand, daß der Kreis mit diesen Summen der von ihm übernommenen Aufgabe auch nur einigermaßen nicht gerecht werden kann.*"[14]

Nachdem sich der Landrat und Vorsitzende des Kreisausschusses beim Landesfinanzamt vor einer eventuell mit einer derartigen Summe verbundenen Steuererhebung abgesichert hatte – "*[...] sollte eine [... Schenkungssteuer] in Ansatz kommen, so müßte der Kreis unbedingt die Übernahme [...] ablehnen*"[15] –, kam es am 25. November zu einem Vertragsentwurf,[16] in dem die Abfindungssumme nach längeren Verhandlungen schließlich auf 10.000 Mark festgelegt wurde.[17] Daß sich der endgültige Vertragsabschluß dann doch noch bis zum 25. Februar des folgenden Jahres hinauszögerte, lag nicht an den beiden Vertragspartnern, dem Kreis Büren und dem preußischen Ministerium für Landwirtschaft, Domänen und Forsten, die sich über die Bedingungen grundsätzlich einig waren – so fragte der Bürener Landrat schon Wochen vor dem Vertragsabschluß beim Landwirtschaftsministerium an, wann er dem Eingang der Abfindungssumme entgegensehen könne[18] –, sondern an Unklarheiten und Meinungsverschiedenheiten hinsichtlich der in Paragraph 4 des Vertrages geregelten Unterhaltung der Pfarrerwohnung zwischen den beiden betroffenen Behörden. Diese konnten jedoch nach einigen Vertragsänderungen und -ergänzungen beigelegt werden.[19] Auf Anraten des Konservators der Kunstdenkmäler in Berlin, Hiecke, sowie des preußischen Ministeriums für Landwirtschaft, Domänen und Forsten wurde die ursprüngliche

---

9 KA PB Nr. B 421, Auszug aus dem Sitzungsprotokoll des Kreisausschusses vom 9. Juli 1924.

10 Ebd., Protokoll vom 18. Juni 1924.

11 KA PB Nr. B 421, Bl. 7 f.

12 Protokoll der Vorstandssitzung des Vereins zur Erhaltung der Wewelsburg vom 5. September 1924, in: Protokollbuch, a. a. O., S. 6 sowie KA PB Nr. B 421, Schreiben des Landrats vom 19. September 1924. – Vgl. unten S. 65–82.

13 KA PB Nr. B 40, Protokoll der Kreistagssitzung vom 31. Juli 1924.

14 KA PB Nr. 406, Schreiben des Landrats an den preußischen Staatskonservator in Berlin vom 4. November 1924.

15 KA PB Nr. B 421, Schreiben vom 24. November 1924.

16 KA PB Nr. B 421, Bl. 54.

17 Vgl. auch Protokoll der Vorstandssitzung des Burgvereins vom 5. Dezember 1924, in: Protokollbuch, a. a. O., S. 11 f.

18 KA PB Nr. B 421, Bl. 58, Schreiben vom 20. Januar 1925.

19 Ebd., Briefwechsel vom Januar und Februar 1925, besonders Bll. 53–69.

Urschriftausfertigung!

68

Zwischen dem Preußischen Staat, vertreten durch die Regierung, Abteilung für Domänen und Forsten in Minden, und dem Kreise Büren, vertreten durch den Kreisausschuß, wird wegen Übereignung der Wewelsburg im Kreise Büren folgender Vertrag abgeschlossen:

§ 1.

Der Preußische Staat übereignet die im Grundbuche von Wewelsburg, Band V Blatt 115 verzeichneten Parzellen, Flur 4 Nr. 226 (33,34 ar), 228 (19,17 ar), 229 (26,26 ar), 230 (6,63 ar) und 821/0.229 (3,92 ar) an den Kreis Büren.

§ 2.

Der Besitzübergang erfolgt mit der Genehmigung dieses Vertrages durch die unten erwähnten Stellen. Die Auflassung soll alsbald danach erfolgen.

§ 3.

Im Hinblick darauf, daß der Kreis Büren für die Instandsetzung und den Ausbau der Wewelsburg erhebliche Summen aufgewandt hat, zahlt der Preußische Staat an ihn eine einmalige Entschädigungssumme von 10 000 Mark.

§ 4.

Das bestehende Recht des Staates, einen Teil der Burg in dem bisherigen Umfang für die Wohnung des Pfarrers gegen Übernahme der Unterhaltung in Anspruch zu nehmen, ist grundbuchlich einzutragen.

§ 5.

Der Kreis Büren verpflichtet sich, die übereignete Bauanlage unbeschadet der Bestimmung des § 4 im Sinne der Denkmalspflege und im Einvernehmen mit den für ihre Wahrnehmung zuständigen Stellen zu unterhalten, mit der Maßgabe, daß jede Veränderung, Erweiterung oder Errichtung von Neubauten sowie jede Veräußerung von Grundstücksteilen der Genehmigung dieser Stellen unterliegt.

§ 6.

Die durch die Umschreibung im Grundbuche entstehenden Gerichtskosten übernimmt der Staat; die übrigen Kosten trägt der Kreis.

§ 7.

Die Genehmigung des Vertrages durch den Herrn Minister für Landwirtschaft,

Endgültige Fassung des Vertrages über den Erwerb der Wewelsburg durch den Kreis Büren vom 9. März 1925
(KA PB Nr. B 421, S. 68a und 68b)

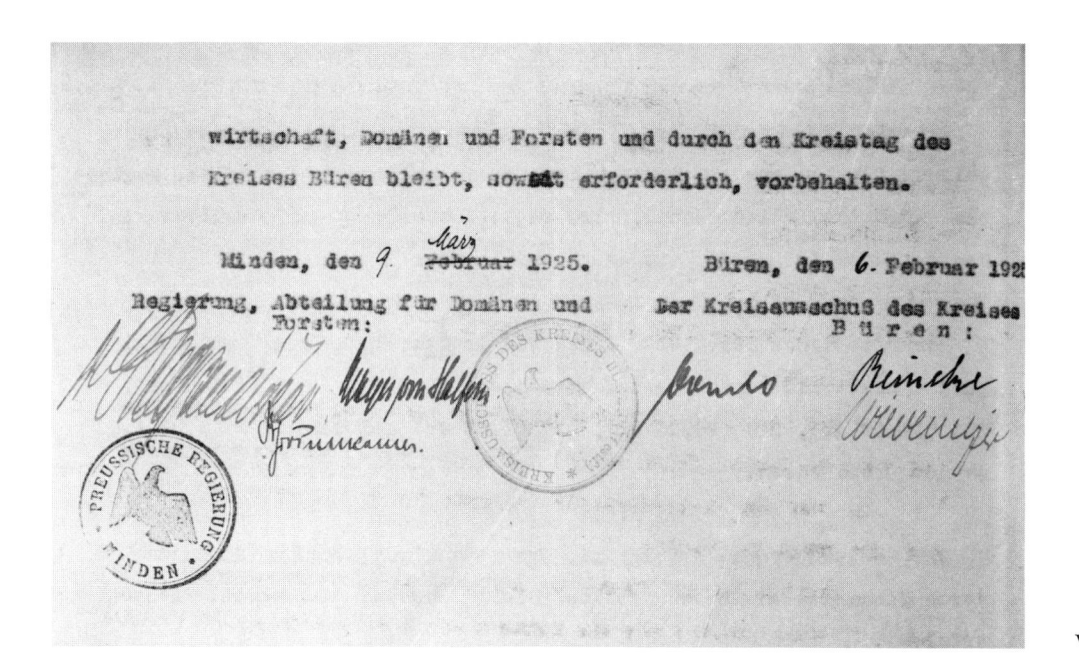

Vertrag vom 9. März 1925 (Fortsetzung)

Landrat Dr. von Solemacher-Antweiler – anläßlich der Reichsjugendwettkämpfe auf dem neuen Wewelsburger Sportplatz im Oberhagen im August 1929
(KM W Fotoarchiv 1.5.4.)

Fassung des Paragraphen 4 – *"an dem Wohnrechte des Pfarrers von Wewelsburg in einem Teile der Burg sowie an den dieserhalb bestehenden Kirchenpatronatsverpflichtungen des Staates wird nichts geändert"* – durch folgenden Wortlaut ersetzt: *"Das bestehende Recht des Staates, einen Teil der Burg in dem bisherigen Umfang für die Wohnung des Pfarrers gegen Übernahme der Unterhaltung in Anspruch zu nehmen, ist grundbuchlich einzutragen."* Der endgültige Vertragstext, der dem Kreistag schließlich zur Zustimmung vorgelegt wurde, enthielt ebenfalls auf Anregung der Berliner Behörden als weiteren Zusatz noch einen besonderen Paragraphen im Sinne des Denkmalschutzes. Danach verpflichtete sich der Kreis Büren, die übereignete Bauanlage unbeschadet der Bestimmung des Paragraphen vier im Sinne der Denkmalpflege und im Einvernehmen mit den für ihre Wahrnehmung zuständigen Stellen zu unterhalten, mit der Maßgabe, daß jede Veränderung von Grundstücksteilen der Genehmigung dieser Stellen unterliege. – In der Vorlage zu Punkt eins der Tagesordnung der Kreistagssitzung vom 4. Februar 1925 *"Genehmigung des Vertrages mit dem Preussischen Staat wegen Uebereignung der Wewelsburg"* schreibt Vogels zum Zustandekommen des Vertragswerkes zusammenfassend: *"In der letzten Kreistags-Sitzung wurde überwiegend der Wunsch geäußert, die Wewelsburg nicht p a c h t w e i s e, sondern eigentümlich vom Staate gegen eine Abfindungssumme zu erwerben. Die Verhandlungen mit dem Staate sind günstig verlaufen, wie sich aus dem beiliegenden Vertrage ergibt. Insbesondere behält der Staat danach die Verpflichtung, die Pfarrerwohnung, die die Hauptunterhaltungslast erforderte, nach wie vor zu unterhalten. [...] Die bisherigen Verhandlungen waren schwierig und zeitraubend, zumal da außer den sonstigen Regierungs- und Provinzialstellen drei Ministerien beteiligt waren. Dank dem Interesse, das der Herr Regierungspräsident und Herr Ministerialdirektor Dr. Arnoldi vom Landwirtschaftsministerium der Sache entgegengebracht haben, sind sie in einer für den Kreis annehmbaren Form zum Abschluß gebracht worden."* [20]

Mit dem Vertrag vom 25. Februar[21] und der offiziellen Grundbucheintragung beim preußischen Amtsgericht in Büren vom 2. April 1925[22] ging die Wewelsburg schließlich endgültig in das Eigentum des Kreises Büren über.

Noch bevor jedoch die Verhandlungen zur Übernahme der Wewelsburg ihren Abschluß gefunden hatten, waren die Schwierigkeiten, die Vogels als erster Landrat in Büren, der nicht dem landwirtschaftlichen Großgrundbesitz verbunden war, von Beginn seiner Amtstätigkeit an mit einer landwirtschaftlichen Gruppe des Kreisausschusses hatte – sie warf ihm vor, sich nicht genügend um die Belange der Landwirtschaft des Kreises zu bemühen –, derartig angewachsen, daß Vogels Büren verließ.[23] – Nachdem sich, wie Heinrich Pohlmeier schreibt, um die Jahreswende 1924/25 der Kampf des landwirtschaftlichen Kreisvereins und einiger Kreisausschußmitglieder gegen den Landrat zu einer *"systematischen Kampagne"* ausgeweitet hatte, wechselte Vogels nach Grevenbroich im Rheinland, obwohl ihm in der entscheidenden Kreistagssitzung vom Abgeordneten Böhner aus Lichtenau im Namen der Mehrheit des Kreistages als Landwirt und als Amtmann das Vertrauen ausgesprochen worden war und sich auch die Lehrerschaft, die Beamten, die Arbeiter und die Zentrumspartei des Kreises nachdrücklich hinter den in der Bevölkerung sehr beliebten Landrat gestellt hatten.[24] In dieser von einer Anzahl von Kreistagsabgeordneten mit dem Verhandlungspunkt *"Die Besprechung der Landratsfrage"* beantragten Kreistagssitzung am 4. Februar 1925 wurde nach den verschiedenen Vertrauens- und nur wenigen Mißfallenskundgebungen mit 14 gegen 1 Stimme bei 5 Enthaltungen folgende Resolution angenommen: *"Der heute in Wewelsburg versammelte Kreistag des Kreises Büren spricht dem Herrn Landrat Dr. Vogels mit grösster Stimmenmehrheit sein uneingeschränktes Vertrauen*

---

20 KA PB Nr. B 40, Schreiben des Landrats vom 29. Januar 1925.

21 Zu dem vom Kreisausschuß mit dem preußischen Staat abzuschließenden Vertrag wegen der Übereignung der Wewelsburg erteilte der Kreistag des Kreises Büren die Genehmigung in der in Wewelsburg stattfindenden Sitzung vom 4. Februar 1925, nachdem vorher eine Besichtigung der Burg mit den wiederhergestellten Räumen stattgefunden hatte: *"Nach einem erläuternden Vortrage des Vorsitzenden wurde zu dem vom Kreisausschusse mit dem Preussischen Staat, vertreten durch die Regierung Abteilung für Domänen und Forsten Minden, zu tätigenden und mit der Vorlage im Entwurf vorgelegten Vertrage wegen Uebereignung der Wewelsburg, nachdem der Abgeordnete Deimel geheime Abstimmung beantragte, mit 15 Stimmen gegen 4 Stimmen und 1 Stimmenthaltung die Genehmigung erteilt mit der Bedingung, dass im § 7 vor dem letzten Wort die Worte: 'soweit erforderlich' einzuschieben sind."* KA PB Nr. B 40, Beschluß des Kreistages vom 4. Februar 1925.

22 KA PB Nr. B 421, Bl. 91.

23 Informationen hierzu und zu folgendem in: KA PB Nr. B 40 sowie bei Pohlmeier, Die Bürener Landräte, a. a. O., S. 101 f.

24 KA PB Nr. B 40, Protokoll der Kreistagssitzung vom 4. Februar 1925. Schon in einer früheren Sitzung am 25. November 1921 hatte man am Landrat Kritik geübt *"wegen seines Verhältnisses zur Landwirtschaft, wobei er den Vorwurf des mangelnden Wohlwollens zurückwies."* Bereits damals sprachen ihm aber mehrere Kreistagsmitglieder demonstrativ ihr Vertrauen aus.

sowie seine volle Anerkennung und aufrichtigsten Dank für seine eifrige und erfolgreiche Tätigkeit im Kreise Büren aus. Mit Bedauern hat der Kreistag die Absicht des Herrn Landrats erfahren, den Kreis Büren zu verlassen, um die Verwaltung eines anderen Kreises zu übernehmen. Der Kreistag spricht den Wunsch und die Hoffnung aus, dass Herr Landrat Dr. Vogels unter Berücksichtigung der heutigen Vertrauenskundgebung und im Hinblick auf die ihm aus allen Teilen des Kreises zugegangenen Sympathiebeweise seine Fortmeldung zurückziehen und dem Kreise Büren fernerhin als Landrat verbleiben wird."[25] Über den Weggang selbst sowie über dessen Zeitpunkt ist nichts zu erfahren. Daß sich Vogels letztlich sehr kurzfristig, zögernd und nur unter Vorbehalt für einen Wechsel entschieden haben muß, läßt einmal der schon zuvor erwähnte Brief des Landrats an das Landwirtschaftsministerium zum Eingang der Abfindungssumme vermuten, in dem er bemerkt, es stehe keineswegs fest, ob er von Büren fortgehe oder nicht,[26] und zum anderen ein an ihn adressiertes Schreiben vom 9. Februar, knapp drei Wochen, nachdem Vogels nach Grevenbroich übergesiedelt war, welches den Ausbau der Wewelsburg betraf.[27]

Trotz der relativ kurzen Amtszeit als Landrat des Kreises Büren von 1921 an, die unter so unglücklichen Umständen im Frühjahr 1925, wahrscheinlich also am 1. Februar, endete, hat sich Vogels in seinen Bemühungen um den Ausbau der Wewelsburg zahlreiche Verdienste und bleibende Anerkennung erworben und sich, wie Johannes Pöppelbaum bemerkt, in der Wiederherstellung der Burg *"ein Monumentum aere perennius"* gesetzt.[28] Aus ähnlichen Beweggründen hat nicht nur der Regierungspräsident Hagemeister in Minden schon im August 1924 seinen *"ausgesprochenen Sinn für Geschichte, Heimatschutz und Denkmalspflege"* gewürdigt,[29] sondern auch Wilhelm Segin sein 1925 erschienenes Buch 'Geschichte der Wewelsburg' *"Herrn Landrat Dr. Vogels in Dankbarkeit zugeeignet"*.[30]

Bei der Würdigung der besonderen Leistungen Vogels' darf man jedoch nicht übersehen, daß mit Dr. Victor Freiherr von Solemacher-Antweiler (1925 – 1934) ein Nachfolger das Landratsamt in Büren übernahm, der die Angelegenheit der Wewelsburg und ihres Ausbaues mit der gleichen Vehemenz und Energie vertreten hat wie zuvor Vogels, und der die Diskussion und Durchsetzung der verschiedenen Ausbau- und Nutzungspläne nicht nur fortführte, sondern auch seinerseits entscheidend vorantrieb.

Bei der Erörterung aller möglichen Nutzungskonzepte bestand von Anfang an Einigkeit darüber, der weiteren Verwendung und dem Ausbau der Burg in erster Linie *"volksbildende, soziale und sozialhygienische Gesichtspunkte"*[31] zugrunde zu legen. Ausgehend von den Bedürfnissen des Kreises erwuchs bald daraus die Idee, zum einen das seit kurzem bestehende und zu diesem Zeitpunkt in teilweise völlig ungeeigneten und zerstreuten Räumlichkeiten der Stadt Büren untergebrachte Heimatmuseum[32] in den Räumen der Wewelsburg aufzustellen, geschlossen der Öffentlichkeit zugänglich zu machen und dieser dadurch zugleich *"an Ort und Stelle Anregung und Belehrung"*[33] zuteil werden zu lassen, und zum anderen für die Bevölkerung des Kreises einen allen Gruppen, Vereinen und berufsständischen Vereinigungen zur Verfügung stehenden Raum für Versammlungen, Tagungen, Feste und dergleichen in der Burg herzurichten. Das dritte Nutzungsvorhaben, das für den Ausbau der Wewelsburg ernsthaft erwogen wurde, griff den ursprünglichen Plan aus den Jahren 1921/22 wieder auf, die Wewelsburg für Zwecke der allgemeinen Jugendpflege nutzbar zu machen und ein Jugendheim einzurichten, das vom pädagogisch-sozialen Standpunkt aus besonders der Verwahrlosung der Jugend und dem Überhandnehmen des Alkoholmißbrauchs vorbeugen sowie zugleich dem nationalpolitischen Interesse dienen sollte, durch eine

---

25 KA PB Nr. B 40, Beschluß des Kreistags vom 4. Februar 1925 bzw. öffentliche Bekanntmachung der Kreistagsbeschlüsse vom 6. Februar 1925. – Vgl. oben S. 35 – Über die verschiedenen, der Verabschiedung der Resolution vorausgehenden Vertrauens- und auch Mißtrauenskundgebungen ist im Protokoll der Sitzung zu lesen: *"Der Antrag [,die Landratsfrage zu besprechen,] wurde nun von dem Abgeordneten Böhner näher begründet, der auch auf die in letzter Zeit stattgefundene Unstimmigkeit zwischen dem landwirtschaftlichen Kreisverein und der Kreisverwaltung hinwies. Er als Landwirt und Amtmann könne Herrn Landrat Dr. Vogels nur sein vollstes Vertrauen aussprechen, der insbesondere für die Landwirtschaft seines Amtes Lichtenau sehr viel getan und erreicht habe. Abgeordneter Fuest betonte, dass die Einwohnerschaft des Amtes Wünnenberg restlos für den Herrn Landrat Dr. Vogels ist und auch im Namen der Zentrumspartei müsse er dies tun. Abgeordneter Parensen erklärte im Namen von mindestens 95% der Landwirtschaft des Kreises, dass diese rückhaltlos auf Seiten des Herrn Landrats Dr. Vogels stehe, der sich sehr viel für dieselbe eingesetzt habe, und richtete an ihn die Bitte, seine Versetzung zurückziehen und auch weiter im Kreise verbleiben zu wollen. Danach sprachen die Abgeordneten Brockmeyer im Namen der Lehrerschaft des Kreises, Lemacher und Kreisausschußmitglied Schaefer-Harth im Namen der Arbeiterschaft, Wiedemeyer für das Amt Wünnenberg, Klingenthal im Namen der Gewerbetreibenden und Wegener im Namen der Landwirtschaft dem Herrn Landrat ihr vollstes Vertrauen aus und bedauerten, dass er den Kreis verlassen wolle. Die Abgeordneten Deimel und Schulte betonten dagegen, dass Herr Landrat Dr. Vogels sich das Vertrauen der Landwirtschaft nicht erworben habe."*

26 KA PB Nr. B 421, Bl. 58.

27 KA PB Nr. B 418, Schreiben der Werkstätten Stadler aus Paderborn an Landrat Vogels in Grevenbroich vom 9. Februar 1925.

28 Pöppelbaum, Die Wewelsburg, a. a. O., S. 25.

29 KA PB Nr. B 406, Schreiben vom 12. August 1924.

30 Segin, Geschichte der Wewelsburg, a. a. O.

31 KA PB Nr. B 406, Schreiben vom 30. März 1925.

32 Vgl. dazu die Ausführungen unten S. 117–130.

33 KA PB Nr. B 406, Schreiben vom 30. März 1925.

Der Vorsitzende des Kreisausschusses. Büren, den 20. September 1924.

Zum Bericht vom 19. September 1924 -
Nr. 2978.- betr. Ausbau der Wewelsburg.

    Mit großem Befremden habe ich davon Kenntnis genommen, daß die Amtsversammlung kein Fenster für die Wewelsburg stiften will. Es hätte sich vielleicht empfohlen, den Betrag ohne weiteres anzuweisen, wie dieses beispielsweise der Amtmann in Fürstenberg getan hat, da dann die Genehmigung der Amtsversammlung sich vielleicht eher hätte erzielen lassen. Es geht meines Dafürhaltens gar nicht an, daß das Amt Atteln allein mit seinem Fenster ausfällt. Die Fenster der Städte und Aemter werden neben einander in dem Rittersaale angebracht werden, wobei eine Anschrift an dem Fenster andeutet, daß das Fenster von dem betreffenden Amte oder der betreffenden Stadt gestiftet ist. Es würde deshalb für das Amt Atteln sehr unvorteilhaft wirken, wenn es in der Reihe der Fenster vermißt würde, dies umsomehr, als gerade das Amt Atteln, das mit dem Gemeindebezirk Haaren unmittelbar an die Gemeinde Wewelsburg angrenzt und dessen übrige Ortschaften zweifellos auch ihre Jugendlichen demnächst zur Wewelsburg entsenden werden, völlig interesselos dem Ausbau der Wewelsburg gegenübergestanden hätte. Gleichzeitig mit Ihrer Nachricht ging mir vom Provinzialausschuß die Mitteilung zu, daß die Provinz einen vorläufigen Beihilfebetrag von 5000 G.M. zur Verfügung gestellt hat. Es bedarf wohl keiner weiteren Ausführung, daß eine so erhebliche Beihilfe nur in der Voraussetzung bewilligt worden ist, daß auch die zunächst beteiligten Verbände, wozu zweifellos auch das Amt gehört, wenigstens in etwa auch ihr Interesse durch die Tat bekunden würden. Sollten Sie unter Berücksichtigung dieses Sachverhaltes gleichwohl es nicht verantworten zu können glauben, die Summe sofort zu überweisen, wozu ja angesichts der Tatsache, daß die Fenster bereits in Auftrag gegeben sind, besonderer Anlaß vorläge, so bitte ich doch umgehend dafür Sorge zu tragen, daß ein oder einige wohlhabende Amtseingesessene

Landrat Vogels weist Amtmann Hartmann zurecht, weil Atteln keine Bereitschaft zeigt, für die Wewelsburg ein Fenster zu stiften
(KA PB Nr. B 406, S. 73a und 73b)

41

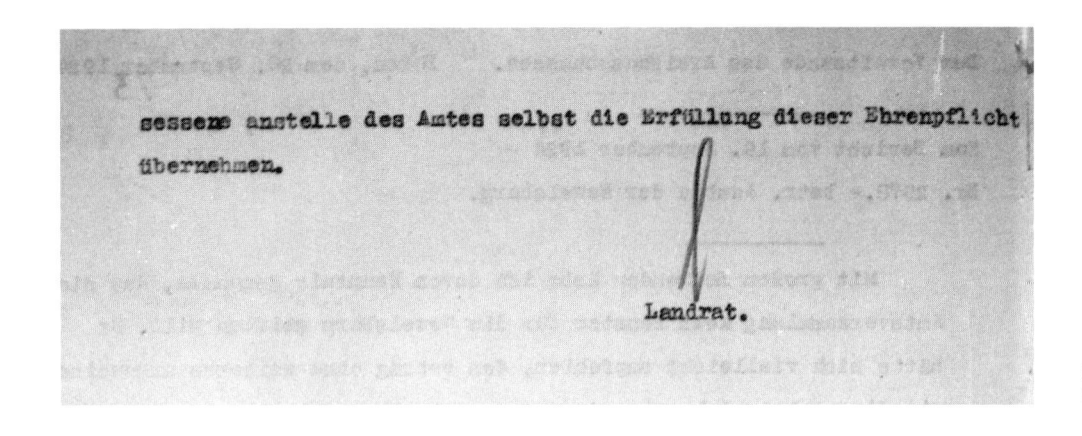

Zurechtweisung des Amtmanns von Atteln (Fortsetzung)

Festigung der Beziehungen zwischen den Jugendlichen des besetzten und unbesetzten Gebietes die beiden Provinzen Rheinland und Westfalen enger aneinander zu binden.[34] Durch die Schaffung einer Jungmännerherberge sollte zudem das Wanderwesen "*in jeder Beziehung*" unterstützt, durch Veranstaltung von "*Naturfestspielen*" die Bevölkerung aufs Land und in die Natur hinausgeführt und durch die Renovierung die Burg nicht zuletzt natürlich auch erhalten und als Wander- und Ausflugsziel attraktiv gemacht werden.

Während die übrigen im Zusammenhang mit dem Burgausbau und zum Teil während der laufenden Übernahmeverhandlungen vom Kreis erwogenen Nutzungsvorschläge, die zum großen Teil an frühere Überlegungen anknüpften – im Sinne der Erholungsfürsorge Einrichtung eines Müttererholungsheimes,[35] Umbau der Wewelsburg zu einem Kinder- und Erholungsheim für tuberkulöse oder tuberkulös gefährdete Kinder[36] sowie Schaffung von Lehrwerkstätten zum Zwecke der Erwerbsbeschränktenfürsorge[37] –, auch jetzt wieder nicht näher erörtert oder von entsprechender Stelle von vornherein abgelehnt worden waren,[38] begann der Kreis Büren, nicht zuletzt wegen der zu dieser Zeit vorhandenen Arbeitslosen und der Art der erhaltenen Beihilfen und Gelder, unter Leitung des Landrats Dr. Aloys Vogels mit dem Ausbau der Wewelsburg zu einem Kreisheim und zu den obengenannten Zwecken der Jugend- und Heimatpflege.

Nach der Interessenkollision von Staat und Kirche bzw. von anderen Institutionen und Gruppen, wie sie sich bei den früher erörterten Verwendungszwecken der Burg gezeigt hatte, konnten mit den nun formulierten kulturellen Zielen, die bei allen Seiten gleichermaßen Unterstützung fanden, sämtliche Widerstände ausgeräumt und der Ausbau endgültig in Angriff genommen werden.

Ein weiterer Vorschlag, der noch im Zusammenhang mit dem Burgausbau erwogen wurde, war die Herrichtung des großen Nordturmes zu einem Mahn- und Ehrendenkmal für die im Ersten Weltkrieg gefallenen Bürger des Kreises.[39] Vor allem Segin befürwortete in seinem Artikel "*Die Kriegerehrung des Kreises Büren in der Wewelsburg*" ausdrücklich die Einrichtung eines Denkmals im Erdgeschoß des Nordturmes, in dem, als ehemalige Kapelle der Wewelsburg, nicht nur leicht ein "*Gedächtnisraum von weihevoller und ehrfürchtiger Andachtsstimmung*"[40] entstehen könne, sondern der durch seine Lage – auf der äußersten Spitze des Bergsporns und "*weit hinausschauend in die Heimat*", für die die Toten ihr Leben gegeben hätten – besonders geeignet sei, sich an historischer Stätte ihrer zu erinnern. "*Unsern toten*

34 Vgl. zu Situation und Hintergrund auch die Argumentation aus den Jahren 1921/22 oben S. 17 f. sowie die Ausführungen zur "*Wewelsburg als Stätte der Jugendbegegnung*" und als "*Zentrum der Heimatpflege*" unten S. 98 – 102 und 116 ff.

35 KA PB Nr. B 406, Schreiben vom 30. März 1925.

36 Ebd., Schreiben vom 26. Januar 1925.

37 Ebd.

38 KA PB Nr. B 419, Schreiben vom 11. Februar 1925.

39 BZ vom 2. August 1924, Nr. 92. – Vgl. unten S. 50.

40 Ebd.

Brüdern ein ehrendes Andenken, uns ein ständiger Weckruf,"[41] das müsse sie sein und werden, die Kriegerehrung des Kreises Büren in der Wewelsburg, so schrieb Segin, formulierte damit aber eine Einschätzung, mit der er sich jedoch nicht durchsetzen konnte.

2. Die Finanzierung des Burgausbaus

Um die Finanzierung des geplanten Ausbaues der Wewelsburg zu sichern, bemühten sich die beiden Landräte Vogels und von Solemacher-Antweiler immer wieder ausdauernd und eindringlich um die Bereitstellung entsprechender Mittel des Kreises sowie um Beihilfen und Zuschüsse der Provinz, des Reiches und sonstiger Körperschaften und Institutionen auf der einen sowie um private Unterstützung vorwiegend in Form von Sach- und Materialspenden auf der anderen Seite.[42]

Daß mit dem Burgausbau vorwiegend jugend-, heimat- und denkmalpflegerische Interessen verbunden waren, verknüpft mit dem Aspekt der Beschäftigung von Arbeitslosen des Kreises, zeigen nicht erst die in den einzelnen Schreiben zur Beschaffung öffentlicher Beihilfen dargelegten Erläuterungen und Argumentationen, sondern auch schon die im Briefkopf formulierten Anträge an sich. Zu Recht läßt sich dabei wohl vermuten, daß die besondere Betonung der kulturellen Ziele des Burgausbaus nicht zuletzt auch ein taktisches Kalkül insofern war, als man gerade damit auf eine breite moralische und entsprechend auch finanzielle Unterstützung hoffen konnte.

So stellten die Bürener Landräte in der Zeit von 1924 bis 1926 wiederholt Anträge an die Provinz in Münster, den Regierungsbezirk Minden und an die Reichsregierung in Berlin bzw. an den Reichsminister des Innern zur Gewährung von Beihilfen zum Ausbau der Wewelsburg aus den Jugendpflegemitteln, aus den Mitteln zur Bekämpfung des Alkoholmißbrauchs und aus den Mitteln zur Pflege der schulentlassenen Jugend.[43] Wie hartnäckig dabei um die Durchsetzung jedes einzelnen Antrags gerungen wurde, zeigt die Reaktion Vogels' auf die Ablehnung seines am 28. Juni 1924 eingereichten Gesuches an den Reichsarbeitsminister zur Bewilligung von Mitteln aus der "produktiven Erwerbslosenfürsorge" durch Anerkennung der Bauarbeiten an der Wewelsburg als große "Notstandsarbeiten".[44] Nachdem dieser Antrag trotz der grundsätzlichen Begrüßung des Burgausbaues am 20. August mit der Begründung abgelehnt worden war, Hochbauarbeiten würden nur in ganz besonderen Ausnahmefällen gefördert, schickte Vogels nicht nur einen langen Brief an den Reichsarbeitsminister, in dem er das Wewelsburgprojekt als Ausnahmefall rechtfertigte und den Minister bat, seine Entscheidung noch einmal zu überdenken, sondern wandte sich gleichzeitig schriftlich an den Oberregierungsrat Dr. Peters sowie an den Minister für Volkswohlfahrt, Hirtsiefer, mit der Bitte, doch ihren *"persönlichen Einfluß auf den Herrn Reichsarbeitsminister dahin geltend zu machen, daß in diesem Falle [...] eine Ausnahme gemacht werde."*[45] Zusätzlich bat er den damaligen Paderborner Landtagsabgeordneten Köthenburger, seinerseits wiederum gelegentlich Herrn Minister Hirtsiefer zu bitten, noch einmal bei dem Herrn Reichsarbeitsminister wegen der Angelegenheit vorstellig zu werden. Als Ergebnis seiner derart ausdauernden Bemühungen und Hartnäckigkeit erhielt der Bürener Landrat schließlich 6.000 Goldmark zum Ausbau der Wewelsburg als Ausgleich aus dem Etat des preußischen Ministeriums für Volkswohlfahrt, da eine

---

41 Ebd.

42 Zu den öffentlichen Beihilfen und privaten Spenden vgl. die Akten KA PB Nr. B 403, B 406, B 407, das Protokollbuch des Burgvereins und die verschiedenen Zeitungsberichte.

43 Vgl. entsprechend den Schriftwechsel zwischen dem Bürener Landratsamt und den in Frage kommenden Behörden vom Herbst 1924 in: KA PB Nr. B 406.

44 Hierzu und zum folgenden ebd. – Als "Notstandsarbeiten" galten im Sinne der Arbeitsbeschaffung diejenigen Arbeiten, die von öffentlich-rechtlichen Körperschaften mit Unterstützung der Reichsanstalt für Arbeitsvermittlung und Arbeitslosenversicherung zur Verringerung der Arbeitslosigkeit, vor allem zur Beschaffung besonderer Arbeitsgelegenheiten, unternommen wurden. Die Förderung erfolgte durch die Reichsanstalt mit Hilfe von Darlehen oder Zuschüssen, die jedoch auch vom Reichsarbeitsminister aus Haushaltsmitteln des Reiches gewährt werden konnten. Der Verwaltungsausschuß des Landesarbeitsamtes war sowohl dazu berechtigt, eine obere Grenze für die Entlohnung der Notstandsarbeiten festzusetzen als auch zu bestimmen, welcher Tarifvertrag Anwendung finden sollte. Der Arbeitslose hatte zwar bei Gefahr des Verlustes der Unterstützung die Arbeit zu diesen Lohnsätzen anzunehmen, unterlag jedoch im übrigen den allgemeinen Bedingungen des freien Arbeitsvertrages ebenso, wie er sich bei Streitigkeiten an die zuständigen Arbeitsgerichte wenden konnte. Vgl. hierzu z. B. den Art. "Notstandsarbeit", in: Der Große Brockhaus. Handbuch des Wissens in zwanzig Bänden, Bd. 13, Leipzig, 15. völlig neu bearb. Aufl. von Brockhaus' Konversationslexikon 1932, S. 522 f.

45 KA PB Nr. B 406, Schreiben vom 25. September 1924.

Gewährung von Mitteln der "produktiven Erwerbslosenfürsorge" letztlich angeblich trotz allem nicht möglich gewesen war.

Den denkmalpflegerischen Effekt des Burgausbaues hob Vogels im Herbst 1924 in seinen Anträgen an den Regierungspräsidenten in Minden zur Bewilligung einer Beihilfe aus dem Denkmalpflegefonds und an den preußischen Landeskonservator im preußischen Ministerium für Wissenschaft, Kunst und Volksbildung hervor.[46] Letzteren versuchte er zu einer Erhöhung der mit der Burgübernahme verbundenen Abfindungssumme und darüber hinaus zu einem einmaligen Zuschuß zum Ausbau zu bewegen, indem er auf die Verfehlungen und Versäumnisse des preußischen Staates als Eigentümer der Wewelsburg in dem vergangenen Jahrhundert hinwies. Dazu schrieb der Landrat u. a., eine moralische Verpflichtung des Staates, diesmal für die Erhaltung des Bauwerkes eine großzügige Spende zu leisten, dürfe wohl kaum zu bestreiten sein, da die Burg, solange sie sich im Besitz des preußischen Staates befunden habe, immer mehr dem Verfall entgegengegangen sei. Unter diesen Umständen müsse es für den Staat eine besondere Ehrenpflicht darstellen, jetzt wenigstens sein Interesse zu bekunden, nachdem sich dieses Baudenkmal nahezu ein Jahrhundert hindurch nicht des nötigen Interesses erfreut habe.[47]

Inwieweit diese und weitere ähnliche Schreiben dann auch wirklich zum erwünschten Erfolg geführt haben, läßt sich letztlich zwar nicht mehr nachvollziehen, doch ist sicher, daß der Burgausbau zumindest vom Provinzialkonservator wärmstens befürwortet und gefördert und aus den Mitteln der Denkmalpflege auch mehrfach unterstützt worden ist.

Ein anderer Briefwechsel vom September des Jahres 1925 mit dem Amt Atteln zeigt, daß die Verhandlungen des Landrats bezüglich des Burgausbaues nicht nur mit übergeordneten Stellen in Minden, Münster oder Berlin unter Umständen sehr hart und kompromißlos verlaufen konnten, sondern daß Vogels auch im Kreise selbst imstande war, seine Ziele und Wünsche fordernd, konsequent und nötigenfalls unter Aufbietung seiner ganzen Autorität durchzusetzen.

So hat er – auf Anregung des schon mehrfach erwähnten Vereins zur Erhaltung der Wewelsburg[48] – am 15. September ein Rundschreiben an alle Bürgermeister und Amtmänner des Kreises gerichtet,[49] in dem er darauf hinwies, daß, nachdem bereits der Staat, der Kreis, die Kreiseingesessenen und die Industrie verschiedenste Hilfen zum Burgausbau geleistet hätten, nun auch die Angeschriebenen ihre Unterstützung dadurch leisten könnten, daß jede Stadt und jedes Amt des Kreises die Mittel für ein Fenster in künstlerischer Ausführung für den sog. früheren Drostensaal, damals meist mit der sachlich unrichtigen Bezeichnung "Rittersaal" versehen, zur Verfügung stelle. Nach den Mitteilungen der Mehrzahl der Herren Bürgermeister und Amtmänner glaube er annehmen zu dürfen, sämtliche Herren hielten es für eine Ehrenpflicht der Städte und Ämter, durch diesen Betrag, der sich auf hundert Mark für jedes Fenster belaufe, ihr Interesse an der Erhaltung des schönsten Baudenkmales des Kreises zu bekunden.

Bezeichnend dafür, daß Vogels entweder nicht mit Widerspruch rechnete oder aber diesem vorbeugen wollte, ist seine abschließende Bitte, den Betrag doch möglichst bald zu überweisen, da die Fenster bereits in Auftrag gegeben seien. – Als trotz dieses mehr als eindringlichen, beinahe fordernden Schreibens allein das Amt Atteln mit Hinweis auf die durch Mißernte bedingte schlechte Finanzlage seiner Gemeinden das Ansinnen des Landrats ablehnte,[50] erhielt es von diesem einen Brief, der wegen seiner für Vogels charakteristischen Ausdrucks- und Verhandlungsweise ausführlich wiedergegeben

46 Ebd., Schreiben vom 7. Oktober und 4. November 1924.

47 Ebd., Schreiben vom 4. November 1924.

48 Protokoll des Vorstandssitzung des Vereins vom 5. September 1924, in: Protokollbuch, a. a. O., S. 7.

49 Hierzu und zum folgenden KA PB Nr. B 406.

50 Ebd., Schreiben vom 19. September 1924.

Blick in den Innenhof (1930) – Links im Erdgeschoß die durch Spenden finanzierten Fenster
(Westfälisches Landesamt für Denkmalpflege Münster)

werden soll:[51] So teilte Vogels gleich zu Beginn seines Schreibens dem Attelner Amtmann sein "*großes Befremden*" darüber mit, daß die Amtsversammlung kein Fenster für die Wewelsburg stiften w o l l e (!),[52] warf ihm – mehr oder weniger direkt – als taktische Ungeschicklichkeit vor, den Betrag nicht zuerst überwiesen und erst anschließend die Genehmigung der Amtsversammlung eingeholt zu haben, die dann möglicherweise leichter erteilt worden wäre, betonte noch einmal, es gehe gar nicht an, daß allein das Amt Atteln mit seinem Fenster ausfalle, bzw. wie unvorteilhaft es für das Amt wirke, wenn es später in der Reihe der Fenster als einziges fehle, und endete schließlich mit der Aufforderung, solle es dieser trotz allem "*nicht verantworten zu können glauben*" (!), die Summe sofort zu überweisen, dann aber wenigstens umgehend dafür Sorge zu tragen, "*daß ein oder einige wohlhabende Amtseingesessene anstelle des Amtes selbst die Erfüllung dieser Ehrenpflicht*" übernähmen.

Nach diesem Schreiben wird sich wohl niemand mehr darüber wundern, daß nach knapp einer Woche die Zusage des Amtes Atteln zur Stiftung eines Fensters und die entsprechenden 100 Goldmark im Landratsamt Büren eintrafen.

Nachdem die meisten Anträge zur Gewährung öffentlicher Beihilfen und Zuschüsse zum Ausbau der Wewelsburg in den Jahren 1924 und 1925 gestellt und bewilligt wurden, dem Zeitraum des Hauptausbaus der Burg, beschränkten sich die finanziellen Unterstützungen danach, insbesondere auch von Seiten des Staates, auf gelegentliche, einmalige Zuschüsse. So erhielt der Kreis Büren, nachdem er im März des Jahres 1925 noch einmal vergeblich versucht hatte, die mit der Burgübernahme verbundene Entschädigungssumme von 10 000 Mark um weitere 10 000 zu erhöhen – wobei von Solemacher-Antweiler darauf hingewiesen hatte, daß seitens des Kreises bereits erhebliche Aufwendungen für die Burg gemacht worden seien, und das, obwohl der Kreis Büren zu den ärmsten Kreisen Westfalens gehöre[53]–, neben den schon im Vorjahr erhaltenen Beihilfen aus den Mitteln zur Bekämpfung des Alkoholmißbrauchs und des Jugendpflegefonds unter anderem einen Zuschuß der Deutschen Nothilfe in Berlin[54] und eine kleinere Zuwendung für die Einrichtung des Heimatmuseums.[55]

Vertragsgemäß mußte der Kreis Büren nach 1925 die Kosten für die Unterhaltung und weitere Instandsetzung der Burg weitestgehend selbst tragen, abgesehen von vereinzelten Spenden privater und öffentlicher Stellen in größerem Maße nur noch unterstützt durch eventuelle Erträge aus staatlichen Sammellotterien. Vor allem die Mittel für die immer dringender werdende Sicherung des Nordturms der Burg konnte der Kreis Büren, welcher nach den Angaben seines Landrats durch die schlechten Ernten der Vorjahre und die Ausgaben für die Unterhaltung eines etwa 300 Kilometer langen Kreisstraßennetzes zu den am wenigsten leistungsfähigen Kreisen der Provinz gehörte, gleichzeitig aber zu den am höchsten besteuerten, wenn überhaupt, dann nur mit Hilfe der erwähnten Lotterieeinnahmen aufbringen.[56] Nachdem deshalb schon seit Juli des Jahres 1925[57] auf Anregung des Landes und mit Unterstützung des Provinzialkonservators[58] die "*Beteiligung des Kreises Büren an einer Sammellotterie für den Freistaat Preußen zum Zwecke der Erhaltung der Wewelsburg*" beantragt worden war,[59] erfolgte endlich im März 1926 die Genehmigung des preußischen Ministers für Volkswohlfahrt im Einvernehmen mit dem preußischen Finanzminister, diese Lotterie zugunsten der Wewelsburg mit einem Reinertrag von 20 000 Reichsmark mit einer Reihe anderer Lotterien zu einer Sammellotterie unter der Bezeichnung "*Geldlotterie zu Gunsten der Marienburg und anderer Kunstdenkmäler*" durchzuführen.[60] In Anknüpfung an diese erste, im Jahre 1925 beantragte Lotterie, bemühte sich der Kreis Büren, insbesondere für die Sicherung des Nordturmes, vier Jahre später erneut erfolgreich darum, in eine

---

51 Vgl. Abb. S. 41 f.

52 Die Amtsversammlung hatte den Antrag mit der Begründung abgelehnt, daß sie den Betrag wegen der momentan angespannten Finanzlage nicht erübrigen kön n e .

53 KA PB Nr. B 406, Schreiben vom 19. September 1924.

54 KA PB Nr. B 406, Schreiben vom 30. März 1925.

55 Ebd., Schreiben vom 5. Juni 1927.

56 Ebd., Schreiben vom 2. September 1925. Inwieweit die hier vom Landrat vorgebrachten Argumente tatsächlich der Realität entsprachen, läßt sich nicht mehr nachprüfen. Doch auch wenn Pohlmeier dem Kreis Büren in seinen Ausführungen eine "*ungewöhnlich schwache [...] Finanzkraft*" bestätigt, scheint es wahrscheinlich, daß es sich dabei eher um subjektiv übertreibende und dem Anliegen der Sache dienende Aussagen handelt. Pohlmeier, Die Bürener Landräte, a. a. O., S. 103.

57 KA PB Nr. B 418, Schreiben vom 14. Juli 1925.

58 KA PB Nr. B 406, Schreiben vom 2. September 1925.

59 Ebd., Auszug aus dem Sitzungsprotokoll des Kreisausschusses vom 7. September 1925.

60 Ebd., die Schreiben des Preußischen Ministers für Volkswohlfahrt vom 16. März, 11. November und 10. Dezember 1926.

Die Wewelsburg von Südosten mit Südwest- und Südostturm im Jahre 1932 (Westfälisches Landesamt für Denkmalpflege Münster)

Sammellotterie zum Zwecke der Erhaltung der Wewelsburg miteinbezogen zu werden, aus welcher ihm dann noch einmal 7 500 Reichsmark zuflossen.[61]

Abgesehen von den öffentlichen Beihilfen des Kreises, der Provinz und des Staates, haben es die beiden Bürener Landräte Vogels und von Solemacher-Antweiler im Zuge ihres zweigliedrigen, auf öffentliche und private Mithilfe gestützten Finanzierungssystems immer verstanden, neben den staatlichen Behörden und Körperschaften eine Vielzahl privater Institutionen und Personen für den Ausbau der Wewelsburg zu interessieren. Dabei zeigten sie sich im Umgang mit heimischen Handwerksmeistern, Geschäftsinhabern, Industrieunternehmern und anderen Privatpersonen, die durch ihre zahlreichen Sach- und Materialspenden den Ausbau der Wewelsburg letztlich überhaupt erst ermöglichten, ebenso geschickt und einfallsreich wie bei der Erlangung öffentlicher Beihilfen. So hat Vogels schon im Sommer des Jahres 1924 die bei seinen ersten Ausbaubemühungen geknüpften Verbindungen zu einigen Großindustriellen wieder aufgenommen und noch um eine Vielzahl weiterer Beziehungen erweitert.

Die Gebefreudigkeit der industriellen Spender verstand er dadurch zu fördern, daß er durch Betonung der mit dem Ausbau verbundenen ideellen Ziele, der Erhaltung eines altehrwürdigen Baudenkmals, Schaffung einer Stätte der Jugend- und Heimatpflege sowie eines Tagungs- und Versammlungsraumes für a l l e "Berufsstände" – womit der Burgausbau auch jede Firma direkt ansprechen mußte –, an das kulturelle und soziale Engagement der gern als gemeinnützig geltenden Unternehmer appellierte. Psychologisch geschickt warb er auch durch die detaillierte Aufzählung der bereits von anderen Firmen geleisteten Unterstützungen.[62] Eine Wirkung besonderer Art hatte sicherlich der an das Ende eines jeden Briefes gesetzte Vermerk, er werde es nicht verfehlen, die Öffentlichkeit bei Gelegenheit in geeigneter Weise auf die Spende hinzuweisen.[63] Denn Vogels war sich durchaus der Wirkung bewußt, die eine zusätzliche Werbung durch die regelmäßigen namentlichen Veröffentlichungen der "*um die Förderung des Burgausbaus besonders durch Spenden verdient*en" Firmen und Personen in den örtlichen Zeitungen auf die Spendenbereitschaft der so erwähnten ausübte, sowie der Tatsache, daß eine gute Öffentlichkeitsarbeit" *erfahrungsgemäß zu einer wesentlich weiteren Belebung der Gebefreudigkeit*" beiträgt.[64]

Wie gut das Verhältnis zwischen dem Kreis und den örtlichen Presseorganen, der Bürener Zeitung und dem Westfälischen Volksblatt, war bzw. wie sehr die Presse und ihre Vertreter den Ausbaugedanken unterstützten, zeigen die häufig mit Spendenpublikationen und -aufrufen verbundenen regelmäßigen Berichterstattungen über den Stand der Ausbautätigkeit sowie die Gratisanzeigen des Westfälischen Volksblattes und die in beiden Zeitungen erscheinenden Sonder- und Bilderbeilagen. Darüber hinaus setzten sich Redakteure und Mitarbeiter auch in ihrer Freizeit, z. B. durch ihre Mitarbeit im Burgverein, aktiv für die Sache der Wewelsburg ein.[65] So war u. a. der Redakteur Tochtrop nicht nur einfaches Mitglied des Vereines zur Erhaltung der Wewelsburg, sondern zeitweise auch dessen zweiter Vorsitzender.[66]

Aus den in den einzelnen Artikeln der Zeitungen aufgeführten Spendern läßt sich ersehen, daß es den Landräten insbesondere in der Anfangsphase immer wieder gelungen ist, weite Teile der Bevölkerung aus allen Berufssparten und Vermögensverhältnissen zu mobilisieren, einen wie auch immer gearteten Beitrag zum Ausbau der Burg zu leisten. So bemerkt selbst der Wewelsburger Dorfchronist anerkennend, Dr. Vogels habe es meisterhaft verstanden, immer wieder neue (Geld- und Material-) Quellen zu erschließen, die die Weiterführung der einmal begonnenen Arbeit ermöglichten.[67] Angefangen bei den Zementwerken in Münster, den Eisenwerken in

---

61 Ebd., die Schreiben vom 21. Januar und 14. März 1929 sowie die Berichte im WV vom 19. März und 21. Juni desselben Jahres. – Zur Erhaltung des Nordturms vgl. unten S. 58–64.

62 Ebd., die Schreiben vom 9. Dezember 1924 und 16. März 1925.

63 Ebd., die Schreiben vom 17. November und 6. Dezember 1924 sowie vom 19. März 1925. – Vgl. Abb. S. 49.

64 Ebd., Schreiben des Landrates an den Redakteur des WV vom 24. November 1924 mit der Bitte um Aufnahme der Spenderliste in eine der nächsten Ausgaben.

65 Hierzu und zum folgenden die entsprechenden Artikel und Beilagen des WV und der BZ vor allem in den Jahrgängen 1924 – 1926.

66 Protokollbuch des Burgvereins, a. a. O., besonders die Protokolle der Sitzungen aus dem Jahre 1929.

67 StdtA BÜ, Gemeindechronik Wewelsburg, 1925, S. 340.

Büren, den 6. Dezember 1924.

An

die Westfälische Drahtindustrie

in Hamm i/W.

Wie Ihrer geschätzten Firma bekannt sein wird, hat der Plan des Ausbaues der Wewelsburg in unserem Kreise und auch über dessen Grenzen hinaus lebhaften Anklang gefunden. Besonders erfreulich war, daß unsere heimische Industrie den Ausbau auch durch materielle Opfer größeren Umfanges nähergetreten unterstützt hat. Es wäre auch nicht möglich gewesen, dem Gedanken näher zu treten, wenn diese Hilfsbereitschaft nicht in so erfreulichem Maße sich gezeigt hätte. Ich darf wohl annehmen, daß auch Ihre geschätzte Firma für unser, der Jugend- und Heimatpflege dienendes Unternehmen großes Interesse hat und auch bereit sein wird, uns eine namhafte Unterstützung zuteil werden zu lassen. Dürfte ich mir erlauben, diese in folgender Form vorzuschlagen? Der Dachdecker würde bereit sein, eine erhebliche Ermäßigung seiner Forderungen eintreten zu lassen, wenn ihm für das von ihm gestellte Eisenmaterial an Nägeln und Dachhaken von Ihnen Pappnägel in einer Menge von etwa 11 Ztr. kostenfrei zur Verfügung gestellt würden. Bei den großen Kosten, die gerade die Dachinstandsetzung erfordert, würde uns dies eine recht fühlbare Hilfe darstellen und ich darf wohl um einen gütigen Bescheid darüber bitten, ob Sie zu dieser Spende oder wenigstens zur Leistung eines Teiles bereit sein würden. Selbstverständlich würde ich nicht verfehlen, auf Ihre liebenswürdige Hilfsbereitschaft auch in der Öffentlichkeit in geeigneter Weise aufmerksam zu machen.

In ausgezeichneter Hochachtung

Ihr ergebenster

Landrat.

Spendenaufforderung des Landrates an die Westfälische Drahtindustrie vom 6. Dezember 1924
(KA PB Nr. B 407, Bl. 39)

Hamm und den Schieferwerken in Fredeburg, um einige Vertreter der Großindustrie zu nennen, läßt sich die Liste der Beteiligten fortsetzen mit den größeren Unternehmen aus der Region wie den Kalkwerken in Geseke, den Steinbrüchen in Anröchte oder dem Elektrizitätsverband Büren-Brilon, der die Beleuchtung spendete, sowie den kleineren Handwerksbetrieben der unmittelbaren Umgebung, die ihre Arbeitsleistung größtenteils unentgeltlich zur Verfügung stellten und z. B. Holz schnitten, Ziegel spendeten, die Anstreicher- und Malerarbeiten leisteten, bis hin zum Landwirt, der das gespendete Material weitertransportierte, und schließlich zur Gemeinde Wewelsburg, die u. a. die Pflastersteine für den Fußboden des Heimatmuseums stiftete und verlegte. Neben diesen vielfältigen Sach- und Materialspenden stellten andere Unternehmen, wie die Firma Klingenthal, die Brotfabrik Reineke oder die Maschinenfabrik Kleine, größere Geldsummen zur Verfügung und stifteten zahlreiche Privatpersonen, darunter viele Geschäfts- und Kaufleute sowie auch Landrat Vogels selbst, das Geld für weitere Fenster in Heimatmuseum und "Rittersaal".[68]

Zur Finanzierung der letztgenannten zahlreichen Fenster, die in künstlerischer Ausführung mit Bleiverglasung und Glasmalerei jeweils 100 Mark kosteten, erging zusätzlich zu den bereits von Gemeinden, Ämtern und Privatpersonen geleisteten Spenden auf Anregung des Landrates im Januar 1925 ein Rundschreiben des Paderborner Handelsamtes e. V. und des Arbeitgeber-Verbandes Paderborn und Umgegend e. V. an alle Mitgliedsfirmen, in dem diese die Angeschriebenen zur Stiftung von viertel, halben oder ganzen Fenstern aufforderten.[69]

Nachdem in einer Zeitungsnotiz vom 2. August 1924 von der Absicht berichtet worden war, im großen Nordturm der Burg eventuell ein Ehrenmal für die im Ersten Weltkrieg gefallenen Soldaten des Kreises in Form einer an der Wand angebrachten Gedenktafel zu errichten,[70] ein – wie oben bereits bemerkt – nur wenig beachteter Vorschlag, ergriffen auch die örtlichen Kriegervereine eine besondere Initiative, den ihrer Meinung nach grundsätzlich begrüßenswerten Ausbau der Burg zu einem Kreisheim[71] dadurch zu unterstützen, daß sie auf ihren Festen Ansichts- und Postkarten von der Burg anboten, die als "*Bausteine*" zum Ausbau der Wewelsburg zu fünfzig Pfennig, zu einer oder zu zwei Mark erworben werden konnten.[72]

Als weitere Beispiele für die persönliche Initiative und den unermüdlichen Einsatz der Landräte Vogels und von Solemacher-Antweiler, mit dem sie als Vorsitzende des Kreisausschusses des Kreises Büren den Ausbau der Wewelsburg ermöglicht und durchgeführt haben, sollen zum Ende dieses Abschnittes einige Schreiben vorgestellt werden, die für die Art und Weise der Erlangung und Sicherung der zum Ausbau erforderlichen Mittel charakteristisch sind. – So schickte Freiherr von Solemacher-Antweiler im Frühjahr 1925 mehrere Briefe gleichen Aufbaus und Inhalts an die verschiedenen Industrie- und Handwerksbetriebe, in denen er, nach einer allgemeinen Einleitung auf die mit dem Ausbau verbundenen Ziele und die bereits vielfältig erbrachten Hilfeleistungen eingehend, dem Adressaten nicht nur die Spende eines genau bezeichneten Materials nahelegte, sondern für die wie selbstverständlich erwartete Zusage schon im voraus dankte und dementsprechend bereits Adresse und Termin für die erhoffte Lieferung anfügte: "*Ich wäre Ihnen daher außerordentlich dankbar, wenn auch Sie dem Ausbaugedanken der Wewelsburg besonderes Interesse dadurch entgegenbringen würden, indem Sie den benötigten [...] ganz oder zum Teil stifteten. Der [...] kann an die Adresse [...] gebracht werden. Für eine zusagende Antwort schon im voraus meinen verbindlichsten Dank.*"[73]

68 Vgl. die Zeitungsberichte jener Zeit, vor allem die Sonderbeilage der BZ zum Ausbau der Wewelsburg vom 27. Januar 1925, Nr. 21, KA PB Nr. B 407, das Schreiben des Landrates an das WV vom 24. November 1924 und die Protokolle des Burgvereins vom 5. September und 5. Dezember 1924, a. a. O., S. 7–14.

69 KA PB Nr. B 407, Schreiben vom 19. Januar 1925.

70 KA PB Nr. B 420, Bl. 7 sowie WV vom 2. August 1924.

71 KA PB Nr. B 420, Schreiben vom 2. August 1924: "*Ist dieses Vorhaben an sich schon als die Erfüllung einer Ehrenpflicht gegenüber dem bedeutendsten und ehrwürdigsten Baudenkmal aus alter Zeit in unserem Kreis zu unterstützen, so haben unsere Vereine vor allem deshalb Anlaß, ihr Interesse diesem Plane zuzuwenden, weil mit dem Ausbau der Burg auch die Errichtung eines Ehrenmals für die gefallenen Krieger des Kreises verbunden sein soll.*" Vgl. zu diesem Vorschlag auch die Ausführungen oben S. 42 f.

72 KA PB Nr. B 420, Schreiben vom 2. August 1924 sowie das Protokoll des Burgvereins vom 5. September 1924, in: Protokollbuch, a. a. O., S. 7.

73 KA PB Nr. B 403, Schreiben vom 31. März oder 1. April 1925.

Hatte jemand dem Kreis eine erbrachte Leistung in Rechnung gestellt, so erhielt er statt des Geldes ein kurzes Schreiben des Landrates, in dem dieser hervorhob, der Ausbau der Burg erfolge ausschließlich mit gespendeten Geldmitteln und Materialien und er sei deshalb besonders dankbar, wenn auch der Empfänger dem Ausbaugedanken durch seinen Verzicht auf den in Rechnung gestellten Betrag entgegenkäme.[74]

Daß die in diesen und ähnlichen Fällen bisweilen sehr forsch klingenden Briefe der Landräte, je nach Situation, Adressat und Intention auch respektvoll und höflich gehalten sein konnten, zeigen zwei Briefe an die Direktoren der Westfälischen Drahtindustrie in Hamm und an die Wickingzementwerke in Münster.[75] Beide unterscheiden sich von erstgenannten sowohl durch die gewählte Ausdrucksweise, die durch Vokabeln wie *"hochverehrt"*, *"geschätzt"*, *"freundlich"*, *"liebenswürdig"*, *"gütig"* u. a. m. gekennzeichnet ist, als auch durch die Tatsache, daß die jeweils mit dem Schreiben verbundenen Gesuche im Gegensatz zu den vorherigen jeweils anfragend, sehr zurückhaltend und abwartend vorgebracht wurden: *"Dürfte ich mir erlauben [die Unterstützung] in folgender Form vorzuschlagen?"* – *"Ich darf wohl um einen gütigen Bescheid darüber bitten, ob sie zu dieser oder wenigstens zur Leistung eines Teiles bereit sein würden."* – *"In ausgezeichneter Verehrung und mit nochmaligem Dank verbleibe ich Ew. Hochwohlgeborenen stets ergebenster Landrat."*

74 Ebd., Schreiben vom 12. Dezember 1924.

75 KA PB Nr. B 418, Schreiben vom 16. März 1925, KA PB Nr. B 407, Schreiben vom 6. Juni 1924. Vgl. auch S. 49.

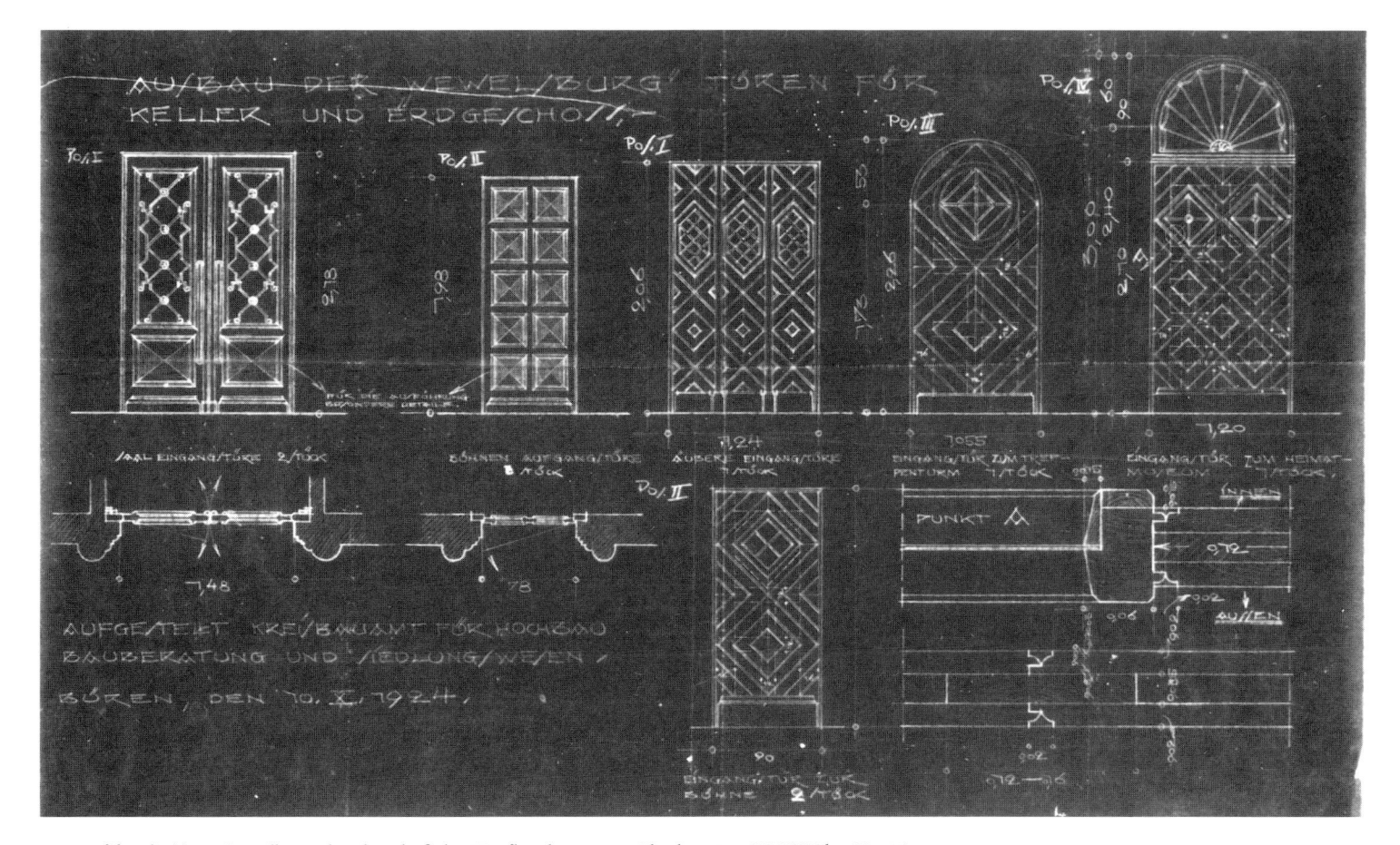

Entwurf für die Türen in Keller und Erdgeschoß des Westflügels vom 10. Oktober 1924 (KM W Plan Nr. 21)

Blick von der Burgbrücke auf den Nordturm im Jahre 1932 (Westfälisches Landesamt für Denkmalpflege Münster)

3. Die einzelnen Ausbauphasen

Da der Ausbau der Wewelsburg, der auf 100 000 Reichsmark veranschlagt worden war, nur nach Maßgabe der vorhandenen und zu erwartenden Mittel erfolgen konnte, war, wie auch der Wewelsburger Dorfchronist berichtet, ein Ausbauplan entworfen worden, der in mehreren Bauabschnitten zur Ausführung kommen sollte.[76]

Danach sollte als erstes die Restaurierung des W e s t f l ü g e l s in Angriff genommen werden, in dem, nach Instandsetzung des schadhaften Daches, die Kellerräume zur Aufnahme des bis dahin in Räumen der Sparkasse und der Kreisverwaltung untergebrachten Heimatmuseums des Kreises Büren und der untere "Rittersaal" zu einem Versammlungs- und Tagungsraum ausgebaut werden sollten.[77]

Bereits Ende Juli des Jahres 1924 waren die Aufräumungs- und Durchbrucharbeiten der Arbeitslosen aus Wewelsburg und den umliegenden Ortschaften, *"die hier lohnende Beschäftigung fanden,"* wie in der Gemeindechronik Wewelsburgs vermerkt ist,[78] in vollem Gang und so weit fortgeschritten, daß Landrat Vogels, der den Beginn der Ausbautätigkeiten aus den schon mehrfach erläuterten Gründen besonders vorangetrieben hatte, bereits am 29. Juli 1924 die Grundsteinlegung im Rahmen des Burgausbaus vornehmen konnte.[79] Unter Aufsicht des Kreishochbauamtes und unter der Bauleitung der Firma Schumacher aus Büren wurden in der Folgezeit die Keller des Westflügels, die durch große, meterhohe Anschüttungen von Schmutz, Unrat und Schutt nahezu unzugänglich und noch ohne elektrisches Licht waren, unter Zuhilfenahme der inzwischen recht zahlreich eingegangenen Geld- und Materialspenden – das für den Ausbau erforderliche Bauholz hatte das Ministerium für Landwirtschaft, Domänen und Forsten zur Verfügung gestellt – durch umfassende Ausschachtungsarbeiten von ihren gewaltigen Schuttmassen befreit, die vermauerten Fenster freigelegt, die Decken und Wände nach vorheriger Ausbesserung verputzt und der Fußboden mit von der Gemeinde Wewelsburg gespendeten Pflastersteinen in Grätenmuster belegt.[80]

Zu dem Ergebnis der bis dahin geleisteten Ausbauarbeiten bemerkte das Westfälische Volksblatt in einem Artikel zum Ausbau der Burg vom Oktober 1924, jetzt erst trete die architektonische Schönheit der Burg hervor, die in der Tat einen würdigen Ort für das Kreismuseum darstelle.[81]

Nachdem auch die Beleuchtung angebracht, die Anstreicherarbeiten beendet, die nach dem Entwurf des Provinzialkonservators in Bleiverglasung ohne Holzsprossen angefertigten Fenster sowie die in alter Manier hergestellte und mit einem Eisenbeschlag versehene Tür eingesetzt und schließlich auch die doppelseitige, vom Burghof in das Museum hinunterführende Treppe fertiggestellt waren, standen dem Kreis Büren zwei große Ausstellungshallen und drei kleinere Nebenräume zur Verfügung – darunter ein *"besonders anmutiger"* Raum im Westturm und ein neben dem Nordturm als *"Bauernstube des Paderborner Landes"* einzurichtender –, die mit ihren gewölbten Decken nach Ansicht der Bürener Zeitung zur Aufnahme des Heimatmuseums *"vortrefflich geeignet"* seien.

Die parallel zum Ausbau des Untergeschosses laufende Instandsetzung des Daches erwies sich als derartig aufwendig, daß sie, zumindest auf der Westseite, einer völligen Erneuerung gleichkam. Um die darunterliegenden Geschosse vor dem Eindringen von Feuchtigkeit und weiterem Verfall zu bewahren, mußte nicht nur die Dachkonstruktion und -verschalung größtenteils erneuert, sondern darüber hinaus die gesamte Westseite des Burgflügels mit Schiefer neu eingedeckt werden.[82]

---

76 StdtA BÜ, Gemeindechronik Wewelsburg, August 1924, S. 337.

77 WV vom 12. Juli 1927, Nr. 161.

78 StdtA BÜ, Gemeindechronik Wewelsburg, August 1924, S. 337.

79 Dazu die Angaben in der Niederschrift der konstituierenden Versammlung des Vereins zur Erhaltung der Wewelsburg, in: Protokollbuch, a. a. O., S. 2 f. Zur Grundsteinlegung s. außerdem auch S. 66.

80 StdtA BÜ, Gemeindechronik Wewelsburg, 1924, S. 338 und Sonderdruck der BZ, a. a. O., S. 4 f. – Vgl. auch unten S. 122 f.

81 WV vom 20. Oktober 1924.

82 Protokoll des Burgvereins vom 5. September 1924, in: Protokollbuch, a. a. O., S. 5 sowie besonders der Sonderdruck der BZ, a. a. O., S. 5.

Um möglichst viele Arbeiten vor Einbruch des Winters zu erledigen, begann man schon im September, noch bevor die Arbeiten am Burgdach abgeschlossen waren, mit dem Ausbau des "Rittersaales".[83] Besaß dieser 48 Meter lange und zehn Meter breite Raum früher eine von einer doppelten Holzsäulenreihe gestützte Balkendecke, von der jedoch außer den Hauptbalken kaum noch etwas vorhanden war, so hatte man es nun vorgezogen, diese durch eine freitragende Eisenbetondecke zu ersetzen. Wenn auch diese – unter denkmalpflegerischen Gesichtspunkten kaum zu rechtfertigende – Verfahrensweise offiziell mit dem geplanten Verwendungszweck als Versammlungs- und Tagungsraum sowie mit der allgemeinen Raumwirkung begründet wurde, so dürften doch wohl eher die Lobbyinteressen der wirtschaftlich starken Zementindustrie den Ausschlag dafür gegeben haben, welche den Raum als Werbeobjekt für die Kombination von altem Hintergrund und neuem Material zu nutzen suchten. – Während die erforderlichen mehreren tausend Zentner Zement und die einige hundert Zentner Moniereisen sämtlich durch Spenden großer Firmen beschafft werden konnten, stellte man für die kassettierte, mit Balkenimitationen verzierte Stuckdecke, die auf etwa fünf- bis sechstausend Mark berechnet worden war, die Hälfte der vom Staat für die Übernahme der Burg gezahlten Abfindungssumme zu Verfügung.[84]

Nachdem man die Wände neu verputzt hatte und der Fußboden zwar mit einer Rauhbetonschicht versehen, jedoch wegen finanzieller Engpässe noch ohne Belag geblieben war,[85] wurden an der Nordseite des Saales eine Bühnenwand mit zwei seitlichen Türen und in der Mitte der gegenüberliegenden Südwand, zwischen den beiden Haupteingangstüren, der vorher auf der anderen Seite der Wand befindliche Renaissancekamin von 1604 eingebaut. Die allesamt gestifteten Fenster erhielten in

83 Darstellung der im "Rittersaal" ausgeführten Arbeiten im wesentlichen nach: Sonderdruck, ebd. S. 5 und WV vom 10. Januar 1927, Nr. 10.

84 Protokoll des Burgvereins vom 5. September 1924, in: Protokollbuch, a. a. O., S. 5 f.

85 Protokoll des Burgvereins vom 5. Dezember 1924, in: Protokollbuch, a. a. O., S. 14.

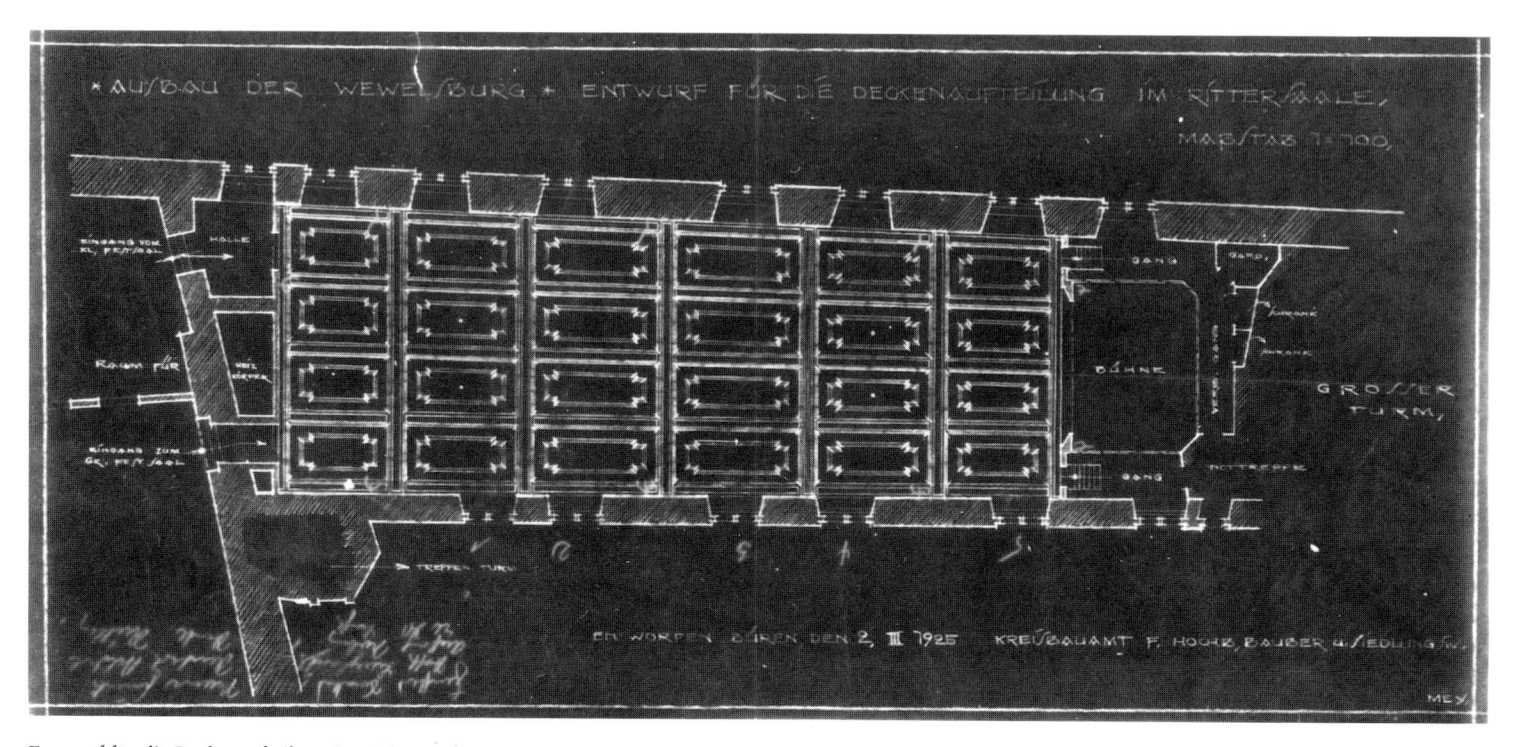

Entwurf für die Deckenaufteilung im „Rittersaal" vom 2. März 1925 (KM W Plan Nr. 28)

ihren unteren Teilen Klarglas, damit der schöne Ausblick in das Almetal nicht beeinträchtigt würde, und in ihren Oberlichtern zum einen die Wappen der Städte und Ämter sowie charakteristische Landschaftsbilder aus dem Kreis, zum anderen die Wappen der Fürstbischöfe von Fürstenberg und von der Recke, das Reichs- und das Landeswappen.

In einer weiteren Ausbauphase im Frühjahr 1925 machte man sich an die Wiederherrichtung des Ostflügels. Diese konnte deshalb in relativ kurzer Zeit und mit verhältnismäßig geringen Kosten erfolgen, weil dieser Gebäudeabschnitt ziemlich schmal ist und sich noch in "*leidlicher baulicher Verfassung*" befand. Mit Unterstützung des Jugendherbergsverbandes wurden darin eine Jugendherberge für anfangs etwa dreißig Jugendliche mit den entsprechenden Sanitäranlagen, Schlaf-, Erfrischungs- und Küchenräumen sowie zwei Räume für den im April desselben Jahres eingestellten Burgwart eingerichtet.

Gegen freie Wohnung und ein Gehalt von dreißig Reichsmark monatlich hatte der Kreis Büren den kriegsbeschädigten Fritz Hoischen aus Abbenburg bei Bellersen im

Kamin im Untergeschoß des Südflügels
(Aufnahme vor 1918 – Westfälisches Landesamt für Denkmalpflege Münster)

Derselbe Kamin an seinem neuen Standort im „Rittersaal" (Aufnahme aus dem Jahr 1932) – Heute befindet sich der Kamin im Südwestturm
(Westfälisches Landesamt für Denkmalpflege Münster)

Kreis Höxter als Burgwart eingestellt. Um ihn arbeitsmäßig und finanziell ausreichend zu versorgen, erhielt er zunächst gleichzeitig eine Anstellung als Küster der Kirchengemeinde Wewelsburg, bevor er als Angestellter des Vereins zur Erhaltung der Wewelsburg die Burggastwirtschaft übernahm.[86] Neben seinen grundsätzlichen Aufgaben als Hausmeister und Aufsichtsführender über die Burg übte der Burgwart das Hausrecht aus. Er erhielt seine Anweisungen ausschließlich vom Landrat bzw. von besonders ermächtigten Personen. Darüber hinaus war er angewiesen, den Vorstandsmitgliedern des Burgvereins jederzeit freien Eintritt zu gewähren und ihren Anregungen, soweit sie nicht Neuerungen beinhalteten, über die der Kreis selbst zu beschließen hatte, oder Anordnungen des Landrates entgegenstünden, möglichst Folge zu leisten.[87] In bezug auf das Heimatmuseum gehörte es zu den Aufgaben des Burgwarts, der zu einer regelmäßigen Kontoführung über seine Einnahmen und Ausgaben verpflichtet war, Eintrittskarten und Informationsmaterial zu verkaufen, sich über die Geschichte

86 KA PB Nr. B 404, Anstellungsvertrag des Burgwarts vom 8. April 1925.

87 Zu den Aufgaben des Burgwarts vgl. ebd. die 'Dienstanweisung für den Burgwart auf der Wewelsburg'.

Plan zum Ausbau der Kopfwand im „Rittersaal" vom April 1925 (KM W Plan Nr. 31)

Details aus dem Entwurf zur Gestaltung des „Rittersaals"

57

der Burg und das Heimatmuseum zu informieren sowie auf Wunsch Führungen vorzunehmen. Innerhalb der Jugendherberge hatte er für die Pflege und Reinhaltung der entsprechenden Räumlichkeiten ebenso wie für die Verpflegung der Gäste zu sorgen und war zudem noch für die Annahme von Anmeldungen und eine ordnungsgemäße Führung der Wanderer verantwortlich.[88]

Sämtliche Ausbauarbeiten im Ost- und Westflügel hat unter Zuhilfenahme zahlreicher Spenden und freiwilliger Arbeitsleistungen die Bürener Baufirma Gebrüder Schumacher ausgeführt, wobei der Provinzialkonservator Körner und der Vorsitzende des Paderborner Heimatbundes, zugleich Mitglied des Burgvereins, Prof. Dr. Fuchs beratend mitwirkten. Planung und Aufsicht oblagen dem Kreishochbauamt und seinem Leiter, Kreisbauwart Schumacher.[89] Dabei konnten die Arbeiten wegen der günstigen Witterung und der allgemein großen Hilfsbereitschaft so zügig vorangetrieben werden,

[88] Nach neunjähriger Tätigkeit als Burgwart wurde der Arbeitsvertrag zwischen Fritz Hoischen und dem Kreis Büren am 31.1.1934 mit der Begründung aufgekündigt, der Kreis sei infolge der Einrichtung einer Reichsführerschule der SS nicht mehr in der Lage, dem Burgwart weiterhin freie Wohnung zu gewähren, und auch der Betrieb der Burgwirtschaft, der ihm bis dahin überlassen war, sei nunmehr tatsächlich hinfällig geworden. Kündigungsschreiben vom 31. Januar 1934, ebd. – Vgl. unten S. 76 f.

[89] Sonderdruck der BZ, a. a. O., S. 7.

Innenansicht des Nordturmes in einer Aufnahme vom 25. Juli 1930 (Westfälisches Landesamt für Denkmalpflege Münster)

daß der erste Bauabschnitt des Burgausbaus schon Ende Mai 1925 zum größten Teil beendet war und die Burg feierlich eröffnet werden konnte.

Die im Rahmen des Ausbaus von allen Beteiligten erbrachten Leistungen befand auch der Konservator der Kunstdenkmäler im Anschluß an eine Besichtigung der Wewelsburg im November 1925 ebenso wie der Oberpräsident der Provinz Westfalen als sehr gelungen, wobei man besonders lobte, daß sich der Kreis in sehr opferwilliger Weise die Wiederherrichtung des stark vernachlässigten Baudenkmals habe angelegen sein lassen.[90]

90 KA PB Nr. B 418, Schreiben vom 10. November 1925.

Keller des Nordturms in einer Aufnahme aus dem Jahre 1934
(Westfälisches Landesamt für Denkmalpflege Münster)

Auszug
aus dem Sitzungsprotokoll des Kreisausschusses vom 27.5.1932.

317

5. Instandsetzung des dicken Turmes auf der Wewelsburg.

Der Kreisausschuß ist grundsätzlich der Meinung, daß an der Erhaltung der Wewelsburg wie bisher so auch künftig weiter gearbeitet werden soll. Der Kreisausschuß trägt jedoch Bedenken, im gegenwärtigen Zeitpunkt so erhebliche Aufträge zur Erhaltung des großen Turmes zu vergeben, wo andere dringende Kulturaufgaben zurückgestellt werden müssen und der Kreisetat nicht einmal ausgeglichen werden könnte. Der Kreisausschuß glaubt sich zur Einnehmung dieses Standpunktes um so mehr berechtigt, als die Innehaltung der Kostenvoranschläge nicht mit annähernder Wahrscheinlichkeit garantiert werden könne, vielmehr Überschreitungen durchaus im Bereiche der Möglichkeit liegen. Außerdem ist eine bindende Zusage seitens der Provinzialverwaltung, die in Aussicht gestellten Beihilfen auch tatsächlich jetzt auszuzahlen, nicht gegeben worden. Unter diesen Umständen beschließt der Kreisausschuß, die Instandsetzung des Nordturmes zurückzustellen, bis die Finanzierung wirklich gesichert ist.

Ablehnung von Erhaltungsarbeiten am Nordturm durch den Kreisausschuß vom 27. Mai 1932 (KA PB Nr. B 406, Bl. 317)

Obwohl auch nach der Burgeröffnung am 31. Mai 1925 noch ganze Geschosse unausgebaut waren,[91] bemühte man sich seit Juli 1925 trotzdem schon um die finanzielle Sicherung des nächsten, auf die dringend erforderlichen Erhaltungsarbeiten am großen N o r d t u r m konzentrierten Bauabschnitts.[92] Bereits 1925 wurde in einem Zeitungsbericht über die Arbeiten, die zur Erhaltung der Wewelsburg weiterhin notwendig seien, der durch den Brand im Jahre 1815 seines Daches und der Zwischendecken beraubt und seitdem nur noch in seinen Umfassungsmauern dastehende große Nordturm an erster Stelle genannt. Durch die ungehindert eintretenden Witterungseinflüsse hatte dieser Gebäudeteil, der als "*das Wahrzeichen von Wewelsburg*" galt und gilt,[93] nach den Angaben des Kreishochbauamtes von allen am stärksten gelitten, so daß nun umfassende Erhaltungsarbeiten dringend notwendig geworden waren, um den Turm vor endgültigem Einsturz und Verfall zu bewahren.[94]

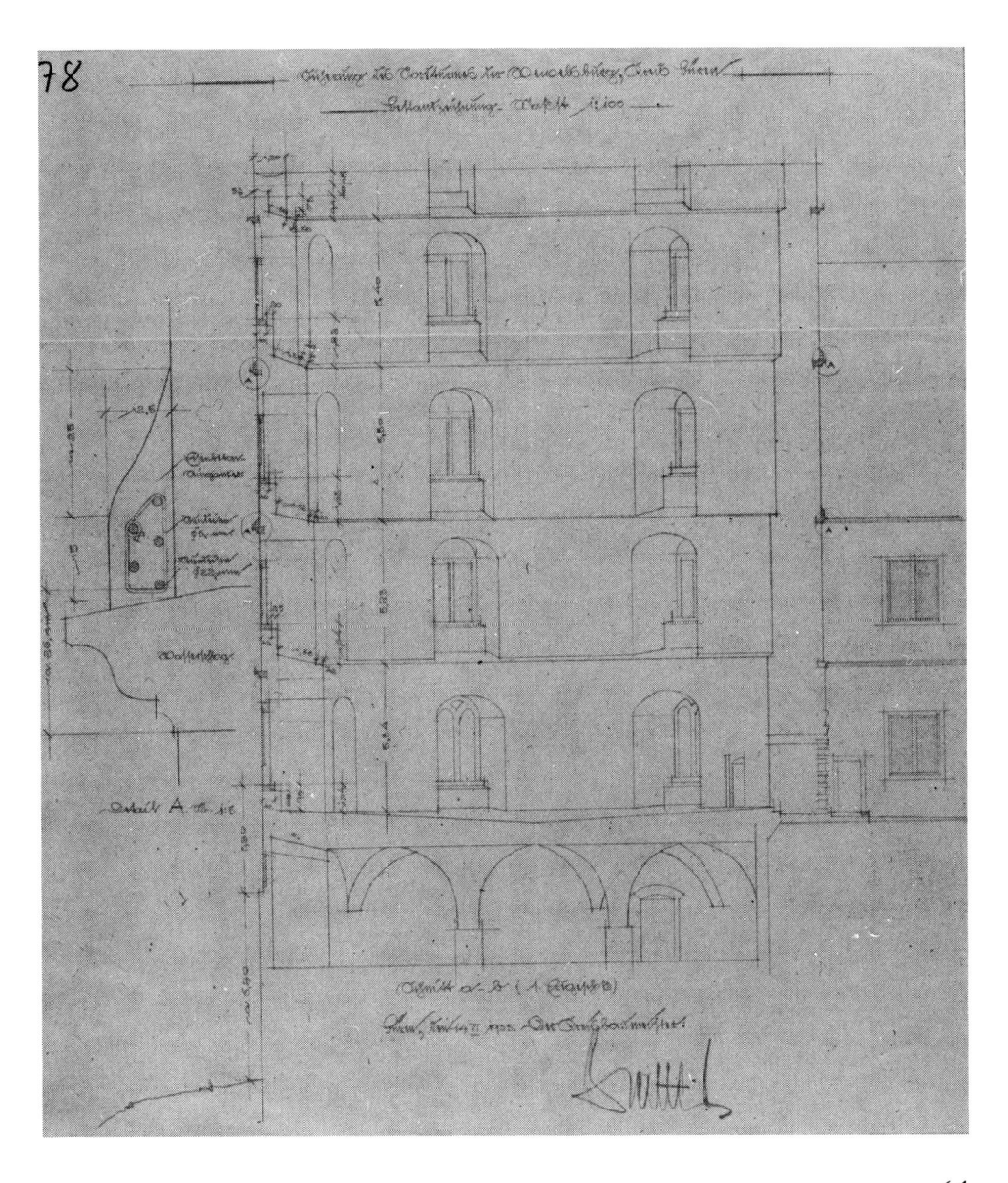

[91] Ebd., Schreiben des Landrats vom 17. März 1926.

[92] Ebd., Schreiben vom 14. Juli 1925.

[93] WV vom 12. Juli 1924, Nr. 161.

[94] KA PB Nr. B 418, Schreiben vom 14. Juli 1925.

Bestandszeichnung für die Sicherung des Nordturmes der Wewelsburg vom 14. November 1933 (KM W Plan Nr. 78)

Es dauerte jedoch noch insgesamt vier Jahre, bis mit den erwähnten 7 500 Reichsmark aus einer staatlichen Lotterie und einer Beihilfe der Provinz von fünftausend Mark die Restaurierungsarbeiten am Nordturm überhaupt einmal ernsthaft in Erwägung gezogen, und danach noch einmal gut anderthalb Jahre, bis die Maßnahmen dann auch endgültig in Angriff genommen werden konnten.[95]

Dieser Ausbauphase gingen zahlreiche Überlegungen zur Finanzierung voraus. Die Kosten sollten sich nach anfänglichen Schätzungen einschließlich der Herrichtung des Ostflügels auf sechstausend Reichsmark belaufen.[96] Der geplante Ausbau des Nordturmes konnte entweder so erfolgen, daß man sich auf die auf Anhieb billigere, auf lange Sicht jedoch kostspieligere Erhaltung des Nordturmes als Ruine beschränkte, oder aber, daß man einen allmählichen, auf die vollständige Wiederherstellung des Turmes bedachten Ausbau ins Auge faßte. Da sowohl die erste, auf zwanzigtausend Reichsmark veranschlagte Möglichkeit als auch der das Doppelte kostende zweite Vorschlag die bereits vorhandenen und noch zu erwartenden Mittel des Kreises Büren, welche sich nach Berechnungen des Landrates von Solemacher-Antweiler zusammen auf höchstens dreizehntausend Reichsmark belaufen würden, bei weitem überstiegen, beschloß der Kreisausschuß, auch in Anbetracht der augenblicklich schlechten Finanzlage des Kreises und der stimmungsmäßigen Einstellung der Kreiskörperschaften, die Instandsetzung des Nordturmes solange zurückzustellen, bis die Finanzierung vollständig gesichert sei.[97] Der Grund für diese Entscheidung lag sicher darin, daß sich schon Ende der zwanziger Jahre die Rezession im Wirtschaftsleben des Kreises Büren durch verschiedene Betriebsschließungen und steigende Arbeitslosenzahlen immer mehr bemerkbar gemacht und die Unternehmungen der Kreisverwaltung stark behindert hatte. Nun spitzte sich die Lage nach weiteren Stillegungen der für den Kreis Büren so wichtigen Bürener Zementwerke Gloria, Evers und Burania derart zu, daß ab 1931 schließlich jegliche öffentliche Bautätigkeit aus Geldmangel eingestellt werden mußte und auch der Kreishaushaltsplan für 1932 erstmals einen Fehlbetrag von rund 102.000 Reichsmark aufwies.[98]

Nachdem der Landrat diese Verfügung des Kreisausschusses vom Mai 1932 allen betroffenen Behörden mitgeteilt hatte, entwickelte sich zwischen diesen in der Folgezeit ein nicht immer freundlicher Briefwechsel, in dem versucht wurde, den Kreisausschuß umzustimmen und zu einer sofortigen Inangriffnahme der Erhaltungsarbeiten am Nordturm zu bewegen.

Besonders betroffen von der Entscheidung zeigte sich der westfälische Provinzialkonservator, dessen Schreiben an den Bürener Landrat wegen seiner besonderen Schärfe ausführlich wiedergegeben werden soll:[99]
Bevor er amtlich zu der Frage Stellung nehme, wolle er den Landrat erst einmal persönlich fragen, was da eigentlich los sei, da er das alles nicht verstehe: zuerst der passive Widerstand des Kreisbauamtes, welches mit phantastischen Gegenvorschlägen die notwendige Sicherung des Nordturmes unnötig hintenangehalten habe, und nun diese rätselhafte Stellungnahme des Kreisausschusses! Mehrfach habe er doch eingehend ausgeführt, daß erstens die Sicherung des Nordturmes d r i n g e n d und zweitens, daß sie f i n a n z i e l l m ö g l i c h sei. Staat und Provinz brächten Arbeit und Geld in den Kreis und wollten die prachtvollste und romantischste Burg der dortigen Gegend, den Anziehungspunkt des Kreises, retten helfen, ohne daß es den Kreis einen Pfennig koste, und nun erhebe der Kreis aus einem Sentiment heraus Widerspruch. Er könne es sich gar nicht anders denken, als daß hier andere Gründe oder Widerstände vorlägen, die er nicht kenne und über die ihn aufzuklären er den Landrat bitte.

95 WV vom 19. März 1929 und vom 21. Juni 1929, Nr. 171.

96 Hierzu und zum folgenden KA PB Nr. B 406, Schreiben vom 16. Januar 1931.

97 Vgl. S. 60.

98 Pohlmeier, Die Bürener Landräte, a. a. O., S. 103.

99 KA PB Nr. B 406, Schreiben vom 21. Juni 1932.

Nachdem sich der Landrat in weiteren Schreiben noch gegen die "*merkwürdige Gereiztheit*" und die "*Einmischung des Herrn Provinzialkonservators in die verwaltungsmäßige Bearbeitung dieser Selbstverwaltungsangelegenheit*" verwahrt[100] und zum wiederholten Male betont hatte, der Inangriffnahme der Arbeiten stünde nichts entgegen, wenn nur die Finanzierung gesichert sei[101] – was auch der Kreisausschuß am 30. August in einer Sitzung noch einmal bestätigte,[102] ist in dem nächsten Schreiben des Landrats vom 2. Dezember 1932 plötzlich und ohne weitere Angaben davon die Rede, die Erhaltungsarbeiten am Nordturm näherten sich allmählich ihrem Abschluß.[103]

Daß die Arbeiten am Nordturm schließlich aber doch wohl längere Zeit in Anspruch genommen haben, als man im Dezember 1932 absehen konnte, zeigt der Beschluß des Kreisausschusses, nachdem eine bereits zugesagte staatliche Beihilfe zurückgezogen worden war, zunächst kreiseigene Gelder für die letzten Abdichtungs- und Sicherungsarbeiten am Nordturm einzusetzen und dann anschließend zu versuchen, diesen Betrag von rund fünftausend Reichsmark durch noch zu beantragende Beihilfen zu mindern oder gar ganz zu decken.[104]

Was letztlich die auf Anhieb unverständlich erscheinende Entwicklung der Dinge verursacht bzw. für die Inangriffnahme der Arbeiten am Nordturm den Ausschlag

---

100 Ebd., Schreiben vom 9. August 1932.

101 KA PB, Akte Um- und Ausbau der Wewelsburg, Schreiben vom 22. August 1932.

102 KA PB Nr. B 406, Protokoll der Kreisausschußsitzung vom 30. August 1932.

103 Ebd., Schreiben des Landrats an den Redakteur Dr. Kollofrath vom 3. Dezember 1932.

104 Ebd., Protokoll der Kreisausschußsitzung vom 24. Oktober 1933.

Sicherungsarbeiten am Nordturm 1932 (KM W Fotoarchiv 1.4.7.1.)

Blick aus dem Südflügel auf die Sicherungsarbeiten am Nordturm
Foto: Breithaupt 1932 – (KM W Fotoarchiv 1.4.5.2)

gegeben hat, läßt sich nach dem vorhandenen Quellenmaterial nicht mehr genau nachvollziehen, doch ist in unserem Zusammenhang nicht so sehr die Voraussetzung dafür interessant als vielmehr das Ergebnis.

Mit den Sicherungsarbeiten am Nordturm war man – wie indirekt auch immer – einer prominenten Empfehlung gefolgt:
Bereits 1833 hatte Karl Friedrich Schinkel in einem Reisebericht über seinen Besuch der Wewelsburg geschrieben: "*[...] Der sehr originelle dreieckte Grundplan mit seinen runden Thürmen auf den drei Ecken, ist es sehr werth, daß die Erhaltung mindestens als Ruine festgestellt bliebe [...].*"[105]

105 Karl Friedrich Schinkel, zitiert nach: KA PB Nr. B 406, Schreiben des Landrats an Redakteur Kollofrath vom 3. Dezember 1932.

Blick aus dem – heute z. T. verschütteten – Finneckestal auf den eingerüsteten Nordturm (KM W Fotoarchiv 1.4.4.6)

4. Der Beitrag des Vereins zur Erhaltung der Wewelsburg e. V. zur Entwicklung der Wewelsburg zum kulturellen Mittelpunkt des Kreises Büren und überregionalen Zentrum der Jugend- und Heimatpflege

Im Zusammenhang mit dem Ausbau der Wewelsburg muß eine Gruppe, die durch ihr Engagement und ihren Einsatz entscheidend zum Gelingen der mit der Burg verbundenen Pläne beigetragen hat, besonders hervorgehoben worden: der eigens zu diesem Zweck gegründete "Verein zur Erhaltung der Wewelsburg e. V.", kurz auch "Burgverein" genannt. Dieser Verein kann überdies als das beste Beispiel dafür gewertet werden, wie umfassend und gründlich der Bürener Landrat Aloys Vogels seinen zweiten Anlauf zum Ausbau der Wewelsburg im Jahre 1924 dadurch vorbereitet hatte, daß er

Aufnahme der Gründungsmitglieder des „Burgvereins" im Innenhof der Wewelsburg vom 29. Juli 1924 (KM W Fotoarchiv 1.5.2.1)

durch die Aktivierung und Miteinbeziehung vieler Bevölkerungsteile auf Vereinsbasis versuchte, für die erfolgreiche Durchführung seines Unternehmens die bestmöglichen Voraussetzungen und eine möglichst breite Grundlage zu schaffen.[106]

So erfolgte die Gründung des sogenannten Burgvereins, die sich nach dem relativ spärlichen Quellenmaterial nur schwer nachvollziehen läßt, allein auf die Initiative des Landrats Dr. Vogels, der, angeregt durch bewährte Vorbilder an anderen Orten, im Juli des Jahres 1924 für den 29. des Monats zur Konstituierung eines solchen Vereins auf die Wewelsburg einlud.[107]

In dem Schreiben, das er zu diesem Zwecke an zahlreiche Vertreter des öffentlichen und privaten Lebens im Kreise richtete, erläuterte Vogels zunächst ausführlich die mit dem Ausbau verbundenen Ziele – Beschäftigung der Erwerbslosen einerseits und die Schaffung eines Kreis- und Jugendheimes mit Heimatmuseum und einem allgemeinen Versammlungsraum andererseits – sowie daran anschließend seine an die Gründung eines solchen Burgvereins geknüpften Erwartungen.[108] Letztere beschrieb er vorrangig mit der Weckung und Pflege des persönlichen Interesses und der privaten Opferfreudigkeit der Kreiseingesessenen für den Ausbauplan, was insofern wichtig sei, als der Ausbau, der ansonsten nur nach Maßgabe der von staatlicher oder unternehmerischer Seite zu erhaltenden Mittel erfolgen sollte, sich voraussichtlich über einen längeren Zeitraum erstrecken würde.[109] Weiterhin sollte sich die private Organisation, deren Gründung er unter diesen Gesichtspunkten als "*dringend notwendig*" erachtete, "ergänzend neben die behördliche Arbeit stellen und erforderlichenfalls auch das Gewicht ihres Einflusses bei den höheren Instanzen, insbesondere bei den Ministerien geltend machen."

Die siebzig anwesenden Herren, die der Einladung zur konstituierenden Versammlung gefolgt waren, größtenteils Männer, die sich auch schon bei der Gründung des Kreisheimatmuseums eingesetzt hatten,[110] stimmten nach den Ausführungen des Landrats der Gründung des Vereins einmütig zu, beschlossen die schon vorbereitete Satzung und wählten unter dem Vorsitz Dr. Vogels' dreiunddreißig Teilnehmer in den geschäftsführenden Ausschuß.[111] Anschließend nahmen sie eine erste Besichtigung der Burgräume und der Aufräumungs- und Durchbrucharbeiten vor, die der Landrat gleichzeitig mit der Grundsteinlegung verband.[112] Sein bezeichnender Weihespruch zum Ausbau lautete:

> "*Im Frieden erbaut,*
> *Der Heimat geweiht,*
> *Gott schütze die Lande,*
> *Weit und breit.*"[113]

Die Sitzung endete mit der Aufnahme eines Gruppenfotos im Burghof.[114]

Nach Paragraph 1 der von den Gründungsmitgliedern auf der konstituierenden Sitzung verabschiedeten Satzung war der Z w e c k des seit September offiziell im Vereinsregister des Amtsgerichts eingetragenen Vereins "*die Erhaltung, sowie die weitere äußere und innere Ausgestaltung der Wewelsburg und die Beschaffung der hierzu erforderlichen Mittel*" bzw. – nach einer durch die Übernahme der Burg in das Eigentum des Kreises bedingten Änderung aus dem Jahre 1927 – die "*Vereinigung von Freunden der Burg zwecks Förderung der weiteren äußeren und inneren Ausgestaltung derselben.*"[115] Zu der Satzungsänderung im Jahre 1927 führte der damalige Vorsitzende des Vereins, Fabrikdirektor Buben, auf der entscheidenden Vorstandssitzung aus, die Aufgabe des Vereins zur Erhaltung der Wewelsburg habe sich seit dem Erwerb der Burg durch den

---

106 Hierzu und zum folgenden Irmhild Jakobi, "Burgverein" zwischen Gründung und Auflösung, in: Die Warte 50 (1986) S. 16 f.

107 Dazu KA PB Nr. B 419, besonders das Schreiben vom 23. Juli 1924.

108 Vgl. KA PB Nr. B 419, Schreiben zur Gründung des Burgvereins vom 23. Juli 1924.

109 Hierzu ebd., sowie zum folgenden besonders Protokoll der konstituierenden Sitzung des Burgvereins, in: Protokollbuch, a. a. O., S. 1 ff.

110 Vgl. dazu die Ausführungen unten in dem Kapitel "Die Wewelsburg als Zentrum der Heimatpflege", S. 116–129.

111 StdtA BÜ, Gemeindechronik Wewelsburg, August 1924, S. 137. Die erste Satzung des Vereins in: KA PB Nr. B 419.

112 Protokoll des Burgvereins vom 29. Juli 1924, in: Protokollbuch, a. a. O., S. 2 f. Zu Gründung und Organisation des Burgvereins vgl. auch Jakobi, a. a. O., S. 16.

113 Franz Wesselmann, Die Wewelsburg, Bürens Kreis- und Jugendburg, in: Heimatblätter der Roten Erde 4 (1925) S. 500.

114 Vgl. S. 65.

115 Geänderte Satzung s. S. 67 f.

S A T Z U N G E N

des Vereins zur Erhaltung der *W e w e l s b u r g.*

§ 1.

Zweck des Vereins ist die Erhaltung, sowie die weitere äussere und innere Ausgestaltung der Wewelsburg und die Beschaffung der hierfür erforderlichen Mittel.
Der Sitz des Vereins ist *B ü r e n i/Westf.*

§ 2.

Mitglied des Vereins kann jede unbescholtene Persönlichkeit werden, welche bereit ist, die Ziele des Vereins mit Rat und Tat zu fördern und einen Vereins-Beitrag von mindestens M 3 jährlich zahlt.
Lebenslängliches Mitglied oder Stifter des Vereins ist, wer einen einmaligen Beitrag von 100 M oder darüber leistet.
Der Ausschuss ist ferner berechtigt, solchen Personen, die sich in hervorragendem Masse um den Verein verdient gemacht haben, die lebenslängliche Mitgliedschaft ehrenhalber zu verleihen.
Der Austritt aus dem Verein ist jedem Mitglied gestattet, sofern dasselbe spätestens einen Monat vor Ablauf des Vereinsjahres dieses dem Vorsitzendem schriftlich mitteilt.
Vereinsjahr ist das Rechnungsjahr vom 1.April bis 31. März.

§ 3.

Organe des Vereins sind die Hauptversammlung, der geschäftsführende Ausschuss und der Vorstand.

§ 4.

Die Mitglieder des Vereins werden alljährlich mindestens einmal zu einer Hauptversammlung seitens des Vorsitzenden durch besondere Schreiben oder durch Bekanntmachung in den öffentlichen Blättern, deren Wahl dem Vorstand überlassen bleibt, unter Mitteilung der Tagesordnung eingeladen.
Die Einladung muss mindestens acht Tage vor der Hauptversammlung erfolgen.
In der Hauptversammlung hat jedes Mitglied eine Stimme. Eine Ausübung des Stimmrechtes durch Vertreter ist nicht zulässig.
Die Beschlüsse werden durch absolute Mehrheit der abgegebenen Stimmen gefasst. Bei Stimmengleichheit entscheidet die Stimme des Vorsitzenden.
Die Hauptversammlung wählt den Ausschuss, nimmt den Jahresbericht und die Rechnungsablage entgegen und beschliesst über die zu erteilende Entlastung.
Eine ausserordentliche Hauptversammlung muss einberufen werden, wenn mindestens 20 Mitglieder solche schriftlich beim Ausschuss unter Mitteilung der zur Beratung zu stellenden Gegenstände beantragen

§ 5.

Der Ausschuss besteht aus mindestens 30 von der Hauptversammlung gewählten Mitgliedern. Der Ausschuss hat das Recht, weitere Mitglieder zuzuwählen.
Alle zwei Jahre scheidet die Hälfte der Ausschussmitglieder aus.

Satzung des Vereins zur Erhaltung der Wewelsburg e. V. vom 16. Oktober 1927
(KA PB Nr. B 419)

Die zuerst Ausscheidenden bestimmt das Los. Die Ausscheidenden bestimmt das Los und sind wieder wählbar.

Die Einladungen zu den Ausschusssitzungen erfolgen schriftlich unter Mitteilung der Tagesordnung mindestens acht Tage vor der Sitzung.

Der Ausschuss wählt aus seiner Mitte den Vorsitzenden des Vereins und einen Stellvertreter desselben.

Ferner wählt der Ausschuss aus seiner Mitte den Vorstand sowie die etwaigen Stellvertreter, nimmt die Berichte des Vorstandes entgegen, beschliesst über alle Auslagen, welche die Summe von 500 übersteigen und bereitet die Vorlagen für die Hauptversammlung vor. Ueber Auslagen unter 500 M entscheidet der Vorstand.

Die Beschlüsse werden mit absoluter Stimmenmehrheit der anwesenden Mitglieder gefasst. Bei Stimmengleichheit entscheidet die Stimme des Vorsitzenden.

In dem Ausschuss sollen die Regierung in Minden, die Provinzialverwaltung der Provinz Westfalen, der Westfälische Altertumsverein, der Westfälische Heimatbund und der Kreisausschuss des Kreises Büren durch mindestens je ein Mitglied vertreten sein.

§ 6.

Die Beschlüsse der Hauptversammlung und des Ausschusses werden von einem der Mitglieder in ein Protokollbuch eingetragen und von dem Vorsitzendem und dem Protokollführer unterschrieben.

§ 7.

Der Vorstand besteht aus 3 bis 5 Mitgliedern.
Der Vorstand wird alle 2 Jahre neu gewählt.
Die Ausscheidenden sind wieder wählbar.
Der Vorstand hat die laufenden Geschäfte zu führen und alle den Zwecken des Vereins dienliche Massnahmen im Einverständnis mit dem Kreisausschuss des Kreises Büren zu treffen.
Der Vorstand vertritt den Verein nach aussen.
Ueber Ausgaben bis zu 500 M kann er selbständig beschliessen.
Bei künstlerischen Angelegenheiten hat er sich des Einverständnisses der Staatsregierung und der Provinzialverwaltung der Provinz Westfalen zu vergewissern. Der Vorsitzende bzw. der stellvertr. Vorsitzende des Vorstandes leitet auch die Ausschusssitzung und die Hauptversammlungen.

Zur Beschlussfassung genügt die absolute Stimmenmehrheit der von den abgewesenen Vorstandsmitgliedern abgegebenen Stimmen. Bei Stimmengleichheit entscheidet die Stimme des Vorsitzenden.

Mindestens alle halbe Jahre soll der Vorstand den Ausschuss zu einer Sitzung einladen, um über seine Tätigkeit Bericht zu erstatten, ferner so oft solches von 10 Mitgliedern des Ausschusses beantragt

§ 8.

Zur Abänderung der Statuten, sowie zur Auflösung des Vereins bedarf es der übereinstimmenden Beschlüsse des Ausschusses, des Vorstandes und der Hauptversammlung, welche nach absoluter Stimmenmehrheit der Anwesenden gefasst werden.

§ 9.

Die Eintragung des Vereins in das Vereinsregister des Amtsgerichts Büren soll bewirkt werden.

Satzung des Burgvereins (Fortsetzung)

Kreis verschoben, so daß eine Änderung der Satzungen insofern erforderlich geworden sei, als der Burgverein kein Recht auf die Burg habe und seine Aufgabe nur in einem M i t h e l f e n sehen könne, das wesentlich in der notwendigen Propaganda für die Wewelsburg bestehe.[116] – E i n f a c h e s   M i t g l i e d konnte nach Paragraph 2 der Statuten gegen einen bestimmten Jahresbeitrag "*jede unbescholtene Persönlichkeit werden, welche bereit [war], die Ziele des Vereins mit Rat und Tat zu fördern,*" lebenslängliches Mitglied oder Stifter jeder, der einen einmaligen Beitrag von mindestens hundert Reichsmark leistete. – O r g a n e   d e s   V e r e i n s waren anfänglich: erstens, die mindestens einmal jährlich zusammentretende H a u p t v e r s a m m l u n g sämtlicher Mitglieder, die den Vereinsvorstand wählte, dessen Jahresbericht und die Rechnungsablage entgegennahm und ihm Entlastung erteilte, zweitens, der aus dreißig von der Hauptversammlung gewählten Mitgliedern bestehende V o r s t a n d, in dem die Regierung in Minden, die Provinzialverwaltung der Provinz Westfalen, der Westfälische Altertumsverein, der Westfälische Heimatbund und der Kreisausschuß des Kreises Büren jeweils durch mindestens ein Mitglied vertreten sein sollten, und der aus seinen alle zwei Jahre neu zu wählenden Mitgliedern das dritte Vereinsorgan, den aus drei bis fünf Mitgliedern und deren Stellvertretern bestehenden g e s c h ä f t s f ü h r e n d e n A u s s c h u ß wählte.

Nach der Satzungsänderung von 1927 fiel dieser Ausschuß fort, der u. a. die Aufgabe gehabt hatte, dem Vorstand alle Vereinsausgaben zu genehmigen, die tausend Mark überschritten, und die Vorlagen für die Hauptversammlung zu erarbeiten (§ 5), so daß die Organe des Burgvereins fortan nur noch aus H a u p t v e r s a m m l u n g und einem in seinen Kompetenzen gestärkten V o r s t a n d bestanden.[117] Hauptfunktionen des 1927 ebenfalls neu definierten, aus neun, alle zwei Jahre neu zu wählenden Mitgliedern bestehenden Vereinsvorstandes waren es neben der laufenden Geschäftsführung, alle "*den Zwecken des Vereins dienlichen Maßnahmen im Einverständnis mit dem Kreisausschuß des Kreises Büren zu treffen*" sowie über Ausgaben zwischen hundert und fünfhundert Mark zu beschließen, über die der den Verein nach außen hin vertretende Vorsitzende und sein Stellvertreter nicht allein (§ 6 der geänderten Satzung) entscheiden durften.

Auf der ersten Sitzung des neu gewählten geschäftsführenden Ausschusses am 5. September 1924, der bis zur Wahl des offiziellen Vorstandes vom Landrat und späteren Ehrenvorsitzenden des Vereins Vogels geleitet wurde, konnten die knapp zwanzig anwesenden Ausschußmitglieder nicht nur organisatorische Dinge, wie Vorstandswahl und Anmeldung des Vereins zum Vereinsregister, behandeln, sondern nach einer Besichtigung der Ausbauarbeiten in der Burg und einem Bericht des Landrats über den Stand der Übernahmeverhandlungen und der weiteren Finanzierungsplanung überdies eine Vielzahl konkreter Maßnahmen und Aktionen zur Unterstützung des Ausbaus beschließen.[118]

Als erste erfolgversprechende Werbungsmaßnahmen zur Vergrößerung des Mitgliederbestandes einerseits und zur Beschaffung zusätzlicher finanzieller Mittel für den Burgausbau andererseits hatte man neben einer laufenden Berichterstattung in den beiden Zeitungen des Kreises über den Burgausbau und den Verein beschlossen, zunächst auf die derzeit etwa sechzig Vereinsmitglieder einzuwirken, ihrerseits jeweils mindestens zwei bis drei weitere Mitglieder anzuwerben, danach sämtliche Gemeinden des Kreises mit einem möglichst höheren Beitrag als drei Reichsmark als korporative Mitglieder zu gewinnen und schließlich die vierhundert, von einer Bürener Firma unentgeltlich hergestellten, bisher von den örtlichen Kriegervereinen allein auf Festen

116 Protokoll der Generalversammlung des Burgvereins vom 16. Oktober 1927, in: Protokollbuch, a. a. O., S. 20.

117 Ebd., S. 19 ff.

118 Hierzu und zum folgenden das Protokoll des Burgvereins vom 5. September 1924 ebd., S. 4–9 sowie die Zeitungsberichte in der BZ vom 9. September 1924, Nr. 124 und im WV vom 11. September 1924, Nr. 126.

als "*Bausteine*" angebotenen Karten von der Wewelsburg nun auch allen Gastwirtschaften und den Jünglings- und Jungfrauenvereinen im Kreis zum Vertrieb zu übersenden sowie als Eintrittskarten in der Burg zu verkaufen.

Wie stark sämtliche Initiativen des Vereins zur Erhaltung der Wewelsburg dabei auch von der örtlichen Presse unterstützt wurden, zeigen nicht nur die zahlreichen Veröffentlichungen und ausführlichen Kommentare zu den Aktionen des Vereins in den beiden Kreiszeitungen, sondern auch deren wiederholte Aufrufe an alle Leser, den Burgverein tatkräftig zu unterstützen: "*Möge jeder Heimatfreund dazu beitragen, daß der weitere Ausbau der Wewelsburg baldigst vorgenommen werden kann. [...] Tretet bei dem 'Verein zur Erhaltung der Wewelsburg'!*"[119] Zum Vertrieb der Burgkarten schrieb beispielsweise die Bürener Zeitung: "*Der Vertrieb dieser Karten wird im ganzen Kreise erfolgen. Auch an dieser Stelle seien sie allen Heimatfreunden bestens empfohlen.*"[120]

Eine weitere Belebung der Gebefreudigkeit versprachen sich die Mitglieder des Burgvereins auch schon zu diesem frühen Zeitpunkt durch eine wirkungsvolle Eröffnungsfeier am Ende des ersten Bauabschnittes, zu der, wie im Protokoll der entsprechenden Vorstandssitzung vom 5. September 1924 vermerkt ist, die Jugendspielschar des Bühnenvolksbundes ihre Mitwirkung durch Aufführung von Mysterienspielen[121] o. ä. bereits zugesagt hatte, und die als zusätzliche Attraktion in einer Filmaufnahme festgehalten werden sollte.[122]

Nachdem in der äußerst ergiebigen ersten Sitzung des Burgvereins vom Herbst 1924 auch noch - einstimmig - der Vorstand gewählt worden war, bestehend aus seinen beiden Vorsitzenden, dem oben erwähnten Fabrikdirektor und Ingenieur Josef Buben, Büren, dem Akademieprofessor Dr. Fuchs, Paderborn, und den beiden Beisitzern Wegebauinspektor a. D. Wilhelm Peters, Büren, sowie Pfarrer und Geistlicher Rat Johannes Pöppelbaum, Wewelsburg, (allesamt Personen, die sich schon bei der Einrichtung eines Heimatmuseums für den Kreis Büren eingesetzt hatten) ,[123] konnte endlich auch der anwesende Rechtsanwalt mit der satzungsgemäßen (§ 9) und für die Erlangung der Rechtsfähigkeit erforderlichen Eintragung des Vereins in das Vereinsregister beauftragt werden, zu der man außer der Urschrift der Satzung noch eine Bescheinigung über die erfolgte Vorstandswahl benötigte.

Als erste Amtshandlung beschloß der neugewählte Vorstand noch in derselben Sitzung entsprechend seinem in Paragraph 2 der Vereinsstatuten festgelegten Recht, "*solchen Personen, die sich in hervorragendem Maße um den Verein verdient gemacht haben, die lebenslängliche Mitgliedschaft ehrenhalber zu verleihen*" – eine Maßnahme, die sich bereits 1923 bei der Einrichtung des Heimatmuseums bewährt hatte –, einen Ehrenausschuß zu bilden und Persönlichkeiten in diesen hinein zu wählen, die sich bis dahin um den Ausbau der Wewelsburg besonders verdient gemacht hatten. Unter den dreiundzwanzig Herren, die zunächst in den Ausschuß aufgenommen wurden, befanden sich von amtlicher Seite u. a. mehrere Mitglieder des Wohlfahrts-, Landwirtschafts-, Finanz- und Innenministeriums, der Oberpräsident der Provinz Westfalen, der Regierungspräsident des Bezirks Minden, als Vertreter der Industrie einige Direktoren der für den Ausbau besonders wichtigen Betriebe - so der Wickingzementwerke in Geseke – und als Repräsentant der zahlreichen Stifter aus Gewerbe und Handwerk des Kreises schließlich der Bauunternehmer Johannes Schumacher aus Büren.[124] In den Benachrichtigungen über die Ernennung in den Ehrenausschuß, die Landrat Vogels den betreffenden Personen in den nächsten Tagen nach der Sitzung zugehen ließ, schrieb er, der Burgverein habe beschlossen, sie als kleines Zeichen der Anerkennung für ihre großzügige Hilfsbereitschaft in den Ehrenausschuß für die demnächst stattfindende

---

119 BZ vom 9. Juni 1925, Nr. 131.

120 BZ vom 9. September 1924, Nr. 124.

121 Bei den im Mittelalter entstandenen Mysterienspielen handelt es sich um szenische Darstellungen religiöser, vor allem biblischer Vorgänge bzw. um sog. "geistliche Schauspiele", die sich aus der kirchlichen Liturgie entwickelten. Seit dem 14. Jahrhundert wurden in England und Frankreich, später auch in Deutschland alle geistlichen Spiele Mysterienspiele genannt. Der Name Mysterien / Misterien ist aus lat. ministerium entlehnt und bedeutet nichts anderes als 'geistliche Verrichtung', Funktion (vgl. span. función 'Schauspiel').

122 Protokoll des Burgvereins vom 5. September 1924, in: Protokollbuch, a. a. O., S. 7.

123 Vgl. unten, S. 117 ff.

124 Protokoll des Burgvereins vom 5. September 1924, in: Protokollbuch, a. a. O., S. 8 f. Vgl. auch die S. 71 f.

Aus dem Protokoll der ersten Sitzung des geschäftsführenden Ausschusses des Burgvereins vom 5. September 1924 mit Vorstandswahl und Beschluß erster Aktivitäten
(KA PB – Protokollbuch des Burgvereins, S. 8 f.)

8. Generaldirektor Reusch, Münster i/W. Landesbank
9. Ministerialrat Dr. Anschinan, Berlin W. 5 Kruppstr. 8 (Finanz- ?)
10. Geheimrat Hamel, Berlin, Am Königsplatz (Ministerium d. Innern)
11. Oberpräsident Gronowski, Münster i/W.
12. Reg. Präsident Dr. Hagemeister, Minden i/W.
12a. Oberlandforstmeister v. d. Bussche, Berlin, Landwirtsch. Ministerium
13. Hüttendirektor Borbett, Hamm (Phoenixwerke)
14. Dr. Husmann, Geseke, "Monopol"-Werke
15. Oberregierungs- u. Baurat Plinke, Minden
16. Min.-Rat Dr. Zachariae, Berlin, Preuß. Finanzministerium
17. Generaldirektor ten Hompel, Münster i/W. (Wickingwerke)
18. Bergwerksdirektor Rudolf Becker, Fredeburg
19. Fabrikdirektor Franz Evers, Büren
20. Prof. Dr. Geisberg, Münster i/W.
21. Karl Wagenfeld, Münster i/W.
22. Dr. Ing. Schlüter, Dortmund
23. Eberhard Jakobj, Anröchte i/W.

Ferner wurde als Vertreter für Handwerk und Gewerbe, die zahlreiche Stifter für die Burg gestellt haben, Bauunternehmer Johannes Schumacher, Büren, als Mitglied des Ehrenausschusses bestimmt. Die Ernennung weiterer Mitglieder bleibt vorbehalten.

d) Eine Festschrift soll möglichst zur Eröffnung des ersten Bauabschnittes herausgegeben werden, wozu die Herren:
Prof. Dr. Schmitz-Kallenberg, Münster, Staatsarchivdirektor
Dompropst Prof. Dr. Linneborn, Paderborn
Stud.-Rat Rüther, Bülow
Stud.-Assessor Flören, Münster
Wegebauinspektor a.D. Peters, Büren
Beiträge bereits in Aussicht gestellt haben. —

Geschlossen.

Tutmann
stellvertr. Vorsitzender

Oberlehrer a.D.
Mitglied des Ausschusses

Protokoll (Fortsetzung)

Eröffnungsfeier zu wählen und durch ihn die Bitte an dieselben ausgesprochen, die Sache auch in Zukunft in geeigneter Weise weiter zu fördern.[125]

Letzte Anregung im Rahmen dieser äußerst erfolgreichen ersten Sitzung des Burgvereins war die Herausgabe einer Festschrift anläßlich der feierlichen Wiedereröffnung der Burg am Ende des ersten Bauabschnittes, zu der sogar schon mehrere Beiträge in Aussicht gestellt werden konnten.[126]

Gegenstand der nächsten Sitzung des Vereins zur Erhaltung der Wewelsburg am 5. Dezember 1924 waren die in der Zwischenzeit vom Landrat zusammen mit dem Vereinsvorsitzenden Direktor Buben geführten Verhandlungen zur Übernahme der Burg in das Eigentum des Kreises sowie weitere Überlegungen zu einer Vergrößerung des Mitgliederbestandes des Vereins durch eine wirksame Werbetätigkeit.[127] Letzterem entsprach die von Vogels geäußerte Bitte an jedes Ausschußmitglied, bis zur nächsten Sitzung doch wenigstens ein neues Vereinsmitglied anzuwerben, und der Vorschlag, verschiedene Gruppen anzusprechen, wie z. B. die Lehrerschaft des Kreises Büren, die ihrerseits wieder gegen einen geringen Beitrag Schulkinder werben könnte, den Sauerländischen Gebirgsverein, Bezirk Möhne, mit seinen in unmittelbarer Nähe zur Burg liegenden Ortsgruppen Soest und Lippstadt sowie die einzelnen Jugendheim-Verbände, die durch Aufsätze in ihren jeweiligen Verbandszeitschriften und durch eigens an sie geschicktes Werbe- und Informationsmaterial möglicherweise für einen Beitritt in den Burgverein gewonnen werden könnten.[128]

Inwieweit diese Vorschläge letztendlich auch wirklich in die Tat umgesetzt worden sind, läßt sich im einzelnen zwar nicht mehr nachvollziehen, doch bleibt festzuhalten, daß die Zahl der Vereinsmitglieder, die im September 1924 noch sechzig betragen hatte,[129] bis zum Frühjahr des folgenden Jahres schon auf etwa zweihundert[130] und bis 1927 gar auf mehrere Hundert[131] angewachsen ist.

In seiner personellen und sozialen Zusammensetzung wies der Verein zur Erhaltung der Wewelsburg ein Gepräge auf, das die Wirtschafts- und Sozialstruktur des Kreises Büren in besonderer Weise widerspiegelte. Neben zahlreichen Vertretern der Kommunalverwaltungen, Lehrern und Pfarrern gehörten ihm Unternehmer, Handwerksmeister, Kaufleute, Gutsbesitzer und einige größere Bauern an, so daß er insgesamt den gehobenen Mittelstand und damit die Gruppe repräsentierte, die in Büren wegen des Fehlens einer echten Oberschicht (Großunternehmer, hohe Beamtenschaft und Adel) wirtschaftlich und politisch dominierte.[132]

Auf Empfehlung des stellvertretenden Vereinsvorsitzenden und ehemaligen Bürener Amtmannes Konrad Rempe hatte man schon bald nach der Gründung ein Beitrittsformular erstellt und zusammen mit den Vereinsstatuten an jedes einzelne Mitglied sowie zu Werbezwecken an alle Gemeindevorsteher, Schulleiter und Kreisverbände geschickt.[133] Der Text unter dem Briefkopf des Burgvereins lautete: *"Die Wewelsburg im Kreise Büren [...] soll wieder aus langem Dornröschenschlaf zu neuer Herrlichkeit erwachen. [...] Mit verhältnismäßig geringen Mitteln kann sie wieder ausgebaut eine Sammelstelle für alle Heimatfreunde, ein Kreisheim für die Umgebung und eine Jungburg für Alt und Jung werden.*

Freunde der Heimat aus allen Kreisen und Ständen der Umgebung haben sich zu diesem Zwecke vereinigt und den Verein zur Erhaltung der Wewelsburg gegründet. Alle Heimatfreunde von Nah und Fern werden eingeladen, sich unserem Vereine anzuschließen, die untenstehenden Zeilen auszufüllen und dann mit dem gezeichneten Betrag einzusenden. [...]"[134]

---

125 KA PB Nr. B 420, Schreiben vom 8. September 1924 und KA PB Nr. B 407, Schreiben vom 9. des Monats.

126 Protokoll des Burgvereins vom 5. September 1924, in: Protokollbuch, a. a. O., S. 9.

127 Hierzu und zum folgenden Protokoll des Burgvereins vom 5. Dezember 1924, ebd., S. 10–16.

128 Ebd., S. 11–14.

129 Protokoll des Burgvereins vom 5. September 1924, ebd., S. 7 und WV vom 11. September 1924, Nr. 126.

130 Sonderbeilage der BZ, a. a. O., S. 8 sowie Protokoll des Burgvereins vom 4. Februar 1925, in: Protokollbuch, a. a. O., S. 28.

131 WV vom 10. Januar 1925, Nr. 10.

132 Hierzu auch Harald Mayer, Die SS-Burg Wewelsburg, NW – Serie, Teil 1 vom 12. Juni 1981, Nr. 134.

133 Protokoll des Burgvereins vom 5. Dezember 1924, in: Protokollbuch, a. a. O., S. 12.

134 KA PB Nr. B 420.

HERBSTFEST
auf der Wewelsburg
am Sonntag, den 14. November 1926, nachmittags.

Veranstaltet von der

Ortsgruppe des Burgvereins

unter gefl. Mitwirkung des Spielchores der Mauritiusschule in Büren und der Musikkapelle des Kriegervereins in Büren.

PROGRAMM:

1,30 Uhr Festzug I vom Bahnhof Wewelsburg nach der Burg.

2,00 „ Platzmusik auf dem Burghof.

3,15 „ Festzug II vom Bahnhof Wewelsburg nach der Burg.

3,45 „ **Fest-Versammlung und Fest-Konzert im Rittersaale.**

      Begrüssung.

      „Mozarts kleine Nachtmusik" für Streichquartett.

      Prolog und Festrede.

      „Alte Volkslieder" zur Geige und Laute.

      „Der gestohlene Schinken" / „Das Kälberbrüten"
      Zwei alte deutsche Schwänke von Hans Sachs.

5,45 Uhr Erster Abmarsch mit Musikbegleitung nach Bahnhof Wewelsburg.

6,30 „ Platzmusik auf dem Burghof.

8,00 „ Zweiter Abmarsch mit Fackelzug u. Musikbegleitung nach Bahnhof Wewelsburg.

Mitglieder des „Vereins zur Erhaltung der Wewelsburg" haben zu allen Veranstaltungen gegen Vorzeigung der Mitgliedskarte freien Zutritt.

Angehörige der Vereinsmitglieder zahlen in der Burg 25 Pfg.

Nichtmitglieder zahlen in der Burg 50 Pfg.

Bei schlechtem Wetter findet an Stelle der Platzmusik Konzerte im Rittersaal und im Gästesaal der Burg statt.

Für gute Speisen, alkoholfreie Getränke und gepflegtes Bier ist gesorgt.

Druck von A. Jestädt, Büren i. W.

Einladung zum Herbstfest auf der Wewelsburg am 14. November 1926 (KA PB Nr. B 410, Bl. 76)

Aufnahme vom Herbstfest des Burgvereins auf der Wewelsburg vom 14. November 1926
(KM W Fotoarchiv 1.5.5.)

75

Einer anderen Anregung des Burgvereinsvorsitzenden Buben, die Bestrebungen zum Ausbau der Wewelsburg durch die Bildung von Ortsgruppen zu unterstützen,[135] folgte allein die Gemeinde Wewelsburg, in der sich mehr als ein halbes Jahr, nachdem sich der Wewelsburger Lehrer Rose zur Gründung einer solchen bereit erklärt hatte,[136] im Juni 1925 eine derartige Ortsgruppe des Vereins zur Erhaltung der Wewelsburg unter dem Vorsitz des Revierförsters Gleim konstituierte.[137] Im übrigen konzentrierte sich die Tätigkeit des Burgvereins in den ersten Jahren nach seiner Gründung darauf, durch geeignete Maßnahmen, insbesondere durch die Verbreitung von Schriften und Bildern sowie durch Abhaltung von Vorträgen, in der Bevölkerung Interesse für den Ausbau der Wewelsburg zu wecken.[138] – So wirkte der Verein an der im Herbst 1924 erschienenen Bilderbeilage des Westfälischen Volksblattes ebenso mit wie an der Festschrift zum Wiederausbau der Burg, zugleich Heimatbuch des Kreises Büren für das Jahr 1925, die außer einigen Burgabbildungen mehrere Aufsätze zur Wewelsburg enthielt, und bereitete 1924/25 einen Lichtbildervortrag sowie die Herausgabe eines oder mehrerer Führer vor.[139] Darüber hinaus beteiligte er sich an der Vorbereitung und Gestaltung mehrerer Heimatfeste auf der Wewelsburg und organisierte zusammen mit der Burgverwaltung als Abschluß sämtlicher auf der Burg abgehaltenen Veranstaltungen ein großes Herbst- und Heimatfest, das auch häufig mit der jährlichen Generalversammlung des Vereins verbunden wurde.[140]

Nach der Eröffnung der Wewelsburg am 31. Mai 1925 beantragte der Verein am 2. Juli des Jahres beim Kreisausschuß, ihm die Erlaubnis zum Ausschank von alkoholfreien Getränken und Kaffee in der Burg zu erteilen, mit der Begründung, es erscheine unbedingt notwendig, den Gästen, die größtenteils von weit her kämen, auf der Burg eine Erfrischung anzubieten. Da die Verantwortung für eine ordnungsgemäße Geschäftsführung dabei der Vereinsvorstand trage, der seinerseits beabsichtige, den auf der Burg angestellten Burgwart mit der Ausübung derselben zu beauftragen, dürften dem Gesuch, wie der stellvertretende Vereinsvorsitzende Rempe meinte, keinerlei Bedenken entgegenstehen.[141]

In Anerkennung der Tatsache, daß sich seit ihrer Instandsetzung auf der Burg wirklich ein reger Fremdenverkehr entwickelt habe, so daß ein Bedürfnis zur Verabreichung von Erfrischungen nicht zu verneinen sei,[142] genehmigte der Kreisausschuß bereits eine Woche später das Konzessionsgesuch des Vereins unter der Voraussetzung, daß auf Grund eines noch abzuschließenden Vertrages zwischen dem Kreis Büren und dem Burgverein einerseits die Rechte des Kreises über die Bereitstellung der Räume sowie andererseits das Rechtsverhältnis zwischen Kreis und Burgwart geregelt würden.[143]

Die wichtigsten Bestimmungen dieses Vertrages,[144] der aus unbekannten Gründen erst am 4. Dezember 1925 abgeschlossen wurde, waren folgende: Als für die Konzessionsausübung zur Verfügung stehende Räumlichkeiten wurden die Bauernstube im Kellergeschoß, das daran anschließende Kellergewölbe bis zum Mitteleingang, der "Rittersaal", der Tagesraum der Jugendherberge, die Wohnküche des Burgwarts, der Burghof und das Erdgeschoß im großen Turm festgelegt (§ 1), wobei jedoch außer der Wohnküche des Burgwarts nur ein gedeckter und ein offener Platz zur dauernden Benutzung übergeben wurden und für alle weiteren die Sondergenehmigung des Kreises einzuholen war (§ 2). Der Kreis stellte dem Verein für die Burgwirtschaft das vorhandene Geschirr sowie eine Anzahl Tische und Stühle zur Verfügung, soweit diese nicht für besondere Veranstaltungen auf der Burg vom Kreise selbst beansprucht würden (§ 6). Der mit der Schankausübung beauftragte Wirtschafter war als Angestellter des Vereins (§ 3) dazu verpflichtet, über den gesamten Wirtschaftsbetrieb sorgfältig

---

135 Protokoll des Burgvereins vom 5. Dezember 1924, in: Protokollbuch, a. a. O., S. 10 f.

136 Ebd., S. 14.

137 StdtA Bü, Gemeindechronik Wewelsburg, Juni 1925, S. 343.

138 Zu den verschiedenen Aktivitäten des Vereins vgl. Jakobi, a. a. O., S. 17.

139 Sonderbeilage der BZ, a. a. O., S. 8.

140 Vgl. hierzu auch die Ausführungen in dem Kapitel "Die Wewelsburg als Zentrum der Heimatpflege", S. 125–129.

141 KA PB Nr. B 415, Schreiben vom 2. Juli 1925.

142 Ebd., Schreiben vom 7. Juli 1925.

143 Ebd., Auszug aus dem Sitzungsprotokoll des Kreisausschusses vom 8. Juli 1925.

144 KA PB Nr. B 416, Vertrag.

Buch zu führen (§ 4) und von einer Pachtzahlung an den Verein insofern befreit, als ihm diese, da er zur Zeit des Vertragsabschlusses bereits vom Kreis als Burgwart beschäftigt war, von seinem Burgwartsgehalt abgezogen wurde (§ 5).

Daß der Verein zur Erhaltung der Wewelsburg außer der Burgwirtschaft zusätzlich auch den gesamten Kartenverkauf in der Burg übernommen hat, geht aus dem Schriftwechsel zwischen Kreisausschuß und Vereinsvorstand in den Jahren 1930 bis 1932 hervor, in dem der Kreis den Vertrieb der Tages-, Jahres- und Ehrenkarten selbst übernehmen und die bisherige Eintrittsberechtigung der Vereinsmitglieder und deren Familienangehöriger in Form einer Jahreskarte abändern wollte.[145]

Insgesamt läßt sich zu den verschiedenen Aktivitäten des Vereins zur Erhaltung der Wewelsburg sagen, daß sie, den Vereinszielen entsprechend, die Identifikation mit der Wewelsburg wesentlich gefördert und entscheidend dazu beigetragen haben, den Burgausbau letztlich ohne große Inanspruchnahme des Kreises durchzuführen. Vor allem unter der "*rührigen*" Leitung[146] seines langjährigen Vorsitzenden Fabrikdirektor Josef Buben habe der Verein, wie Vogels in einem Artikel des Westfälischen Volksblattes aus dem Jahre 1927 selbst bemerkte, in so erfreulicher Weise gewirkt, daß die wenige Jahre zuvor außerhalb des Paderborner Landes noch nahezu unbekannte Wewelsburg inzwischen wohl weit darüber hinaus all denen vertraut sei, denen die Förderung der Jugend- und Heimatpflege am Herzen liege.[147]

Auch wenn die Aktivitäten des Vereins nach 1929 im ganzen gesehen etwas nachließen, bemühte sich der Verein in dieser Zeit auch weiterhin, alle ihm zur Verfügung stehenden Mittel im Interesse der Burg einzusetzen, sei es direkt durch Stiftungen für die Burg, indirekt für Propagandazwecke oder auch nur zur Verschönerung der Burgumgebung.[148] So hat der Verein, der von seiner Gründung 1924 bis zum Jahre 1931 nach eigenen Angaben mehr als fünftausend Reichsmark für die Burg und zur "Förderung des Burggedankens" investierte,[149] unter anderem 1929 für dreißig Reichsmark eine Luftaufnahme der Burg erworben, eine gärtnerische Anlage zur Verschönerung des der Gemeinde gehörenden früheren Turnplatzes und einen Parkplatz in Angriff genommen[150] sowie im darauf folgenden Jahr verschiedene Federzeichnungen von der Burg aufgekauft und die Gemeinde Wewelsburg mit dreihundert Mark bei der Erneuerung eines Fußweges um die Burg unterstützt.[151]

Die Jahre 1931/32 waren insbesondere geprägt durch die oben kurz erwähnte Auseinandersetzung zwischen Kreisausschuß und Burgverein um den Kartenvertrieb für die Vereinsmitglieder. Hervorgerufen hatte diese der Umstand, daß Inhaber von Jahreskarten eine beliebige Zahl von Familienmitgliedern hatten mit in die Burg nehmen können und dabei nach Meinung von Solemacher-Antweilers wiederholt Mißbräuche vorgekommen waren.[152] Die daraufhin vom Landrat eingeleiteten Verhandlungen zwischen Kreisausschuß und Burgverein führten zu dem vorläufigen Ergebnis, im folgenden Geschäftsjahr 1931/32 jedem Vereinsmitglied für den von drei auf zwei Reichsmark gesenkten Mitgliedsbeitrag eine Jahreskarte auszugeben, die dieses jederzeit dazu berechtigte, mit bis zu zwei Familienangehörigen die Burg und das Museum zu betreten.[153]

Daß aber trotz dieser Regelung auch weiterhin Differenzen zwischen dem Kreisausschußvorsitzenden Freiherr von Solemacher-Antweiler und dem damaligen Burgvereinsvorsitzenden Bürgermeister Dr. Wand bestanden,[154] lag nicht so sehr an der Unzufriedenheit vieler Vereinsmitglieder über die ihrer Meinung nach nicht ausreichende Beteiligung des Vereins bei den die Wewelsburg betreffenden Entscheidungen durch

---

145 KA PB Nr. B 419, besonders das Schreiben des Landrates vom 28. März 1930.

146 Sonderdruck der BZ, a. a. O., S. 7.

147 WV vom 10. Januar 1927, Nr. 10.

148 Vgl. verschiedene Protokolle des Burgvereins aus den Jahren 1930 bis 1932, in: Protokollbuch, a. a. O., sowie auch KA PB Nr. B 419, Schreiben des Burgvereins an den Landrat vom 10. Januar 1931.

149 Protokoll des Burgvereins vom 5. Januar 1931, in: Protokollbuch, a. a. O., S. 31.

150 Protokoll des Burgvereins vom 20. Juli 1929, ebd., S. 24 ff. und WV vom 31. Februar 1931, Nr. 175.

151 Protokoll des Burgvereins vom 14. Juli 1930, ebd., S. 27 f.

152 KA PB Nr. B 419, Schreiben vom 25. November 1930.

153 Protokoll des Burgvereins vom 22. März 1931, in: Protokollbuch, a. a. O., S. 33 sowie WV vom 25. März 1931, Nr. 70.

154 Der inzwischen nach Münster verzogene und im März 1931 deshalb vom Vorsitz zurückgetretene Fabrikdirektor Buben war bereits in der Generalversammlung wegen seiner Verdienste um den Verein und die Wewelsburg einstimmig zum Ehrenmitglied und -vorsitzenden des Vereins ernannt worden und hatte ein diesbezügliches künstlerisches Ehrendiplom erhalten. – Vgl. Protokoll des Burgvereins vom 22. März 1931, ebd., S. 29, 32, 38 sowie BZ vom 25. März 1931, Nr. 70.

den Kreisausschuß.[155] Ursache der Verstimmung war vielmehr die Befürchtung, der Verein zur Erhaltung der Wewelsburg könne sich bei der mit dem Kreis vereinbarten Regelung, von den einzelnen Mitgliedsbeiträgen in Höhe von zwei Reichsmark jeweils sechzig Prozent oder 1,20 RM als Eintrittsgeld an den Kreis abzuführen, mit den ihm verbleibenden Beiträgen kaum noch im Sinne seiner satzungsmäßigen Aufgaben betätigen.[156] Dazu ist im Protokoll zu lesen: *"Ein Weiterbestehen des Burgvereins sei nach der geplanten Änderung des Kreisausschusses sehr gefährdet und es wäre richtiger, unter diesen Umständen der Generalversammlung die Auflösung vorzuschlagen."*[157]

[155] KA PB Nr. B 419, Schreiben des Vereinsvorstands vom 10. Januar und 3. März 1931.

[156] Ebd., Schreiben vom 10. Januar und 25. März 1931.

[157] Protokoll des Burgvereins vom 5. Januar 1931, in: Protokollbuch, a. a. O., S. 31.

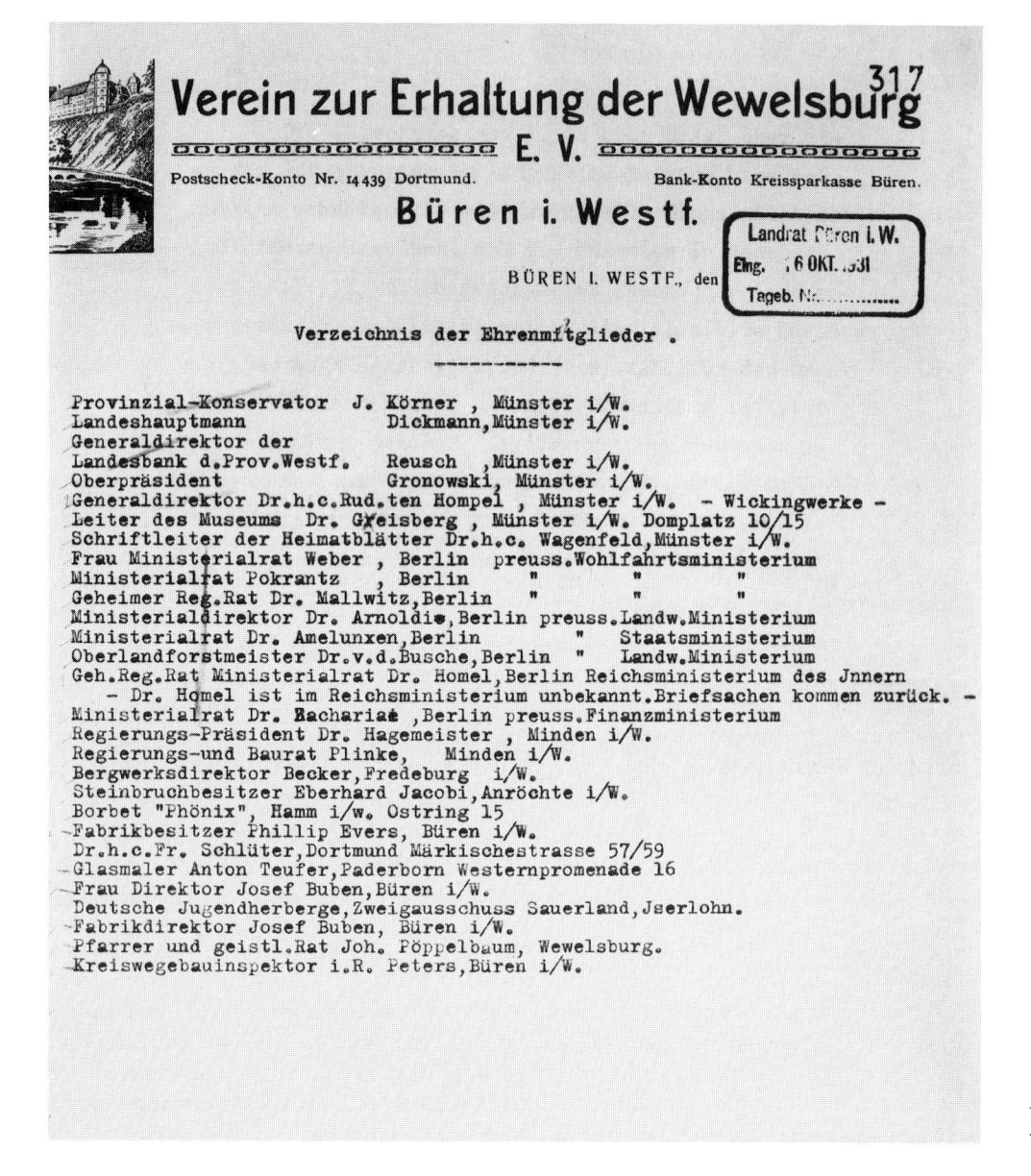

Verzeichnis der Ehrenmitglieder des Burgvereins von 1931 (KA PB Nr. B 419, Bl. 317)

Der daraufhin im April des Jahres gefundene Kompromiß, der eine Halbierung des aus dem Verkauf der Jahreskarten hervorgehenden Erlöses zwischen Kreis und Verein vorsah,[158] wurde im Oktober 1932 bereits zum zweiten Mal außer Kraft gesetzt, nachdem ein halbes Jahr zuvor der Vorstand unter dem zwischenzeitlich ebenfalls zurückgetretenen Vorsitzenden Dr. Wand den Beschluß vom 22. März 1931 aufgehoben und erneut die nur leicht geänderte alte Regelung des Kartenverkaufs eingesetzt hatte.[159]

Wie an der teilweise konfuse Formen annehmenden Auseinandersetzung um die Jahreskarten deutlich wird, zeichnete sich im Verein zur Erhaltung der Wewelsburg in dieser Zeit eine wachsende Verunsicherung und Nachlässigkeit ab, die sich auch auf die ohnehin schon abnehmende Vereinstätigkeit auswirkte. Vor allem die Vorgänge im Jahre 1932 haben bei den Mitgliedern wohl allgemeine Verwirrung und Unverständnis ausgelöst, was durch den Rücktritt des Vorsitzenden Dr. Wand noch verstärkt wurde. Wenn auch über die Hintergründe im Protokoll des Vereins nichts weiter vermerkt ist, so läßt sich doch vermuten, daß es eben diese dauernden Auseinandersetzungen um die Kartenregelung waren, die ihn letztlich dazu bewogen haben, von seinem Posten als Vereinsvorsitzender zurückzutreten.

Daß der Verein nach 1930 seinen Höhepunkt jedoch auch ohne diese besonderen Schwierigkeiten überschritten hatte, zeigt sich nicht nur daran, daß in weniger als anderthalb Jahren zwei Vorsitzende zurückgetreten sind,[160] sondern auch in der Tatsache, daß die Zahl seiner Mitglieder, die im Jahre 1927 noch mehrere Hundert, mindestens also zweihundert betragen hatte, vom 1. April 1931 bis zum 31. März 1932 noch einmal von 174 auf 137 gesunken ist.[161] Dabei hatte der Vorstand noch 1931 als Werbemaßnahme mit der Einladung zur Generalversammlung des Vereins allen Mitgliedern ein Exemplar der Schrift Pöppelbaums "Die Wewelsburg" und sechs Federzeichnungen von der Burg zugeschickt in der Hoffnung, die Betreffenden auch in Zukunft zu den Mitgliedern zählen zu dürfen.[162] Wie erwähnt, war sogar schon früher der Jahresbeitrag erneut von drei auf zwei Reichsmark gesenkt worden. - Noch viel bedeutsamer ist jedoch die Tatsache, daß zwischen den Jahren 1930 und 1932 vom Vorstand selbst wiederholt und offen über eine Auflösung des Vereins nachgedacht wurde.[163] Hatte man diese am 14. Juli 1930 und am 5. Januar 1931 im Zusammenhang mit der zu dem Zeitpunkt noch ungeklärten Finanzfrage erwogen, so wurde auf der am 13. August 1931 vom Vereinsvorsitzenden Bürgermeister Dr. Wand einberufenen "Besprechung von Vereinsangelegenheiten" – eine direkte Vorstandssitzung sollte es nicht sein, sondern lediglich eine 'zwanglose Zusammmenkunft' – die konkrete Frage gestellt, ob der Burgverein seine Arbeit fortsetzen oder ob früheren Anregungen, den Verein vorläufig schlafen zu lassen oder gar aufzulösen, näher getreten werden solle.[164] Man war jedoch zu diesem Zeitpunkt noch "einstimmig [...] der Ansicht, das Feld der Betätigung weiter zu bestreiten, auch dann, wenn an manchen Stellen halt, ja sogar kehrt gemacht werden müsse."[165] – Es wurde der Vorschlag vorgebracht, zwei vom Bahnhof Wewelsburg zur Burg führende Fußwege mit Schildern kenntlich zu machen. Auch beteiligte sich der Verein, "getreu der Devise, die Vereinsgelder für Reklame und Propagandazwecke zu verwenden,"[166] finanziell an der Aufstellung des vorher in Tudorf stehenden Savigny-Brunnens auf dem Weg vom Bahnhof zur Burg. Von diesen Aktivitäten abgesehen, konnte der Geschäftsführer des Burgvereins am Ende des nächsten Geschäftsjahres 1931/32 jedoch wieder nur ein sehr ruhiges Geschäftsjahr, in dem mit Ausnahme der obengenannten Besprechung keine einzige Vorstandssitzung stattgefunden hatte, und erneute Mitgliederverluste vermelden.[167]

---

158 KA PB Nr. B 419, Schreiben vom 13. April 1931.

159 Ebd., Schreiben vom 19. April und 1. Juni 1932. Im Protokoll des Burgvereins vom 3. Oktober 1932, in: Protokollbuch, a. a. O., S. 42 ff. ist zwar der Rücktritt des ersten Vorsitzenden Wand vermerkt, jedoch ohne irgendeine Angabe von Gründen.

160 Januar 1931 Rücktritt Ingenieur Bubens, Oktober 1932 Rücktritt seines erst seit März 1931 im Amt befindlichen Nachfolgers Dr. Wand. Zu Verfall und Auflösung des Vereins vgl. auch Jakobi, a. a. O., S. 17.

161 BZ vom 20. April 1932, Nr. 91 sowie Geschäftsbericht des Vereinsvorstandes aus dem Jahre 1931/32, in: Protokollbuch, a. a. O., S. 40.

162 KA PB Nr. B 420, Einladung zur Generalversammlung des Burgvereins am 22. März 1931.

163 Hierzu die Protokolle der Vorstandssitzungen vom 14. Juli 1930 sowie vom 5. Januar und 13. August 1932, in: Protokollbuch, a. a. O., S. 28, 31 und 37.

164 Hierzu und zum folgenden Protokoll der Sitzung vom 13. August 1931, ebd., S. 34 ff.

165 Ebd., S. 37.

166 Jahresbericht des Vereinsvorstandes für das Jahr 1931/32, ebd., S. 40.

167 Ebd.

Bericht der Bürener Zeitung über das Herbstfest des Burgvereins 1927 auf der Wewelsburg (KA PB Nr. B 410, Bl. 138)

Als letzter Beweis für den nicht mehr aufzuhaltenden Verfall der Vereins zur Erhaltung der Wewelsburg e. V. ist der Umstand zu werten, daß man auf der vorläufig letzten Vorstandssitzung vom 3. Oktober 1932 zwar noch einmal zweihundertfünfzig Reichsmark für den Fall bewilligte, daß der Rittersaal endlich einen Fußboden bekäme, jedoch nicht einmal einen Nachfolger für den vom Vereinsvorsitz zurückgetretenen Dr. Wand wählte, sondern es statt dessen ohne weitere Beschlußfassung dem Gutsbesitzer Marx aus Wewelsburg in seiner Eigenschaft als zweiter Vorsitzender überließ, den Verein "*vorerst*" weiterzuleiten.[168]

Erst am 2. Juni 1939, fünf Jahre nach der Übernahme der Wewelsburg durch die SS und sieben Jahre nach der genannten Sitzung, berief Marx schließlich die nächste und gleichzeitig letzte Vorstandssitzung ein, um den neuen Verhältnissen, die seit der Anmietung der Burg durch die SS ab 1934 auf der Wewelsburg herrschten,[169] endlich Rechnung zu tragen und die faktisch längst erfolgte Auflösung des Vereins zur Erhaltung der Wewelsburg e. V., dessen Tätigkeit schon seit 1932 ruhte, nun auch rechtlich abzuschließen. Auf dieser ordnungsgemäß anberaumten Vorstandssitzung, die bezeichnenderweise erstmals seit Bestehen des Vereins nicht in der Burg oder der Gemeinde Wewelsburg, sondern in einem Hotel in Büren abgehalten wurde, war außer dem zweiten Vorsitzenden und Initiator der Versammlung, Marx, nur noch der zweite Geschäftsführer des Vereins, Eley, anwesend. Die beiden kamen zu dem Ergebnis, der Verein zur Erhaltung der Wewelsburg habe durch die Übernahme und den Ausbau der Wewelsburg zur "SS-Schule Haus Wewelsburg" seine Bedeutung verloren und sei deshalb aufzulösen.[170]

Obwohl die Einladung an die Mitglieder zu der zu diesem Zwecke anberaumten Generalversammlung am 22. Juni desselben Jahres den Statuten entsprechend von Eley und Marx in der Presse veröffentlicht worden war, erschienen außer den beiden einladenden Vorstandsmitgliedern nur noch zwei weitere dem Burgverein langjährig verbundene Mitglieder, Studienrat Segin und Bürodirektor Hartmann. Gemäß Paragraph 7 der Vereinssatzung ("*zur Auflösung des Vereins bedarf es der übereinstimmenden Beschlüsse des Vorstandes und der Hauptversammlung, welche nach absoluter Stimmenmehrheit der Anwesenden gefaßt werde*n") bestätigte die Generalversammlung die vom Vorstand beschlossene Auflösung des Vereins zur Erhaltung der Wewelsburg und beauftragte den zweiten Vorsitzenden Marx mit der Löschung des Vereins aus dem Vereinsregister des Amtsgerichts Büren.

Die entsprechende Eintragung im Protokollbuch des Vereins über diese letzte Versammlung lautet:
"*In der auf heute ordnungsgemäß anberaumten Generalversammlung wurde folgendes beraten bzw. beschlossen: Infolge Ausbaus der Wewelsburg durch die SS-Schule Haus Wewelsburg, hat der Verein zur Erhaltung der Wewelsburg seine Bedeutung verloren. Vom Vorstand ist daher bereits am 2. des Monats die Auflösung des Vereins beschlossen worden. Die Generalversammlung schließt sich diesem Beschlusse an. Liquidation ist nicht erforderlich, da Vermögen nicht mehr vorhanden ist. Der zweite Vorsitzende Marx wird hiermit beauftragt, wegen Löschung des Vereins beim Amtsgericht das erforderliche zu veranlassen.*"[171]

---

168 Protokoll des Burgvereins vom 3. Oktober 1932, ebd., S. 42 f.

169 Darstellung der Geschichte der Wewelsburg nach 1933 bei Karl Hüser, a. a. O.

170 Protokoll des Burgvereins vom 22. Juni 1939, in: Protokollbuch, a. a. O., S. 44 f.

171 Protokoll des Burgvereins vom 22. Juni 1939, ebd., S. 44 f.

Preis 5 Pfg.

Programm

für die Eröffnung der Wewelsburg am

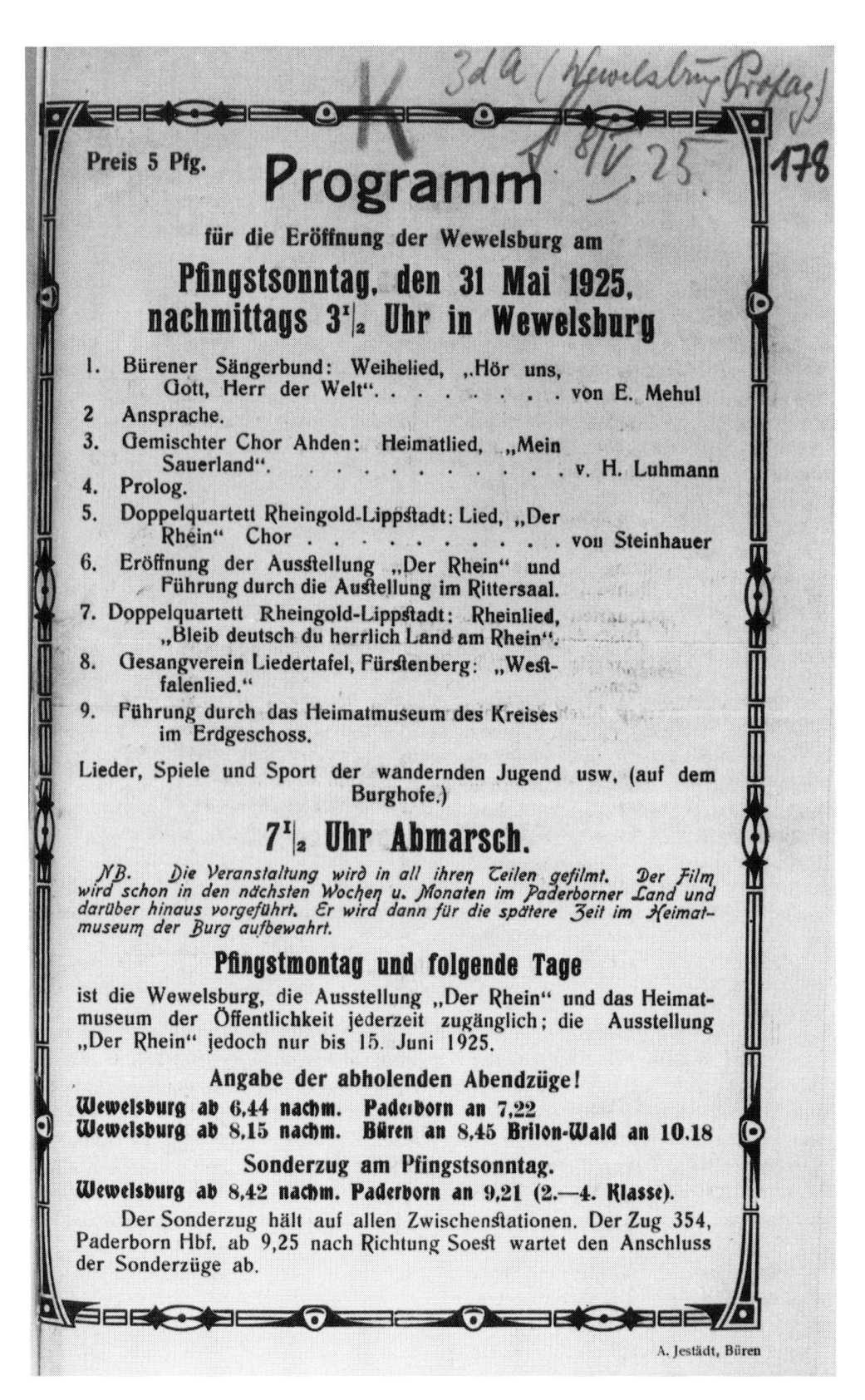

Pfingstsonntag, den 31 Mai 1925, nachmittags 3½ Uhr in Wewelsburg

1. Bürener Sängerbund: Weihelied, „Hör uns, Gott, Herr der Welt"............ von E. Mehul
2. Ansprache.
3. Gemischter Chor Ahden: Heimatlied, „Mein Sauerland"............ v. H. Luhmann
4. Prolog.
5. Doppelquartett Rheingold-Lippstadt: Lied, „Der Rhein" Chor............ von Steinhauer
6. Eröffnung der Ausstellung „Der Rhein" und Führung durch die Austellung im Rittersaal.
7. Doppelquartett Rheingold-Lippstadt: Rheinlied, „Bleib deutsch du herrlich Land am Rhein".
8. Gesangverein Liedertafel, Fürstenberg: „Westfalenlied."
9. Führung durch das Heimatmuseum des Kreises im Erdgeschoss.

Lieder, Spiele und Sport der wandernden Jugend usw, (auf dem Burghofe.)

7½ Uhr Abmarsch.

NB. Die Veranstaltung wird in all ihren Teilen gefilmt. Der Film wird schon in den nächsten Wochen u. Monaten im Paderborner Land und darüber hinaus vorgeführt. Er wird dann für die spätere Zeit im Heimatmuseum der Burg aufbewahrt.

Pfingstmontag und folgende Tage

ist die Wewelsburg, die Ausstellung „Der Rhein" und das Heimatmuseum der Öffentlichkeit jederzeit zugänglich; die Ausstellung „Der Rhein" jedoch nur bis 15. Juni 1925.

Angabe der abholenden Abendzüge!

Wewelsburg ab 6,44 nachm. **Paderborn** an 7,22
Wewelsburg ab 8,15 nachm. **Büren** an 8,45 **Brilon-Wald** an 10.18

Sonderzug am Pfingstsonntag.

Wewelsburg ab 8,42 nachm. **Paderborn** an 9,21 (2.—4. Klasse).

Der Sonderzug hält auf allen Zwischenstationen. Der Zug 354, Paderborn Hbf. ab 9,25 nach Richtung Soest wartet den Anschluss der Sonderzüge ab.

A. Jestädt, Büren

Programm der Eröffnungsfeier der Wewelsburg am 31. Mai 1925 (KA PB Nr. B 420, Bl. 178)

III. Die Bedeutung der Wewelsburg als kultureller Mittelpunkt des Kreises Büren und überregionales Zentrum der Jugend- und Heimatpflege

Standen bisher die verwaltungstechnischen Aspekte des Ausbaus der Wewelsburg im Vordergrund der Ausführungen, so sollen nun im folgenden die damit verbundenen Inhalte und die Bedeutung der Burg als kultureller Mittelpunkt des Kreises Büren Gegenstand der weiteren Erörterungen sein. Ausgehend von der Eröffnung der Wewelsburg am 31. Mai 1925, mit der der erste Bauabschnitt beendet und die Burg der Öffentlichkeit übergeben wurde, werden nun anschließend die der Wewelsburg bis 1933 tatsächlich zugewiesenen Aufgabenbereiche behandelt.

1. Die Eröffnung der Wewelsburg am 31. Mai 1925

Weniger als drei Monate nach Beginn der Ausbauarbeiten hatte man in der ersten Sitzung des geschäftsführenden Ausschusses des Vereins zur Erhaltung der Wewelsburg am 5. September 1924 nicht nur den Gedanken einer wirkungsvollen Eröffnungsfeier erwogen und ihre Ausgestaltung durch die Mitteilung der zugesagten Mitwirkung der Jugendspielschar des Bühnenvolksbundes bereits in Angriff genommen, sondern auch die Herausgabe einer Festschrift anläßlich der Wiedereröffnung der Burg nach Beendigung des ersten Bauabschnittes ins Auge gefaßt.[1]

So berichtete der Landrat Dr. Vogels im August 1924 – unmittelbar nach Inangriffnahme der ersten Baumaßnahmen – von der Absicht, aus Anlaß des von der Kreisverwaltung vorgenommenen Ausbaus der Wewelsburg in etwa zwei bis drei Monaten eine Festschrift herauszugeben, in der Themen der heimatlichen Geschichte behandelt würden.[2]

Die Festschrift zum Wiederausbau der Burg sollte als weiteres Heimatbuch des Kreises Büren konzipiert werden, wie es erstmals Kreisschulrat W. Schnettler im Jahre 1923 ediert hatte. – Das Heimatbuch – wegen seiner Verdienste um die Förderung des Burgausbaus schließlich dem *"hochverdienten Förderer des Heimatgedankens im Regierungsbezirk Minden Herrn Regierungspräsidenten Dr. Hagemeister vom Kreise Büren zugeeignet"*[3] – sollte, wie Vogels in seinem Schreiben an den Regierungspräsidenten noch einmal ausdrücklich erklärte, anläßlich des Burgausbaus erscheinen und bei der Wiedereröffnung der Burg als Festschrift überreicht werden.[4] Es war schon vier Monate nach seiner Inangriffnahme so weit fortgeschritten, daß bereits im November desselben Jahres die ersten Einladungen zur Bestellung des voraussichtlich ab Anfang Dezember 1924 vorliegenden und deshalb nach Meinung seiner Herausgeber sich auch vorzüglich als Weihnachtsgeschenk eignenden Heimatbuches 1925 für den Kreis Büren herausgehen konnten.[5]

---

1 Protokoll der Sitzung vom 5. September 1924, in: Protokollbuch, a. a. O., S. 8 f. – Vgl. oben S. 72.

2 KA PB Nr. B 405, Schreiben vom 12. August 1924, vgl. oben S. 73.

3 Widmung des Heimatbuches des Kreises Büren, a. a. O.

4 KA PB Nr. B 405, Schreiben vom 15. November 1924.

5 Ebd., Einladung zur Bestellung des Heimatbuches.

Die mit den Bestellscheinen verschickte Werbeschrift zeigte die beiden Titelbilder der Heimatbücher. 1923 war die Ansicht Bürens von Merian (1647) verwendet worden, 1925 sollte die Darstellung der Wewelsburg von Schlickum aus dem "*Malerischen und romantischen Westfalen*" (1839–42) auf dem Einband erscheinen. Der Text hob aus dem Inhalt u. a. die beiden Aufsätze "*Die Wewelsburg*" von Wegebauinspektor a. D. Peters und "*Die Wewelsburg im Lichte der Kunstgeschichte*" von Wilhelm Segin als deshalb besonders interessant hervor, weil seit einigen Monaten der Ausbau der Wewelsburg zu einem Kreisheim und Heimatmuseum in den Vordergrund des öffentlichen Interesses gerückt sei.[6] Seinem Charakter als Festschrift zum Wiederausbau der Wewelsburg entsprachen Inhalt und Ausstattung des Heimatbuchs: Die ersten drei Beiträge galten der Wewelsburg, ferner waren außer dem Titelbild und einer Großaufnahme auf der ersten Seite sechs weitere der insgesamt sechzehn Abbildungen Darstellungen der Burg oder von Exponaten des in der Burg neu untergebrachten Heimatmuseums.

Ähnlich früh wie mit der Festschrift begann man auch mit den Vorbereitungen zur Eröffnungsfeier selbst. Nachdem sich der geschäftsführende Ausschuß des Vereins zur Erhaltung der Wewelsburg am 5. September 1924 in der ersten Sitzung nach seiner Gründung für eine wirkungsvolle und festliche Eröffnungsfeier sowie für eine Filmaufnahme derselben ausgesprochen hatte,[7] setzte sich Landrat Vogels bereits drei Tage später mit dem Kreiskinovorführer in Kassel in Verbindung[8] und wandte sich an den Oberlehrer Voß aus Ahden mit der Bitte, zusammen mit der Lehrerschaft des Kreises die Organisation des Festablaufes zu übernehmen. Hatte man anfangs an ein Heimatfest in Verbindung mit der Eröffnungsfeier gedacht, so entschloß man sich im Frühjahr 1925 dazu, nicht zuletzt wegen der allgemeinen Ablehnung des ursprünglichen Planes durch die angesprochenen Lehrer, die – wenn überhaupt – für die Abhaltung eines einzelnen Heimatfestes zu einem späteren Zeitpunkt plädierten,[9] die Burgeröffnung im Rahmen einer Gedenkfeier der in diesem Jahr überall gefeierten "*tausendjährigen Zusammengehörigkeit von Rhein und Reich*" abzuhalten.

Um die im folgenden noch näher ausgeführte Tausendjahrfeier richtig einordnen zu können, ist es an dieser Stelle zunächst notwendig, die besondere Situation des Rheinlandes sowie das damit eng zusammenhängende schwierige deutsch-französische Verhältnis näher zu erläutern.

Der Friedensvertrag von Versailles, der am 28. Juni 1919 unterzeichnet wurde und am 10. Januar 1920 in Kraft trat, enthielt eine Reihe von Bestimmungen, die für das Rheingebiet noch einschneidendere Veränderungen des politischen und wirtschaftlichen Lebens zur Folge hatten als für das übrige Deutschland:[10]
Durch die Abtretung Elsaß-Lothringens an Frankreich, der beiden Kreise Eupen und Malmedy an Belgien und den vorläufigen Verzicht auf das Saargebiet, das für 15 Jahre dem Völkerbund unterstellt werden sollte, verlor allein die Rheinprovinz etwa zehn Prozent ihrer Vorkriegsfläche und etwa acht Prozent ihrer Einwohnerschaft. Dadurch daß neben Lothringen und dem Saarland auch das Großherzogtum Luxemburg durch Kündigung der alten Zollunion aus dem deutschen Wirtschaftsgebiet ausschied, wurde auch ihre bisherige Verbundwirtschaft mit der Schwerindustrie im Ruhrgebiet und im Aachener Raum nachhaltig unterbrochen (eine Tatsache, die sich entsprechend auf die Begleichung der Reparationsleistungen auswirkte). Um die Ausführung des Friedensvertrages, insbesondere die pünktliche Zahlung der Deutschland auferlegten Reparationen, zu sichern, blieben das linke Rheinufer und einige rechtsrheinische Brückenköpfe für die Dauer von 15 Jahren von den vier Siegermächten Frankreich, Großbritannien, Belgien und den USA besetzt. Hier und in einer entmilitarisierten Zone von

6 Ebd.

7 Protokoll des Burgvereins vom 5. September 1924, in: Protokollbuch, a. a. O., S. 9. – Vgl. oben S. 70.

8 KA PB Nr. B 420, Bl. 13.

9 Ebd., Bll. 36 f., Schreiben des Lehrers Voß an den Landrat vom 28. Januar 1925. Darin schreibt er von Solemacher-Antweiler zur Reaktion der Lehrerschaft ohne konkretere Angaben von Gründen: "*Ein Heimatfest in Verbindung mit der Eröffnungsfeier der Burg wurde so ziemlich allgemein abgelehnt. Allerdings sind einige Herren bereit, bei einem Heimatfest zu einem späteren Zeitpunkt mitzuwirken.*" Um die Angelegenheit dennoch zu fördern, schlug er die Bildung eines Arbeitsausschusses vor, an dem möglichst Leute der verschiedensten Berufsgruppen und vor allem auch die Lehrer der Wewelsburg benachbarten Ortschaften beteiligt wären: "*Die Herren Lehrer dieser Orte müßten also in den Ausschuß hinein und von Ihnen selbst für die Sache interessiert werden.*"

10 Hierzu und zum folgenden die entsprechenden Artikel des Friedensvertrages von Versailles, z. B. in der Ausgabe: Der Friedensvertrag von Versailles nebst Schlußprotokoll und Rheinlandstatut, Berlin 1925.

50 Kilometern rechts des Rheins war die Unterbringung deutscher Truppen oder Verteidigungsanlagen untersagt und jede noch vorhandene Befestigungsanlage zu beseitigen. Zur Verwaltung des besetzten Gebietes hatte man zudem in einem Anhang des Friedensvertrages, dem sog. "Rheinlandstatut",[11] eine neue Zivilbehörde mit Vertretern der vier Besatzungsmächte geschaffen, die jederzeit Verordnungen mit auch für deutsche Behörden und Zivilpersonen verbindlicher Gesetzeskraft erlassen sowie ein besonderes Zollregime einrichten konnte. "*Die Anwendung dieses Artikels seit dem 8. April 1921 bedeutete faktisch die wirtschaftliche Lostrennung der besetzten Gebiete vom Reich und ihre Zusammenfassung zu einer neuen Wirtschaftseinheit unter dem Protektorat der Besatzungsmächte, insbesondere Frankreichs,*" so beschreibt Klaus Pabst die Folgen dieser Bestimmung aus heutiger Sicht.[12] – Läßt sich aus diesen besonderen Umständen heraus schon vermuten, daß das Verhältnis zwischen Deutschen und Franzosen, als das zwischen Besiegten und Siegern und Besetzten und Besetzern, von Anfang an recht schwierig und gespannt gewesen ist, so verstärkte sich die Konfrontation noch nach der militärischen Besetzung Düsseldorfs und Duisburgs im Jahre 1921 sowie insbesondere nach dem Einmarsch Frankreichs in das Ruhrgebiet im Januar 1923, in der Literatur oft als "*Sprung an die Ruhr*" bezeichnet.[13] Dabei ist sich die Forschung heute weitgehend darüber einig, daß nicht – wie in damaliger Zeit auf deutscher Seite, z. B. auch im Zusammenhang mit der Rheinausstellung, oft behauptet – Aggressionslust oder Expansionsbestrebungen Motive der französischen Rheinpolitik nach dem Ersten Weltkrieg waren, sondern allein das doppelte Interesse an der Zahlung deutscher Reparationen und einer "*möglichst absoluten künftigen Sicherheit gegenüber dem immer noch mächtigen Nachbarn.*"[14] Auf die Wiedergutmachungsleistungen war Frankreich angewiesen, um die alliierten Kriegsschäden ausgleichen und vor allem die eigenen Schulden, die zum großen Teil amerikanischen Anleihen entstammten, zurückzahlen zu können;[15] das Sicherheitsbedürfnis ergab sich nicht zuletzt aus der Erfahrung der beiden deutsch-französischen Kriege von 1870 und 1914, als deren Konsequenz man auf französischer Seite ursprünglich auch die Rückverlegung der Westgrenze zum Rhein und die Errichtung eines oder mehrerer Pufferstaaten unter politischer, wirtschaftlicher und militärischer Führung Frankreichs gefordert hatte, was wegen englischer und amerikanischer Bedenken bezüglich des europäischen Machtgleichgewichtes jedoch nicht durchsetzbar war.

Während das Verhältnis der meisten Rheinländer zu ihren Besatzern, von der Extremsituation des Ruhrkampfes abgesehen, nach den neueren Kenntnissen der Forschung eigentlich recht gut und ausgeglichen war,[16] kam es im unbesetzten Teil Deutschlands über eine verständliche Solidarisierung mit der Bevölkerung des Rheinlandes hinaus zu einer zunehmenden Polemisierung und Emotionalisierung, die sich schließlich bis zu einem ungezügelten, alle sozialen Schichten und politischen Flügel ergreifenden Nationalismus steigerte. – "*Voll nationalistischer Untertöne*" war selbst oder gerade die historiographische Auseinandersetzung über die deutsche oder französische Vergangenheit der Rheinlande, die nach Aussage von Pabst in der oben erwähnten Jahrtausendfeier 1925 schließlich "*ihren vielbeachteten Höhepunkt fand.*"[17]

Den Hintergrund zu dieser überregionalen Tausendjahrfeier aus der Sicht der Veranstalter erläutert ein Flugblatt des eigens aus diesem Anlaß gegründeten Ausschusses für die Rheinischen Heimatspiele vom Februar 1925. Darin wird ausgeführt, die Rheinlande gehörten zwar schon länger als tausend Jahre zum deutschen Kulturkreis, jedoch seien unter Heinrich I. die deutschen Stämme und die letzten linksrheinischen Gebiete im Jahre 925 mit dem Reich vereinigt worden, so daß in diesem Jahr ein geschichtliches Anrecht darauf bestünde, das Fest der tausendjährigen staatlichen

---

11 Abgedruckt ebd., S. 242–246.

12 Klaus Pabst, Der Vertrag von Versailles und der deutsche Westen, in: Kurt Düwell / Wolfgang Köllmann (Hg.), Rheinland-Westfalen im Industriezeitalter. Beiträge zur Landesgeschichte des 19. und 20 Jahrhunderts (4 Bde.), Bd. 2: Von der Reichsgründung bis zur Weimarer Republik, hg. im Auftrag d. Kultusministers des Landes Nordrhein-Westfalen, Wuppertal 1984, S. 272.

13 Ders., Der Ruhrkampf, in: Walter Först (Hg.), Zwischen Ruhrkampf und Wiederaufbau, Köln-Berlin 1972 (Beiträge zur neueren Landesgeschichte des Rheinlandes und Westfalens 5) S. 11-50, der darin einen ganzen Abschnitt mit dem Titel "*Frankreichs Sprung an die Ruhr*" versehen hat. Ebd., S. 11-17. Nach längeren Verhandlungen sollte es noch bis zum Sommer 1925 dauern, "*bis auch der letzte französische Soldat das rheinisch-westfälische Industriegebiet verlassen hatte*". Ebd. S. 49. Vgl. auch Andreas Schlieper, 150 Jahre Ruhrgebiet. Ein Kapitel deutscher Wirtschaftsgeschichte, Düsseldorf 1986, S. 105 ff.

14 Ders., Der Vertrag von Versailles, a. a. O., S. 274.

15 Noch im Juli 1921 lag die französische Verschuldungssumme gegenüber den Vereinigten Staaten bei 3,6 Mrd Dollar (15 Mrd Goldmark). Der durch den Krieg entstandene Sachschaden belief sich auf rund 57 Mrd Goldmark. Gegen Ende 1922 war die französische Staatsverschuldung so angewachsen, daß deren Zinsen nur mit Hilfe weiterer Anleihen aufgebracht werden konnten. Vgl. Bodo Harrenberg (Hg.), Chronik des Ruhrgebietes, Dortmund 1987, S. 354.

16 Darauf geht Pabst, Der Vertrag von Versailles, a. a. O., S. 281 ein.

1000 Jahre Rheinlande.

Die Länder am Rhein begehen in diesem Jahre die

Tausendjahrfeier der Rheinlande.

Zwar gehören die Rheinlande schon länger als 1000 Jahre zum deutschen Kulturkreis, aber dadurch, daß im Jahre 925 die letzten linksrheinischen Gebiete mit dem Reich vereinigt wurden, haben wir in diesem Jahre ein geschichtliches Anrecht, das Fest der **tausendjährigen staatlichen Zusammengehörigkeit mit dem Reich** zu begehen.

Wer das tausendjährige gemeinsame Erleben überschaut, erkennt die starken Wechselbeziehungen und den belebenden Kräfteaustausch, der von jeher gerade zwischen den Ländern am Rhein und dem Reich bestand. In den Rheinlanden lagen die alten Kulturstätten, die mit ihrem Reichtum die deutsche Volkskultur bereichert haben, an den Ufern des Stromes pulsierte ein reiches, wirtschaftliches Leben, hier lag Jahrhunderte das politische Schwergewicht und die Wiege deutschen Glanzes. **Die Rheinlande waren das Schicksalsland Deutschlands.** Sie haben zur Bildung des deutschen Reiches geführt. Auf rheinischer Erde sind die Kämpfe um den Bestand des Reiches ausgetragen worden. Geschlechter um Geschlechter haben gelitten und leiden noch. Stets hat das rheinische Volk um seine Zukunft bangen müssen, aber durch Not und Drangsal hat es seinen Brüdern im Reich die Treue gehalten.

Die rheinische Gesamtentwicklung in künstlerischer, kultureller und wirtschaftlicher Beziehung ist wiederum nur aus der innigen Zugehörigkeit zum deutschen Reiche zu verstehen.

Durch die Lande am Rhein geht ein großer Zug wahrer Begeisterung und trotz der Not, unter der gerade unsere Heimat wie kein anderes deutsches Land leidet, läßt es sich der Rheinländer nicht nehmen, das Fest der tausendjährigen deutschen Zusammengehörigkeit zu feiern. Das rheinische Volk begeht dieses Jubeljahr in dem stolzen Bewußtsein, deutsch zu sein und deutsch zu bleiben. Städte und Gemeinden veranstalten große Ausstellungen, um die tausendjährige Entwicklung in staatlicher, sozialer und kultureller Beziehung zu zeigen. Die rheinischen Verbände werden sich am 20. und 21. Juni zu einem Heimattag an der alten Sagenstätte am Siebengebirge treffen, um angesichts der steingewordenen Geschichte, die von Burg und Berg spricht, der tausendjährigen Schicksalsgemeinschaft mit unseren Brüdern und Schwestern im großen Vaterlande zu gedenken.

Die Tausendjahrfeier ist aber nicht nur eine rheinische Feier, sie muß eine **deutsche Feier** werden. Wir bitten daher unsere deutschen Schwestern und Brüder, sich an unseren rheinischen Feiern möglichst zahlreich zu beteiligen, und laden sie zu unseren „**Rheinischen Heimatspielen**" **am 20. und 21. Juni** zu Fahrten in unsere schöne Heimat und zum Besuch der Ausstellungen in den rheinischen Städten herzlich ein. Die Verbände, Behörden, Verwaltungen, Presse usw. bitten wir bei besonders geeigneten Anlässen in diesem Jahre (Verbandsitzungen, Stadtfeiern, Jugendtreffen, Schulfesten usw.) der großen geschichtlichen Zusammenhänge zwischen den Rheinlanden und dem Reich in eindrucksvoller Form zu gedenken. Es gilt eine Gelegenheit zu benutzen, die wie keine andere geeignet ist, dem deutschen Volke und dem Auslande zu zeigen, daß die Rheinlande uraltes deutsches Land sind. Stolz und freudig erinnern wir uns am Rhein dieses tausendjährigen gemeinsamen Erlebens und verbinden damit die Hoffnung, **daß die Feiern im Reich im Zeichen des deutschen Rheines und unter dem großen Gedenken der 1000 jährigen deutschen Schicksalsgemeinschaft stehen.**

Mit Heimatgruß!

Der Ausschuß für die Rheinischen Heimatspiele anläßlich der Tausendjahrfeier der Rheinlande

gez. Dr. Becker, Vorsitzender.

Informationsblatt zur Tausendjahrfeier der Rheinlande (KA PB Nr. B 420, Bl. 176)

Zusammengehörigkeit mit dem Reich zu begehen.[18] Welch starke Wechselbeziehungen und belebender Kräfteaustausch von jeher gerade zwischen den Ländern am Rhein und dem Reich bestanden hätten, zeige nach Angaben dieses Blattes die Tatsache, daß in den Rheinlanden neben alten Kulturstätten ein reiches wirtschaftliches Leben pulsiert und Jahrhunderte lang das politische Schwergewicht und die Wiege deutschen Glanzes gelegen habe. Selbstbewußt proklamiert der Verfasser, die Rheinlande seien das Schicksalsland Deutschlands gewesen, sie hätten zur Bildung des deutschen Reiches beigetragen, und auf rheinischer Erde seien die Kämpfe um den Bestand des Reiches ausgetragen worden, um gleich danach jedoch wieder zu betonen, die rheinische Gesamtentwicklung in künstlerischer, kultureller und wirtschaftlicher Beziehung könne natürlich nur aus der innigen Zugehörigkeit zum deutschen Reich verstanden werden. An die Ausführungen über die Gestaltung des Jubeljahres durch die rheinische Bevölkerung, die trotz der Not, unter der gerade das Rheinland wie kein anderes deutsches Land zu leiden habe, dieses in dem stolzen Bewußtsein beginge, deutsch zu sein und deutsch zu bleiben, schloß sich der Appell an die übrige Bevölkerung, die Tausendjahrfeier des Rheinlandes zu einer deutschen Feier zu machen und diese durch Fahrten ins Rheinland sowie durch den Besuch der zahlreichen Heimatspiele und Ausstellungen tatkräftig zu unterstützen. – Die Verbände, Behörden, Verwaltung, Presse usw. wurden noch einmal dazu aufgerufen, bei besonders geeigneten Anlässen im Laufe des Jahres, wie Verbandssitzungen, Stadtfeiern, Jugend- und Schultreffen, der großen geschichtlichen Zusammenhänge zwischen Rheinland und Reich in eindrucksvoller Weise zu gedenken und aus dieser Gelegenheit heraus dem deutschen Volk und dem Ausland zu zeigen, daß die Rheinlande uraltes deutsches Gebiet seien. – Der Ausschußvorsitzende schloß seine Ausführungen auf dem Flugblatt mit den Worten: *"Stolz und freudig erinnern wir uns am Rhein dieses tausendjährigen gemeinsamen Erlebens und verbinden damit die Hoffnung, daß die Feiern im Reich im Zeichen des deutschen Rheines und unter dem großen Gedenken der 1000-jährigen deutschen Schicksalsgemeinschaft stehen."*[19]

Der der Feier zugrundeliegende, in dem Merkblatt gleich zu Beginn der Ausführungen erläuterte Gedanke, den Bonner Vertrag von 925 zwischen dem Ost- und Westfrankenreich als Jubiläum einer tausendjährigen Zugehörigkeit der Rheinlande zu Deutschland zu feiern, stammte von dem Bonner Historiker Wilhelm Levison, der auf dieses Datum, mit dem die politische Zugehörigkeit des Rheinlandes zum Deutschen Reich endgültig geworden sei, zuerst aufmerksam gemacht und in Köln auch den Festvortrag über den Sinn der rheinischen Tausendjahrfeier gehalten hatte.[20] Einer der wenigen, die dieser Idee *"im Chor einer allgemeinen nationalen Begeisterung"*[21] kritisch und distanziert gegenüberstanden, war der Kölner Soziologe und Politiker Benedikt Schmittmann. Er verfaßte dazu die klugen und nachdenklich stimmenden Worte: *"Die Proklamierung des Jahres 925 als Geburtsstunde des deutschen Nationalstaats stellt aber nicht nur eine Irreführung dar, sondern auch eine politische Unklugheit. In nationalstaatlicher Aufmachung kann die Jahrtausendfeier nur dazu dienen, das Trennende zwischen Frankreich und uns in einer der geschichtlichen Grundlage gar nicht entsprechenden Weise zu betonen [...]. Politische Grenzen können nichts an der Tatsache ändern, daß der Rhein die verbindende Lebensader des Abendlandes darstellt."*[22]

Was letztlich alles zu dem Entschluß beigetragen hat, die Eröffnung der Wewelsburg mit einer Gedenkfeier der tausendjährigen Zusammengehörigkeit von Rhein und Reich zu verbinden, läßt sich nicht mehr nachvollziehen, doch scheint es wahrscheinlich, daß nicht allein der Gedanke einer grundsätzlichen Unterstützung dieses Anliegens den Ausschlag gegeben, sondern dieses vielmehr auch dem eigenen Interesse des derzeitigen

17 Ebd., S. 280.

18 Hierzu und zum folgenden vgl. KA PB Nr. B 420, Bll. 122 und 176. Vgl. auch S. 86.

19 Ebd., Bl. 176. – Vgl. S. 86

20 Theodor Schieffer, Wilhelm Levison, in: RhVjbll 40 (1976) S. 232, sowie Pabst, Der Vertrag von Versailles, a. a. O., S. 280. Levisons Begründung in: Wilhelm Levison, Der Sinn der rheinischen Tausendjahrfeier 925 – 1925, Bonn 1925.

21 Pabst, ebd.

22 Benedikt Schmittmann, Die Jahrtausendfeier des Rheinlands, Wiesbaden 1925.

Landrats von Solemacher-Antweiler entsprochen haben dürfte. Victor Freiherr von Solemacher-Antweiler hatte sicherlich insofern auch ein privates Interesse an der Tausendjahrfeier des Rheinlandes, als er, der einem bei Euskirchen ansässigen rheinischen Adelsgeschlecht entstammte, im Jahre 1920 zuerst von der belgischen Militärverwaltung in Monschau seines Amtes als kommissarischer Landrat enthoben und später noch einmal von den Franzosen aus Koblenz ausgewiesen worden war.[23]

Diese persönlichen Erfahrungen lassen es neben der allgemeinen Stimmung im Reich einmal mehr begreiflich erscheinen, daß sich von Solemacher-Antweiler auch von Büren aus für die Belange seines Heimatlandes und somit für die Abhaltung einer Gedenkfeier im Zusammenhang mit der zu diesem Zweck sehr geeigneten Eröffnung der Wewelsburg einsetzte.

Ausdrücklich begrüßt wurde das Vorhaben einer Jahrtausendfeier auf der Wewelsburg verständlicherweise von seinem Vorgänger Dr. Vogels, der ja schon in seiner Zeit als Bürener Landrat mit dem Ausbau der Wewelsburg immer zugleich auch eine Festigung der Beziehungen zwischen den beiden Provinzen Rheinland und Westfalen angestrebt hatte. In einem Schreiben vom 30. März 1925 sicherte er seinem Nachfolger seine persönliche und auch des Kreises Grevenbroich größtmögliche Unterstützung zu und erklärte sich bereit, an seinem neuen Wirkungsort eine Propagandatätigkeit für die Beteiligung an dieser Veranstaltung auf der Wewelsburg zu entfalten. Letztere erscheine ihm deshalb erfolgversprechend, weil bereits maßgebliche Persönlichkeiten des Rheinlandes über den Ausbau der Wewelsburg informiert seien und daran lebhaftes Interesse gezeigt hätten.[24] In bezug auf die Ausgestaltung der Feier machte er seinen Kollegen und Nachfolger darauf aufmerksam, es könne möglicherweise sinnvoll sein, die historischen Zusammenhänge der Wewelsburg mit dem kurkölnischen Gebiet hervorzuheben, welches ja dicht an Büren herangereicht habe und in das man von der Wewelsburg sogar hineinschauen könne. Selbst die früheren Differenzen der Paderborner Bischöfe zu Kurköln betrachtete Vogels nicht als Hindernis, sondern eher als weiteren Anlaß, den Gedanken des Zusammenhalts zwischen Rheinland und Westfalen und dem übrigen unbesetzten Gebiet an dieser Stelle in eindrucksvoller Form zu feiern.[25]

Fünf Tage nach diesem Schreiben seines Vorgängers wandte sich Landrat von Solemacher-Antweiler an die Geschäftsstelle der Ausstellung "Der Rhein" in Berlin mit der Bitte, zu der inzwischen auf den 31. Mai und 1. Juni datierten Eröffnung der Wewelsburg, die im großen Stil geplant sei und zu der sehr viele Teilnehmer erwartet würden, eine Ausfertigung der obenbenannten Ausstellung für etwa drei Wochen zur Verfügung zu stellen. Ein mit vielen Fenstern versehener, circa 350 qm großer Saal zu Ausstellungszwecken sei vorhanden.[26]

Die noch erhaltenen Merkblätter zur Ausstellung, die dem Landrat daraufhin mit einer Sammlung von Pressestimmen und der Zusage zugesandt wurden, geben über ihren Inhalt und Zweck ebenso Aufschluß wie über die vom Veranstalter erwartete Vorbereitung der Präsentation am jeweiligen Ort. Auch wenn die von der Geschäftsstelle genannten Maßnahmen in unserem Falle nicht eigens erwähnt zu werden bräuchten, da die meisten mit denen zur Burgeröffnung übereinstimmten, sollen die diesbezüglichen Anweisungen der Ausstellungsleitung doch noch einmal im einzelnen vorgestellt werden, um ihren Stellenwert für die Eröffnung und die sorgfältige Beachtung im Rahmen der Planungen zu verdeutlichen.[27]

23 Pohlmeier, Die Bürener Landräte, a. a. O., S. 102.

24 KA PB Nr. B 420, Bll. 34 f.

25 Ebd., Bl. 35.

26 Ebd., Bl. 57.

27 Hierzu und zum folgenden ebd., Bll. 193 f.

So schrieb das Merkblatt für den Beginn der Ausstellung eine Eröffnungsfeier vor – bestehend aus einer Begrüßungsansprache durch eine öffentliche oder zumindest hochgestellte private Persönlichkeit und eine sich daran anschließende Führung, eventuell verbunden mit einem Vortrag von Lichtbildern –, zu der die staatlichen und städtischen Behörden, Presse, Schulvorstände, Vereine, Organisationen und prominente Persönlichkeiten eingeladen werden sollten. Dabei sei jedoch darauf zu achten, Presse und Schulvorständen bereits vor der Eröffnung Gelegenheit zum Besuch der Ausstellung einzuräumen, damit noch vor deren Beginn die Zeitungen genügend aufmerksam machen und auch die Schulvorstände rechtzeitig ihre Anordnungen zum geschlossenen Besuch ihrer Schüler geben könnten.

Besonderen Wert legte die Ausstellungsleitung darauf, daß die örtliche Presse zusätzlich mit frühzeitigen Angaben und Auszügen aus den von ihr mitgesandten Pressestimmen versehen würde und vor allem, daß sämtliche Schulen geschlossen die vom preußischen und vom bayerischen Kultusministerium ausdrücklich als für alle Schulformen und -stufen als geeignet anerkannte Ausstellung besuchten. – Ein Gesuch um Genehmigung und Veranlassung dieses gemeinsamen Besuchs der einzelnen Schulen, der schon in über 150 Städten, die die Ausstellung bis dahin bereits habe, erfolgreich duchgeführt worden sei, wie auch dessen Regelung werde jeweils von der Geschäftsstelle an das betreffende Schulamt gerichtet, die auch die Direktoren der höheren Schulen noch einmal eigens auf die Ausstellung aufmerksam zu machen pflege.

Seiner Intention entsprechend, vom neutralen Standpunkt aus unter Herausnahme alles dessen, was nach parteilicher Stellungnahme aussehen könnte, erstens die historischen und gegenwärtigen Verhältnisse des gesamten Westens zu beleuchten und zweitens zu versuchen, durch zahlreiches Bildmaterial einen Eindruck zu vermitteln von der Schönheit der Länder am Rhein, gliederte sich das Material der Ausstellung in zwei Hauptteile, von denen der erste die "*Schicksale*" und der zweite die "*Schönheiten*" des Rheins vor Augen führte. – Den unterschiedlichen Stellenwert der beiden Teile machte dabei schon der Führer zur Ausstellung deutlich, in dem von insgesamt zwölf Seiten Text allein elfeinhalb der detaillierten Darstellung der Entwicklung der Länder am Rhein vorbehalten waren, während die landschaftlichen Reize der Gegend ganz allgemein und kurz auf einer knappen halben Seite abgehandelt wurden.[28]

Angefangen bei dem Vertrag von Mersen (870) und der Teilung des Karolingerreiches, zeigten die Tafeln die politische Lage der Rheinlande bis zum Versailler Vertrag (18. Januar 1919), wobei – laut Begleittext – die immer stärker werdenden Expansionsbestrebungen der Franzosen nach Osten sowie deren zunehmender Machtanspruch unverhüllt zum Ausdruck kämen.[29] – Die weiteren Tafeln kündeten "*von der untragbaren, furchtbaren Last der Fremdherrschaft, dem rücksichtslosen Vorgehen der Franzosen, der großen Wohnungsnot, den Eingriffen in die deutsche Verwaltung, den Lasten und dem Leid der rheinischen Bevölkerung, den wirtschaftlichen und moralischen Schäden, den kulturellen Überfremdungsversuchen, dem Kampf gegen Geist und Wahrheit*"[30] sowie den "*französischen politischen und militärischen Sicherungen, Frankreichs Bündnisse[n] und Kontrollkommissionen und sein[em] Spionagesystem,*"[31] das sich über das ganze Rheinland erstrecke. – Als Beispiel, wie wohl die meisten Besucher die Ausstellung empfunden haben mögen, sei an dieser Stelle der Bericht der Bürener Zeitung vom 13. Mai 1925 angeführt: "*[...] Die ersten Bilder lassen erkennen, daß der Rhein in den früheren Zeiten viel tiefer in unserem Lande lag, und erst nach und nach durch Raub und Eroberungen mehr an die Landesgrenze gedrängt wurde. Die weiteren Bilder zeigen sodann den Rhein vor und nach dem Kriege und lassen mit*

---

28 Ebd., Bll. 181–187.
29 Ebd., Bl. 181.
30 Ebd., Bl. 192.
31 Ebd.

Büren,
Wewelsburg, im Mai 1925.

Dem Opfersinn der Bevölkerung und der regen Zusammenarbeit öffentlicher und privater Stellen ist es zu verdanken, dass die **Wewelsburg** nunmehr ihrer Zweckbestimmung übergeben werden kann.

Zu Pfingsten ds. Js.

am 31. Mai soll die

feierliche Eröffnung

stattfinden. Das

Heimat- und naturwissenschaftliche Museum

wird in den grossen Gewölben der Burg Aufstellung finden, der grösse Rittersaal ist für Vereins-, Versammlungs- und Ausstellungszwecke hergerichtet.

Am Pfingstsonntag, nachmittags um ½ 4 Uhr wird die Eröffnungsfeier im grossen Rittersaale der Burg erfolgen.

Hiermit wird eine **Gedenkfeier der 1000 jährigen Zusammengehörigkeit von Rhein und Reich** verbunden.

Die

Ausstellung „Der Rhein"

wird in bildlicher Darstellung die historische Entwickelung, die gegenwärtigen Verhältnisse und die Schönheiten des Rheins zur Darstellung bringen. Gesangsvorführungen werden der Veranstaltung die Weihe geben.

Die Jugend wird hierbei vorzugsweise mitwirken, denn auch ihr soll die Burg zu nutze sein. Die

Jungmännerherberge

steht am 31. Mai ds. Js. (Pfingstsonntag) gegen Voranmeldung beim Burgwart erstmalig zur Benutzung offen. Von diesem Tage ab werden ständig 30 Betten zur Übernachtung zur Verfügung stehen. Die nächsten erreichbaren Jugendherbergen befinden sich in Büren (12 km, etwa 50 Betten), in Paderborn (17 km) und in Brilon-Wald (44 km). Die Bahnstation Wewelsburg liegt etwa 20 Minuten von der Burg entfernt, an der Strecke: Paderborn-Büren-Brilon.

An alle, die in der **Wewelsburg** das Wahrzeichen ihrer Heimat sehen, an diejenigen, die in der Burg das schönste Wanderziel zwischen Sauerland, Eggegebirge und Teutoburgerwald erblicken, an jene, welche sich an den Schönheiten der alten Burg und des Museums sowie an der Ausstellung „Der Rhein" erfreuen wollen, **ergeht die Aufforderung, die Wewelsburg am ersten Pfingstfeiertage zu besuchen.** Der Verein zur Erhaltung der Wewelsburg wird dafür eintreten, dass jederzeit für die beste Aufnahme aller Ausflügler, Vereine, Schulen usw. gesorgt wird.

Nicht oft wird ein Ausflugsziel gefunden, welches so leicht erreichbar und in landschaftlich so hervorragender Gegend gelegen ist und welches so viel Sehenswertes und Belehrendes für Jung und Alt bietet, wie die Wewelsburg.

Wer nicht am ersten Pfingstfeiertage an der Eröffnungsfeier teilnehmen kann, der möge nicht versäumen, später die Wewelsburg zu besuchen, vor allem so lange die Ausstellung „Der Rhein" (bis 15. Juni) dort weilt.

Werbt bei Freunden und Bekannten, bei Vereinen und Jugendorganisationen für einen zahlreichen Besuch der Wewelsburg!

Ganz besonders möchten wir die **Schulen** bitten, die Wewelsburg **dauernd** zum Ziele von Ausflügen zu machen. Der Besuch wird sich im Interesse der Heimatkunde reichlich lohnen. Auch die Schulen der Nachbarkreise haben an der Wewelsburg eines der schönsten Ausflugziele.

Für den Kreis Büren als Besitzer der Wewelsburg:

Dr. Freiherr von Solemacher Antweiler,
Regierungsrat u. stellv. Landrat.

Für den Verein zur Erhaltung der Wewelsburg:

Fabrikdirektor **Buben**
Kreiswegebauinspektor a. D **Peters**
Amtmann i. R. **Rempe**
Oberlehrer a. D. **Tüffers**.

Für den Ehrenausschuss:

Winterschuldirektor **Althoff**-Salzkotten
Dechant **Bendler**-Büren
Bolley, Bernh.-Wewelsburg
Cruse, Direktor der Prov.-Taubstummenanstalt-Büren
Professor Dr. **Fuchs**-Paderborn
Rektor **Gabriel**-Büren
Revierförster **Gleim**-Wewelsburg
Rektor **Haselhorst**-Büren
Hauptlehrer **Henkemeier**-Wewelsburg
Gutsbesitzer **Kaup-Habig**-Büren

Gutsbesitzer **Fr. Marx**-Wewelsburg
Studienrat Dr. **O. Müller**-Büren
Bürgermeister **Olbertz**-Büren
Geistl. Rat **Pöppelbaum**-Wewelsburg
Schulrat **Schnettler**-Büren
Gemeindevorsteher **Stellbrink**-Wewelsburg
Kaufmann **Terstesse**-Büren
Redakteur **Tochtrop**-Büren
Landrat Dr **Vogels**, z. Z. Grevenbroich
Amtmann Dr. **Wand**-Büren.

Aufruf zur Teilnahme an der Eröffnung der Wewelsburg am 31. Mai 1925
(KA PB Nr. B 420, S. 159 a und b)

besonderer Klarheit erkennen, mit welch geringfügigen und unhaltbaren Einwendungen die Feindmächte versuchten, in dieses Gebiet einzudringen. Die weiteren Bilder zeigen die Uebergriffe auf die wichtigen Verkehrsgebiete und die alsbald in dem zu Unrecht eingedrungenen Lande vollzogenen brutalen Eingriffe in die Verwaltung. Mit welchen Mitteln diese neuen Herrscher gearbeitet haben, um die Bevölkerung auf ihre Seite zu bringen, zeigen die nächsten Bilder. [...]"[32]

Ehe wir uns nach dieser ausführlichen Schilderung der auf der Wewelsburg anläßlich ihrer Eröffnung präsentierten Rheinausstellung wieder den konkreten Vorbereitungen besagter Feier zuwenden, werden abschließend als weiteres Charakteristikum für die in der Bevölkerung verbreitete Stimmung – die durch die Zeitumstände zu einem gewissen Teil zwar verständlich scheint, durch die Ausstellung aber noch zusätzlich angeheizt und zunehmend nationalistischer wurde – die Worte des Merseburger Regierungspräsidenten wiedergegeben, mit denen dieser im Februar 1925 seine Ansprache zur Eröffnung der dortigen Ausstellung abschloß: "*Ich bin geboren, deutsch zu fühlen, bin ganz auf deutsches Denken eingestellt. Erst kommt mein Volk, dann die anderen vielen. Erst kommt meine Heimat, dann die Welt!*"[33]

Wenn auch die Ausstellung, die schon von Januar 1923 bis Oktober 1924 in nur leicht geänderter Form unter dem Titel "*Rheinlandnot*" in zahlreichen deutschen Städten gezeigt worden war, eigenen Angaben zufolge, sich von jeglicher parteipolitischen Agitation fernhalten wollte und lediglich das Anliegen hatte, den Mitbürgern, die das schwere Los fremder Besatzung selbst nicht trügen, eindringlich die Verhältnisse am Rhein vor Augen zu führen und um Verständnis für den schweren Kampf der rheinischen Bevölkerung zu werben,[34] war die Reaktion auf die Ausstellung nicht nur die – beabsichtigte – Solidarisierung des übrigen Deutschlands mit der Bevölkerung des besetzten Gebietes, sondern auch ein bis zum Nationalismus gesteigerter Patriotismus. Obwohl die Ausstellungsleitung immer wieder betonte, die Ausstellung "Der Rhein", die in gemeinnütziger Weise vaterländischen Zwecken diene und es sich zur besonderen Aufgabe gemacht habe, den Gedanken der engen Verbundenheit von Rhein und Reich im unbesetzten Deutschland zu vertiefen, verfolge ihre Ziele sachlich und objektiv, ohne irgendeinen Gedanken der Verhetzung, baute sich, wie auch aus den entsprechenden Presseberichten zu entnehmen ist, als weitere Konsequenz vielfach ein einseitiges, nationalistisches, gegen Frankreich gerichtetes Feindbild auf.[35]

Nachdem der Landrat von Solemacher-Antweiler gegen Ende des Monats April die Vorstandsmitglieder des Vereins zur Erhaltung der Wewelsburg zu einer Besprechung der Einzelheiten der Eröffnungs- und Gedenkfeier eingeladen hatte,[36] erfolgte in beiden Bürener Zeitungen die Veröffentlichung des geplanten Festablaufes. So erschien am ersten Mai in der Bürener Zeitung neben einem Artikel zu den Pfingstfeierlichkeiten auf der Wewelsburg aus Anlaß der Burgeröffnung und der Gedenkfeier der tausendjährigen Zusammengehörigkeit von Rhein und Reich ein gemeinsamer Aufruf des Kreises Büren, des Vereins zur Erhaltung der Wewelsburg sowie seines Ehrenausschusses, in dem diese gemeinsam für den Besuch der Eröffnungsveranstaltungen und der Rheinausstellung warben.[37]

An alle, die in der Wewelsburg das Wahrzeichen ihrer Heimat sähen, an diejenigen, die in der Burg das schönste Wanderziel zwischen Sauerland, Eggegebirge und Teutoburger Wald erblickten, an jene, welche sich an den Schönheiten der alten Burg und des Museums sowie an der Ausstellung "Der Rhein" erfreuen wollten, erging die Einladung, die Wewelsburg am ersten Pfingstfeiertag oder zu einem späteren Zeitpunkt zu ihrem Ausflugsziel zu machen.[38] Es sei dem Opfersinn der Bevölkerung und der regen

32 BZ vom 13. Mai 1925, Nr. 110.

33 KA PB Nr. B 420, Bl. 197, Auszug aus dem Pressebericht des Merseburger Korrespondenten vom 17. Februar 1925 zur Ausstellung. Vgl. auch die unten geschilderten Reden anläßlich der Burgeröffnung in Wewelsburg, vor allem die Dr. Linneborns, S. 96 ff., sowie die Ausführungen zur "*Wewelsburg als Zentrum der Heimatpflege*", S. 116–129.

34 Ebd., Bl. 192.

35 Vgl. dazu auch die von der Ausstellungsstelle als Referenzen mitgesandten Auszüge aus Presseberichten über die Ausstellung, ebd., Bll. 194–197 sowie BZ vom 13. Mai 1925, Nr. 110 zur selben Ausstellung im Paderborner Rathaussaal.

36 Ebd., Bl. 107.

37 BZ vom 1. Mai 1925, Nr. 100.

38 Ebd.

Zusammenarbeit öffentlicher und privater Stellen zu verdanken, daß in der Wewelsburg das heimat- und naturwissenschaftliche Museum des Kreises habe aufgestellt, der große "Rittersaal" für Vereins-, Versammlungs- und Ausstellungszwecke hergerichtet, eine Jugendherberge für Wanderer und Jugendliche zur Verfügung gestellt werden können und so bald schon der Zeitpunkt gekommen sei, die Burg im Rahmen einer mit einer Gedenkfeier zur tausendjährigen Zusammengehörigkeit von Rhein und Reich und der Rheinausstellung verbundenen feierlichen Eröffnung nun endlich ihrer Zweckbestimmung zu übergeben.

Dieser Aufruf, der nicht nur in den Zeitungen publiziert, sondern in leicht abgeänderter Form als zusätzliche Werbung auch einzeln verschickt wurde, endete mit dem nachdrücklichen Appell, bei Freunden und Bekannten, in Vereinen, Jugendorganisationen und anderswo für einen Besuch der Wewelsburg zu werben, und mit der besonderen Bitte an die Schulen auch der Nachbarkreise, die Burg dauernd zum Ziele ihrer Ausflüge zu machen.[39]

Im Zuge der weiteren Organisation der Eröffnungs- und Gedenkfeier wurden nicht nur der endgültige Festablauf bestimmt, Programme gedruckt, besondere Einladungen an alle am Ausbau beteiligten privaten und öffentlichen Personen verschickt, der Einsatz von Sonderzügen zur Beförderung der zu erwartenden Menschenmenge geregelt und fortlaufend Artikel und Werbeschriften veröffentlicht – noch zwei Tage vor der Eröffnung erschien im Westfälischen Volksblatt eine längere Abhandlung über die Wewelsburg[40] –, sondern auch eine Vorberichterstattung über die bereits Anfang Mai im Paderborner Rathaus gezeigte Ausstellung "Der Rhein" veranlaßt. Im entsprechenden Artikel der Bürener Zeitung erhielt der Leser erste Informationen über Anliegen und Inhalt der Ausstellung und wurde gleichzeitig dazu aufgefordert, den Zweck der Veranstaltung durch seinen Besuch zu unterstützen:

"*Vater Rhein, der vielgefeierte deutsche Rhein, war in den letzten Jahren immer der Gefahr ausgesetzt, ganz durch fremde Mächte uns beraubt zu werden. Dies muß aber mit allen Mitteln verhindert werden und es ist deshalb notwendig, stets der Welt kund zu tun, daß der Rhein schon in den frühesten Jahren zu unserem Reiche gehörte. [...] Die [...] Bilder aus den schönsten Teilen unseres Reiches erwecken in jedem Besucher, wenn er nur ein wenig deutsch fühlt, die Liebe zu seinem Vaterlande, die Zugehörigkeit zu diesem Landesteil. [...] Möge doch jeder Deutsche es als eine moralische Pflicht betrachten, durch seinen Besuch den Zweck der Veranstaltung, durch die Veranschaulichung des Rheinschicksals die Liebe der Deutschen zu ihrem Vaterlande zu wecken, recht fördern [...].*"[41]

Dem hier angelegten Maßstab entsprechend, stand die Rheinausstellung auch im Mittelpunkt des erarbeiteten Programms zur Eröffnung der Wewelsburg. Die mittlere Sequenz der Feier wurde eingeleitet durch den Liedbeitrag "Der Rhein" und abgerundet durch eine musikalische Darbietung mit dem bezeichnenden Titel "*Bleib deutsch du herrlich Land am Rhein*".[42] Als weiteres Zeichen für die politische Situation im Rheinland und die bereits erwähnte nationale Stimmung, die durch derartige Veranstaltungen noch zusätzlich angeheizt wurde, ist auch die vom Landrat von Solemacher-Antweiler vorgenommene Auswahl der in Begleitung der Ausstellung zum Verkauf angebotenen Schriften zu werten. Nach Durchsicht der von der Ausstellungsgeschäftsstelle gelieferten Liste bestellte er folgende Werke: Je zehnmal Larsen, "Der Adlerflug über den Rhein und Äquator", Rühlmann, "Die Fragen des besetzten Westens" und die "Ostdeutschen Monatshefte", jeweils fünfzig von Hengstenberg, "Rheinische Dichter der Gegenwart" und "1.000 Jahre Rheinland im Reich" sowie achtzig Exemplare von

---

39 Ebd.
40 WV vom 28. Mai 1925, Nr. 152.
41 BZ vom 13. Mai 1925, Nr. 110.
42 Programm der Eröffnungsfeier s. S. 82.

"Des Rheinländers Liederbuch". Mit Abstand die meisten, nämlich zweihundert Auslieferungen, orderte er von der Schrift Schülers "Der Kampf um den Rhein".[43] Da jedoch weder zu deren Inhalt Aussagen gemacht werden können, noch über ihren späteren Vertrieb, wollen wir es bei der Auflistung der schon an sich bezeichnenden Titel bewenden lassen. – Es zeigt sich jedoch auch hierbei wieder, was bereits oben bemerkt wurde: Erst wenn man sich die mit der Ausstellung verbundenen Intentionen und Wirkungen eingehend vor Augen stellt, läßt sich die besondere Akzentuierung der Eröffnungsfeier erkennen, mit der die Burg in einen nationalen bzw. zumindest überregionalen Rahmen gestellt wurde.

Nachdem die Vorbereitungen zur Eröffnung der Wewelsburg schließlich beendet und auch die Arbeiten in der Burg so weit fortgeschritten waren, daß Heimatmuseum, "Rittersaal" und Jugendherberge zwar auch noch nicht endgültig fertiggestellt, aber doch zu benutzen waren, erfolgte am 31. Mai, zu Pfingsten des Jahres 1925, die feierliche Einweihung der wiederausgebauten und neugestalteten Wewelsburg des Kreises Büren.[44]

Bei strahlend blauem Himmel strömten insgesamt etwa dreitausend Menschen[45] aus allen Teilen des Paderborner Landes "*zu Fuß und zu Wagen, zu Fahrrad, Motorrad und Auto*"[46] herbei, um der Feier beizuwohnen, durch die der "*stolze Bergfried, die größte Burg Westfalens, nach langem Dornröschenschlaf dem Dienste der Öffentlichkeit zurückgegeben werden sollte.*"[47]

Nach der Einleitung durch das vom Bürener Sängerbund vorgetragene 'Weihelied' "*Hör uns, Gott, Herr der Welt*" eröffnete Dr. Freiherr von Solemacher-Antweiler – zu dieser Zeit immer noch stellvertretender Landrat des Kreises Büren – als Vertreter des Kreises und Eigentümers der Wewelsburg im "Rittersaal" die Veranstaltung, übermittelte die Glückwünsche der nicht anwesenden Oberpräsidenten der Provinzen Rheinland und Westfalen, der Regierungspräsidenten von Minden und Münster, des Landeshauptmanns von Westfalen sowie auch des Provinzialkonservators zum erfolgreichen Burgausbau. Unter den Anwesenden begrüßte er namentlich Dompropst Prof. Dr. Linneborn als Vertreter des Bischofs, Landrat Dr. Aloys Vogels, der den Gedanken zum Burgausbau als erster erwogen und gefördert hatte, sowie den Wewelsburger Pfarrer und Geistlichen Rat Johannes Pöppelbaum – lange Jahre alleiniger Bewohner der Burg, "*der sich in bewundernswerter Weise in die neuen Pläne eingefunden*" und diese unterstützt habe. Weiterhin gedachte er in seiner Ansprache all jener, die durch ihre tatkräftige Unterstützung zum Gelingen des Wiederausbaus der Wewelsburg beigetragen hatten, der verschiedenen Behörden des Reiches und der Provinz, der einzelnen beteiligten Beamten und der Gemeinde Wewelsburg sowie der weiten Kreisen in Industrie, Handel und Landwirtschaft und letztlich all jener zahlloser privater Spender, die einen großen Opfersinn bewiesen und sowohl mit ihren Geld- und Sachspenden den Ausbau der Burg als auch durch die Bereitstellung von Ausstellungsstücken die Einrichtung des Heimatmuseums ermöglichten.

Das alte und neue "*Symbol*" – nicht nur der engeren – Heimat, wie von Solemacher-Antweiler die Wewelsburg bezeichnete, solle nunmehr eine allgemeine Stätte der Erholung, ein herrliches Wanderziel und ein besonderer Ort für die Jugend sein, "*zur Ehre der Alten, zur Freude der Lebenden, zur Erziehung der Jugend und zum Wohle der Heimat, Westfalens und des ganzen Vaterlandes.*"[48]

Nachdem der Landrat mit diesen Worten seine Ausführungen zum Burgausbau und zu den damit verbundenen Vorstellungen abgeschlossen hatte, leitete er im zweiten Teil

---

43 KA PB Nr. B 420, Bl. 138.

44 Die folgenden Ausführungen richten sich im wesentlichen nach den beiden Artikeln in der BZ vom 2. Juni 1925, Nr. 125 und im WV vom 3. Juni 1925, Nr. 152.

45 StdtA BÜ, Gemeindechronik Wewelsburg, 1925, S. 342 und Pöppelbaum, a. a. O., S. 26.

46 BZ vom 2. Juni 1925, Nr. 125.

47 WV vom 3. Juni 1925, Nr. 152.

48 Ebd.

seiner Rede auf den anderen mit der Eröffnung verbundenen Anlaß der Veranstaltung, die Tausendjahrfeier des Rheinlandes, und die Ausstellung "Der Rhein" über.

Wie ihm Vogels in seinem damaligen Schreiben geraten hatte, erwähnte er in diesem Zusammenhang die besonderen historischen Beziehungen zwischen dem Rheinland und Westfalen, angefangen vom Vormarsch der Römer, der erst in der Schlacht am Teutoburger Wald gestoppt worden sei, und den Sachsenkriegen unter Karl dem Großen, über das Verhältnis der Kölner Kurfürsten zu den Paderborner Bischöfen und

Blick auf das Eingangstor im Jahre 1932
(Westfälisches Landesamt für Denkmalpflege Münster)

dem napoleonischen Königreich Westfalen, zu welchem Westfalen ebenso gehört habe wie das Rheinland, bis hin zur Gegenwart, in der "*feindliche Eroberer*" in die Rheinlande eingedrungen seien. In diesem Zusammenhang gab von Solemacher-Antweiler auch der Hoffnung Ausdruck, die Besetzung werde bald wieder rückgängig gemacht und dem deutschen Volk seine Freiheit wiedergegeben werden. Die Schlußworte seiner mit starkem Beifall aufgenommenen Rede lauteten: "*Der Rhein bleibt deutsch! Vom Felsen kommt er frei und hehr, er fließe frei in Gottes Meer.*"[49]

Nach dem anschließenden Vortrag des "*von echtem Heimatgeist*" zeugenden Liedes "*Mein Sauerland*",[50] dargebracht vom gemischten Chor Ahden, ergriff der Vorsitzende des Vereins zur Erhaltung der Wewelsburg, Fabrikdirektor Ingenieur Josef Buben, das Wort. Er hob kurz hervor, nur Einigkeit und die Beseitigung aller Zwistigkeiten im deutschen Volke könnten die Krise überwinden, und würdigte dann die besonderen Verdienste des Mannes aus dem Rheinland, Landrat Dr. Vogels, der die Burg, die nach der langen, wechselvollen Geschichte schließlich der Vergessenheit und dem Verfall anheimgefallen sei, aus ihrem Dornröschenschlaf geweckt habe wie der Prinz im Märchen.[51] In dankbarer Anerkennung und Ehrung seiner vorbildlichen Tätigkeit beim Ausbau der Wewelsburg überreichte Buben dem Landrat im Namen des Burgvereins und unter dem "*stürmischen*",[52] "*immer wieder einsetzenden*" Beifall der Versammlung ein Album mit Ansichten von der Burg, wobei er gleichzeitig gelobte, dessen Werk und auch die bedrohte Bevölkerung am Rhein nicht vergessen zu wollen.[53]

Nachdem daraufhin Dr. Vogels allen Anwesenden, insbesondere dem Vorstand des Vereins zur Erhaltung der Wewelsburg und seinem Vorsitzenden Buben, der mit ihm zusammen am Ausbau mitgewirkt habe, für das ihm überreichte Album gedankt hatte, das ihm ein bleibendes Erinnerungsstück an die schönste Arbeit bleiben werde, die er als Verwaltungsbeamter habe leisten können, erläuterte er nach einem Rückblick auf die Anfänge der Burgrestaurierung seine in Anbetracht der Zeitumstände mit der Wiederherstellung der Burg verknüpften Hoffnungen und Wünsche.[54] Hatte von Solemacher-Antweiler die Burg bereits als "*Symbol der Heimat*" bezeichnet, so wünschte sich Vogels die Burg als ein "*Symbol der Einheit*" – vor allem für die Jugend –, in der der Friede herrsche und in der sie den Weg zur Einheit finden könne, den ihre Väter nicht gefunden hätten. "*Möge zur Wirklichkeit werden für unser Rheinland sowie für unsere Burg der Geleitspruch: Im Sturm erprobt, der Eintracht geweiht, Gott gebe den Frieden zu aller Zeit.*"[55]

Nach diesen in die Zukunft gerichteten Worten Vogels' folgte in der Reihe der Festredner als Vertreter des Bischofs der 1867 in Hagen geborene Dompropst Dr. Johannes Linneborn – Professor des Kirchenrechts mit dem Forschungsschwerpunkt Ordens- und kirchliche Rechtsgeschichte Westfalens, Mitglied des preußischen Landtages (1924 – 1933) und langjähriger Direktor der Abteilung Paderborn des Vereins für westfälische Geschichte und Altertumskunde (1909 – 1924) –, der in seiner vorwiegend auf die Vergangenheit bezogenen Rede vor allem die enge Verbindung der Wewelsburg zu den Paderborner Bischöfen hervorhob, die die Burg in dieser einzigartigen Form erbaut und später erneuert hätten und unter deren Herrschaft sie ihre Blütezeit erlebt habe. Dagegen sei sie, wie er sagte, vergessen worden und verfallen, sobald diesen die Macht genommen und das Fürstbistum Paderborn säkularisiert war.[56] Mit seinem eindringlichen Appell, es möge Glaube werden im deutschen Volk, denn Glaube mache stark in der Hoffnung auf die Zukunft, richtete auch er sich, wie schon Vogels, besonders an die Jugend, die an dem Glauben festhalten und ihre Kraft und Liebe der Heimat und dem Volke widmen sollte. Entsprechend seiner Bindung an Heimat und

49 BZ vom 2. Juni 1925, Nr. 125.

50 Ebd.

51 Ebd.

52 Ebd.

53 WV vom 3. Juni 1925, Nr. 152.

54 Die Rede des Landrats Vogels ist vollständig wiedergegeben in: BZ vom 3. Juni 1925, Nr. 126.

55 Ebd. Den Geleitspruch hatte Vogels bekanntlich selbst anläßlich der Grundsteinlegung im August des vorigen Jahres formuliert. Siehe oben S. 66.

56 Die Rede Linneborns ist wörtlich wiedergegeben in: BZ vom 2. Juni 1925, Nr. 125. Zu seiner Behauptung, die Burg sei nicht unter bischöflicher, sondern erst unter preußischer Herrschaft verfallen, läßt sich sagen, daß bereits bevor sie mit dem Fürstbistum als Entschädigung für linksrheinische Verluste am 3. August 1802 in den Besitz des preußischen Staates überging das Interesse der Paderborner Bischöfe an ihr nachgelassen hatte und die Burg – schon seit langem auf ihre Funktion als Sitz eines Amtes und Wohnung eines Renteibeamten beschränkt – immer mehr vernachlässigt worden war.

Natur, die zu wecken und zu fördern ihm stets ein großes Anliegen gewesen sei, sagte er: "*So sei gegrüßt von dieser Burg herab, liebe, stolze Heimat [...], unser Glauben, unsere Liebe sei dir gewidmet.*" – Die Zeichen der Zeit und das spätere Schicksal des deutschen Reiches in geradezu beängstigender Weise vorwegnehmend, gab Linneborn zum Schluß seiner Rede einer Hoffnung Ausdruck, die sich später in einer ganz anderen

Prolog

zur Heimatfeier auf der **Wewelsburg**, Pfingsten 1925.

Ihr, die Ihr heut gekommen, denkt daran,
Daß ein Jahrtausend auf Euch schaut
Aus dieser Mauern trotzig-ernster Pracht!

Vergang'nes schlägt die toten Augen auf,
In jedem Winkel wird Gewes'nes wach,
In allen Hallen geistert nächtens noch,
Was längst schon tot und doch nicht sterben kann,
Weil grauer Mauern Tag noch nicht vorbei!
Ein jeder Stein gibt Kunde von dem Einst:
Von Streit und Sieg, von Kämpfen und Erliegen,
Von lautem Becherklang auf ritterlichem Fest
Und von des Edelfräuleins frohem Tanzesschritt. —
Doch auch von Jammer weiss der Stein zu künden
Von peinlichem Verhör, von Folterqual;
Von frecher Freveltat, die hier geschah,
Und wie nach Jahren sie erst Sühne fand.
Doch auch von eines Heil'gen brünstigem Gebet
Tief im Verließ von langer Nacht umfangen.

Und alles, was einst hier gelebt, gelitten,
Was hier gefrevelt und was hier gebüßt,
Das geht noch um, wenn nachts der bleiche Mond
Die alten Zinnen zauberisch umfließt. —

Hier, wo Vergangenheit lebendig wird,
Hier soll Vergangnes eine Freistatt haben!
Denn unerbittlich räumt die neue Zeit
Das Alte fort und gibt dem Staube preis,
Was unsern Ahnen lieb und teuer war.
Hier laßt es stehn, was aus entschwund'ner Zeit
In tausend Dingen zu dem Wand'rer spricht,
Der wegesmüde nur ein Weilchen hier
Dem Geiste toter Zeiten lauscht und ihn
Ein Ahnen packt von der Geschichte schicksalhaftem Gang.
Bergt alles hier in dieser Mauern Schutz, wie einst
Der Bauer hier des Sommers gold'ne Frucht
Vorm Feinde barg, der seinen Acker stampfte.
Hier mag das Spinnrad stehn, das die Urahne trat,
Der weitgeschweifte Stuhl, auf dem sie saß,
Wenn still die Enkel ihren Märchen lauschten;
Hier auch die Truhe, die ihr Liebstes barg:
Ein altes Buch, ein perlgesticktes Band
Aus ihrer Mädchentage frohem Glück.
Und was die Vorwelt war und was wir selber sind,
Was sie und uns erfreut in frohen Friedenstagen,
Was sie und wir in harter Zeit erlitten,
Das sei hier wie ein offen Buch für die,
Die nach uns kommen werden, aufgeschlagen!
Sie werden heilig hüten, was wir treu begonnen
Und stolz es weiter an die Nachwelt geben!
    Drum froh, tragt Stein und Mörtel zu dem Werk,
    Daß dieser Burg verwittert graue Mauern
    So wuchtig, stolz und fest wie einst
    Ein neu Jahrtausend trotzig überdauern!

Prolog zur Eröffnungsfeier der Wewelsburg am
31. Mai 1925 (KA PB Nr. B 420, Bl. 177)

Weise realisierte, als er sich zu dem Zeitpunkt vorgestellt haben mag: *"Einst wird sich der Tag erfüllen, wo wir in Einigkeit und Kraft dastehen vor der ganzen Welt."*[57]

Zu den Ausführungen des Dompropstes bemerkte die Bürener Zeitung, seine herrlichen, zu Herzen gehenden Worte hätten in der Versammlung stürmischen Beifall erhalten. Das Westfälische Volksblatt schrieb, Linneborn habe eine begeisternde Ansprache gehalten, in der er die Liebe zur Heimat, zum Vaterlande und zum deutschen Volke in ergreifenden Worten gefeiert habe: *"Die von starker Zuversicht getragene Hoffnung, daß das deutsche Volk wieder den Aufstieg finden werde, wenn es den Glauben bewahre und die Heimat liebe, fand lebhaften Beifall."*[58]

Dann trug Lehrer Jox aus Büren den in Versform gehaltenen Prolog zur Burgeröffnung vor. Er behandelte die tausendjährige Geschichte der Wewelsburg und endete: *"Drum froh, tragt Stein und Mörtel zu dem Werk, daß dieser Burg verwittert graue Mauern so wuchtig, stolz und fest wie einst, ein neu Jahrtausend trotzig überdauern."*[59] – Das vom Doppelquartett Lippstadt vorgetragene Lied *"Der Rhein"* leitete zur gleichnamigen Ausstellung über, die Studienrat Dr. Hengstenberg im Auftrag der Ausstellungsleitung eröffnete und erläuterte. Nach einer ersten Führung durch die im "Rittersaal" untergebrachte Rheinausstellung, die noch bis zum 15. Juni für die Öffentlichkeit zugänglich blieb, beendete der Lippstädter Chor Rheingold diesen Teil der Eröffnungsfeierlichkeiten mit dem Rheinlied *"Bleib deutsch, du herrlich Land am Rhein"*, bevor mit dem vom Gesangverein Liedertafel aus Fürstenberg dargebotenen Westfalenlied die Aufmerksamkeit wieder auf die Wewelsburg selbst gelenkt und das jetzt in der Burg neu eröffnete Heimatmuseum des Kreises Büren besichtigt wurde.

In der Zwischenzeit hatten auf dem Burghof bereits Musik- und Liederbeiträge sowie Spiele und sportlichen Veranstaltungen verschiedener Jugendgruppen begonnen. Es war *"ein farbenbuntes, vielbewegtes Leben und Treiben"*, so schreibt die Bürener Zeitung in ihrem Bericht über die Eröffnungsfeier.[60] Einen Eindruck davon vermitteln die Bruchstücke des damals gedrehten Films, die sich erhalten haben.

Mit der feierlichen Eröffnung der Burg am 31. Mai 1925 wurde die Wewelsburg nach Beendigung des ersten Baubabschnittes ihrer Bestimmung übergeben. – Im folgenden wollen wir uns mit der Frage befassen, inwieweit die Wewelsburg ihrem an sie gestellten Anspruch, Zentrum der Jugend- und Heimatpflege sowie Versammlungs- und Tagungsstätte zu sein, in der Folgezeit auch tatsächlich gerecht werden konnte.

2. Die Wewelsburg als Stätte der Jugendbegegnung

Unmittelbar an das erste Ausbauvorhaben der Jahre 1921/22 anknüpfend, hatte der Bürener Landrat Dr. Aloys Vogels 1924 nicht nur seinen ursprünglichen Plan wieder aufgegriffen, in der Wewelsburg eine Jugendherberge einzurichten, sondern eine derartige Nutzung der Burg in zahlreichen Schreiben auch mit den gleichen Argumenten begründet, wie sie oben bereits mehrfach ausgeführt sind.[61]

Außer dem Anliegen, mit der Schaffung von Unterkunftsmöglichkeiten die – laut Vogels – verkehrstechnisch gut und landschaftlich schön gelegene sowie historisch und baulich interessante Wewelsburg zum Ausgangspunkt verschiedenster Aktivitäten nicht nur für die Jugendlichen des Kreises werden zu lassen, und dem sozial-pädagogischen

---

57 BZ vom 2. Juni 1925, Nr. 125.

58 Ebd.

59 KA PB Nr. B 420, Bl. 177 – Vgl. S. 97.

60 BZ vom 3. Juni 1925, Nr. 126. Vgl. dazu ebenso StdtA BÜ, Gemeindechronik Wewelsburg, Juni 1925, S. 342. Reste des damals erstellten Filmes, die Szenen auf dem Burghof zeigen, sind heute noch im Kreismuseum erhalten.

61 Zu den mit dem Ausbau der Wewelsburg zu einem Kreisheim verbundenen Zielen vgl. oben S. 22 f.

62 Quellenangaben s. ebd.

63 Nähere Angaben dazu oben S. 27 ff.

64 Vgl. allgemein KA PB Nr. B 411, Schreiben vom 20. Mai 1925.

65 KA PB Nr. B 419, Schreiben des Verbandes für deutsche Jugendherbergen, Zweigausschuß Oberweser, vom 29. Juli 1924. Die Befürchtung war dadurch aufgekommen, daß bei dem ersten Ausbauvorhaben der Jahre 1921/22 der "Verband der katholischen Jungmänner Deutschlands" engagiert war, der als kirchenamtlicher Verein seine konfessionellen Anliegen stark betonte. Seinen Mitgliedern wurde später sogar ausdrücklich untersagt, nichtkatholischen Jugendvereinigungen, insbesondere Vereinen oder Bewegungen, "*deren Ziel und Haltung der katholischen Weltanschauung und den Grundsätzen des Jungmännerverbandes [widersprächen]*", bzw. ohne Einverständnis des Präses Bildungsvereinen und Vereinen zur Pflege von beruflichen oder künstlerischen Interessen beizutreten. Vgl. dazu Grundgesetz des Katholischen Jungmännerverbandes Deutschlands, § 29 (Mitgliedschaft in anderen Vereinen), Abs. 1 und 2, a. a. O., S. 74.

66 KA PB Nr. B 406.

67 Ka PB Nr. B 419, Schreiben vom 5. November 1924.

Ziel, Tendenzen zu Verwahrlosung und Alkoholmißbrauch unter Großstadtjugendlichen vorzubeugen, verband er mit dem Ausbau der Burg zu einem Jugendheim immer zugleich auch ein "nationalpolitisches" Interesse.[62]

Wie sich gezeigt hat, wollte Vogels schon lange vor den landesweiten "*Feiern zur Festigung der Zusammengehörigkeit von Rhein und Reich*" den Zusammenhalt zwischen dem besetzten und unbesetzten Gebiet dadurch fördern, daß gerade auch der rheinischen Jugend- und Wanderbewegung mit dem Ausbau der Wewelsburg ein westfälischer Sammelpunkt und damit zugleich eine Gelegenheit geboten würde, durch eine engere Beziehung der Jugendlichen auch die beiden Provinzen enger aneinander zu binden.

Hatte der Landrat zwei Jahre zuvor schon einmal mit dem Verband für deutsche Jugendherbergen – Zweigausschuß Oberweser – im Namen des Kreises Büren in Verbindung gestanden,[63] so wandte er sich 1924 erneut an ihn mit der Bitte, sich weniger am Ausbau als vielmehr an der später anstehenden Einrichtung und Ausrüstung der Jugendherbergs- und der dazugehörigen Wirtschaftsräume zu beteiligen.[64] Nachdem die anfangs geäußerte Befürchtung, die Wewelsburg werde zu einer konfessionellen Jugendherberge ausgebaut,[65] vom Landrat mit der ausdrücklichen Zusicherung zurückgewiesen worden war, das Jugendheim werde vom Kreis als Jungmännerherberge den Jugendlichen aller Richtungen, insbesondere ohne Unterschied der Konfessionen, zur Verfügung stehen,[66] verfolgte der Jugendherbergsverband – "*überall im Reich darauf bedacht, solche hervorragenden Stätten der Jugend dienstbar zu machen*"[67] – den

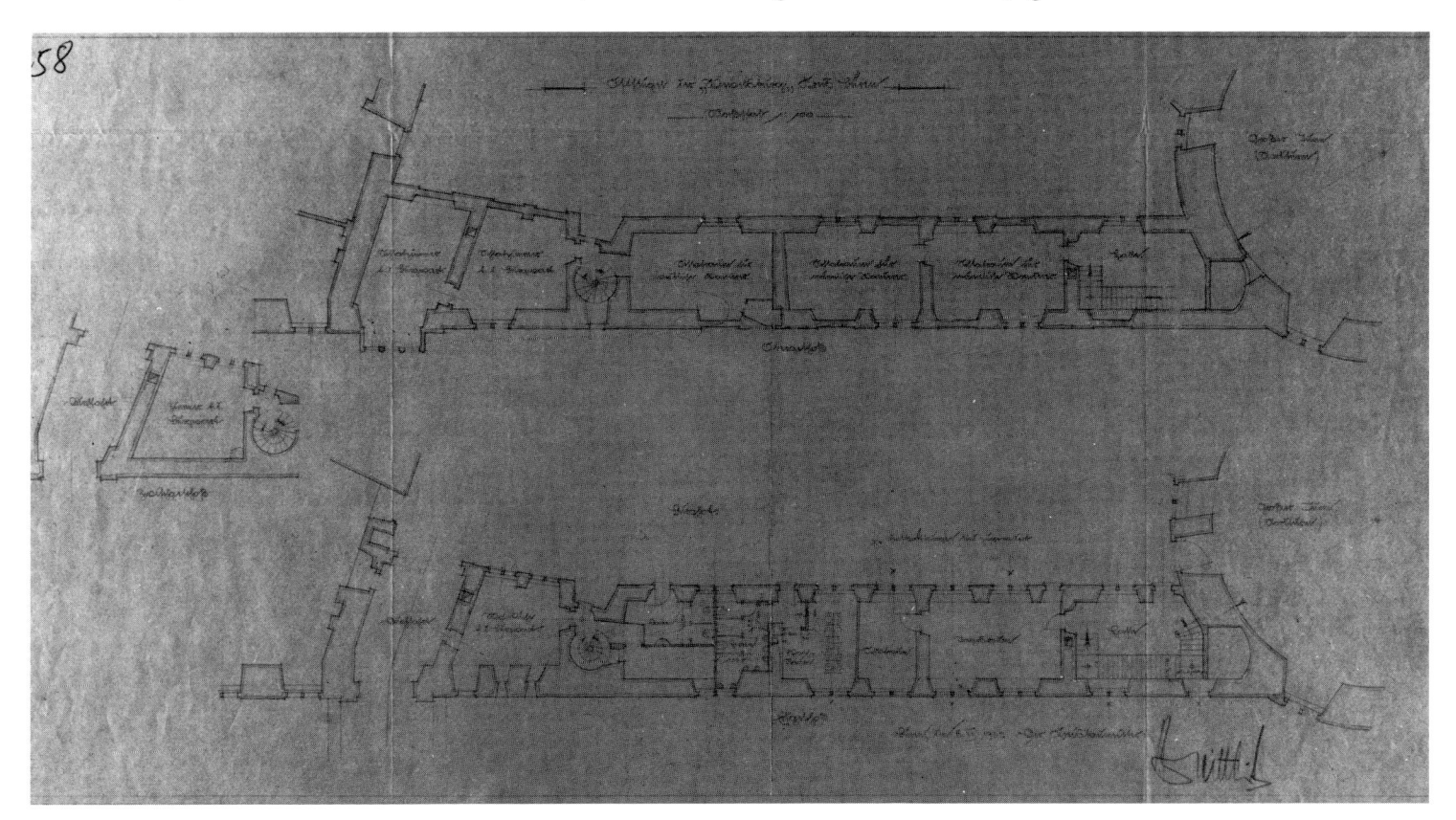

Bestandszeichnung vom Ostflügel der Wewelsburg (Jugendherberge) vom 5. Dezember 1932 (KM W Plan Nr. 58)

Ausbau der Wewelsburg mit großem Interesse und unterstützte ihn *"mit Vergnügen"* durch Vermittlung und teilweise auch durch Bereitstellung von Einrichtungsgegenständen.[68]

Trotz der geringen Mittel, die dem Kreis zur Herrichtung des dafür vorgesehenen Ostflügels der Wewelsburg zur Verfügung standen, konnte die Jugendherberge zusammen mit dem Heimatmuseum am 31. Mai 1925 ihrer Bestimmung übergeben werden. Bei der Aufnahme des Übernachtungsbetriebes bot die Herberge wandernden männlichen Jugendlichen insgesamt dreißig Schlafstellen, mehrere Erfrischungsräume sowie ein Bibliothekszimmer.[69] Man plante zudem für die nächste Zukunft einen Spiel- und Sportplatz, der schließlich auf Anregung des Burgvereins für die Besucher und Gäste in der Nähe der Burg auf einer von der Gemeinde Wewelsburg zur Verfügung gestellten Wiese im Almetal angelegt wurde.[70] Im Sommer 1929 konnte der Geistliche Rat Pöppelbaum die kirchliche feierliche Einweihung des neuangelegten Burgsportplatzes im Rahmen der in Wewelsburg stattfindenden Reichsjugendwettkämpfe vornehmen.

Ein Artikel des Westfälischen Volkblattes drei Tage vor der Eröffnung pries die Wewelsburg als neue *"Jungburg"*, die ein idealer Sammelpunkt für die Jugend sowie ein vorzüglicher Ausgangspunkt für Wanderungen zum alten Kloster Böddeken, ins Meinolphustal und bis ins Sauerland, Eggegebirge und in den Teutoburger Wald hinein sei.[71]

Die weitere Ausgestaltung der Kreisjugendherberge erfolgte schließlich nach Maßgabe der jeweils vorhandenen, zum Teil durch die nach der Burgeröffnung dort stattfindenden Veranstaltungen aufgebrachten Mittel. So wurde 1926 der Aufenthaltsraum mit zwei großen Kochkesseln und einem Herd für Gruppen, die selbst kochten, ausgestattet.[72] Bis 1927 kamen weitere Betten für die Herberge hinzu. Bereits knapp

68 Ebd.

69 WV vom 28. Mai 1925, Nr. 148.

70 Protokoll der Sitzung des Vereins zur Erhaltung der Wewelsburg vom 5. Dezember 1924, in: Protokollbuch, a. a. O., S. 16 f.

71 WV vom 28. Mai 1925, Nr. 148.

72 KA PB Nr. B 411, Schreiben vom 29. Juli 1926, sowie BZ vom 1. Juli 1925, Nr. 148.

Theatergruppe Wewelsburg im Innenhof am 8. Dezember 1931 – Foto: A. Gieshoidt (KM W Fotoarchiv 1.5.2.10)

zwei Jahre nach der Eröffnung konnte Landrat von Solemacher-Antweiler dem Bezirksjugendpfleger mitteilen, der Tagesraum sei nach Einbau des Herdes und mit Aufstellung der letzten Stühle und Tische komplett, die kahlen Mauern im Binnenhof habe man mit Rosen und anderen Gewächsen bepflanzt und die Anfahrt ausgebessert. Er sei voller Zuversicht, daß sich, wenn auch noch manches zu tun übrig bliebe, aus der Wewelsburg mit der Zeit eine Musterherberge machen ließe.[73]

Es gelang dem Landrat, nicht nur viele Gruppen und Verbände, vor allem Jugend- und Wandervereinigungen,[74] dafür zu gewinnen, Tagungen in der Wewelsburg abzuhalten, sondern auch im Sinn einer besseren Auslastung besonders im Sommer zu längeren Erholungsaufenthalten zu motivieren, darunter Schüler- und Studentengruppen.[75] Die Tatsache, daß sich in ihr neben den mittlerweile hundert festen Übernachtungsmöglichkeiten mit einfachen Strohlagern zusätzliche Schlafgelegenheiten für mehrere hundert Personen schaffen ließen, die sich auf Wunsch nicht nur selbst verpflegen, sondern in dem großen Versammlungsraum mit seiner eingebauten Bühne auch hinreichend beschäftigen konnten, machte die Burg, die eine ständig wachsende Übernachtungszahl verzeichnete,[76] vor allem auch für größere Gruppen attraktiv.

Daß es dem Kreis Büren, insgesamt gesehen, gelungen ist, seine mit dem Ausbau der Wewelsburg zu einem Jugendheim verbundenen Ziele, trotz aller finanziellen Engpässe und Mängel, zu verwirklichen, bestätigt auch der Oberlehrer a. D. P. Tüffers in der Bürener Zeitung vom 15. Mai 1928:

"Die Wewelsburg ist die Jugendburg des Kreises Büren. [... Möge es] der tatkräftigen Leitung des Kreises [...] gelingen, die nicht unbedeutenden Mittel zum weiteren Ausbau der Burg zu beschaffen, damit diese immer vollkommener ihre Aufgabe erfüllen kann,

---

73 KA PB Nr. B 411, Schreiben vom 10. Mai 1927. Die Verschönerungen des Burggeländes und auch die Ausbesserung des Fahrweges hatte fast ausschließlich der Burgverein veranlaßt.

74 Vgl. hierzu auch „Die Wewelsburg als Versammlungs- und Tagungsort", S. 103–116.

75 KA PB Nr. B 410, Schreiben vom 13. Januar 1927.

76 BZ vom 15. Mai 1928, Nr. 113.

Umzug durch das Dorf aus Anlaß der 75-Jahrfeier des Jünglingsvereins
(KM W Fotoarchiv 1.5.2.1.)

ein Mittelpunkt zu sein, von dem aus neue Kraft und frisches Leben ausströmt in unsere Jugend [...]."[77]

Die Schließung der Jugendherberge erfolgte mit der Übergabe der Wewelsburg an die SS als Reichsführerschule im November 1934, doch war ihr Betrieb schon seit 1933 durch die Unterbringung des Freiwilligen Arbeitsdienstes in der Herberge stark eingeschränkt. Bereits seit dieser Zeit hatte man die noch für Herbergszwecke verfügbare Bettenzahl auf vierzig reduzieren müssen.[78]

[77] Ebd.

[78] KA PB Nr. B 411, Briefwechsel zwischen dem Bürener Landrat und dem Jugendherbergsverband vom Juli 1933. – Bezüglich der Einrichtung eines Lagers des Freiwilligen Arbeitsdienstes (FAD) und der Übergabe der Wewelsburg an die SS verweise ich auf die Ausführungen von Hüser, a. a. O.

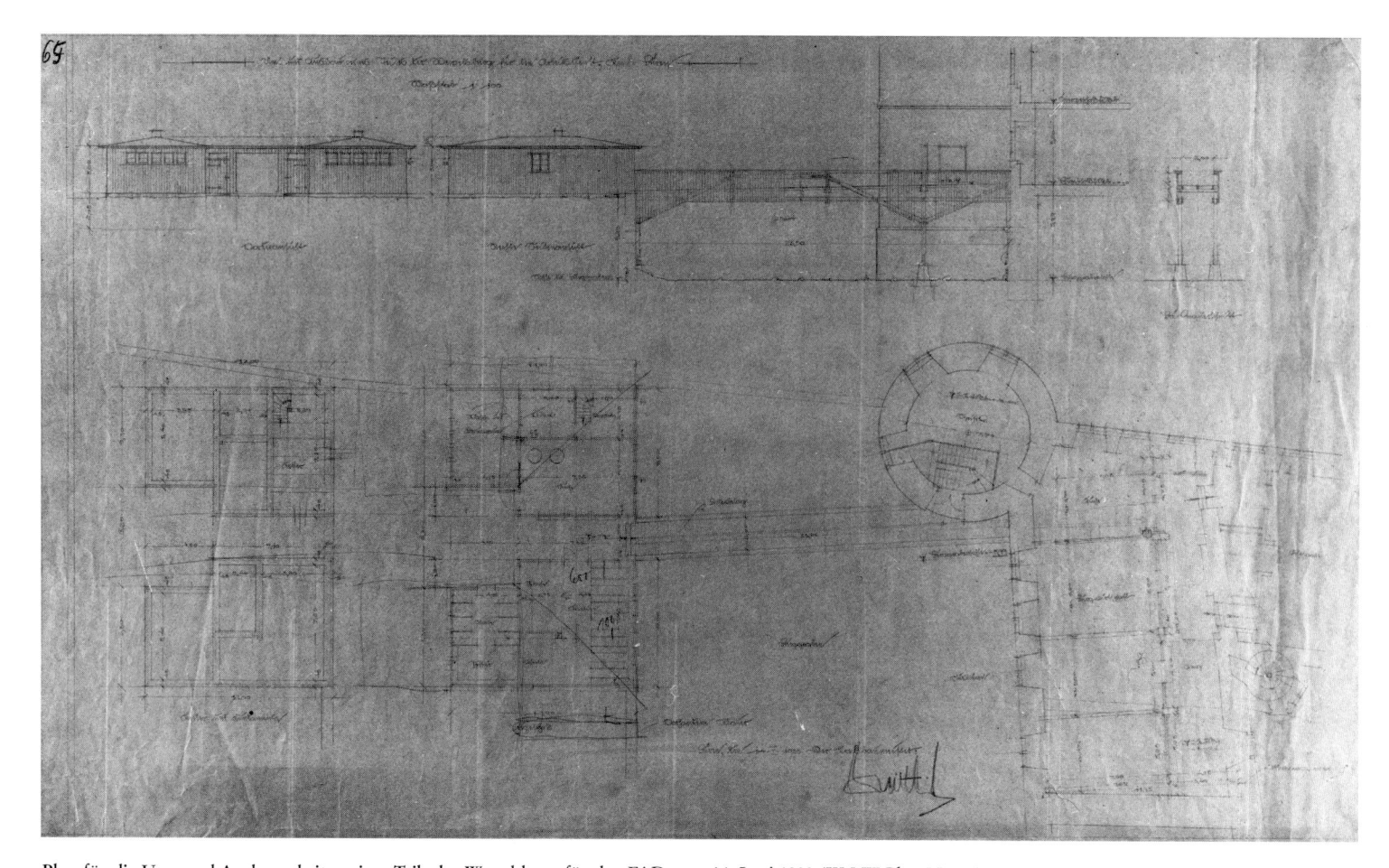

Plan für die Um- und Ausbauarbeiten eines Teils der Wewelsburg für den FAD vom 14. Juni 1933 (KM W Plan Nr. 65)

3. Die Wewelsburg als Versammlungs- und Tagungsort

"Die Burg soll vor allem unserer Jugend zur Abhaltung größerer Tagungen dienen, daneben aber auch Versammlungen der Berufsstände, der Landwirte, Handwerker und Gewerbetreibenden ermöglichen, denen bisher ein Raum in ähnlicher Größe trotz vorhandener Bedürfnisse nicht zur Verfügung gestanden hat. In einem Radius von fünf Kilometern befindet sich eine Bevölkerungszahl von etwa 4.000 und in einem Radius von zehn Kilometern eine solche von über 26.000 Einwohnern. Die Burg ist also für Versammlungen, welcher Zusammensetzung sie auch sein mögen, recht günstig gelegen. [...] Es ist zu hoffen, daß auch unsere Berufsstände [...] den Gedanken, durch solche Tagungen an historischer Stätte das Heimatgefühl, die Bodenständigkeit und damit letzten Endes auch die Liebe zu Volk und Vaterland bei unserer Bevölkerung zu heben, sympathisch und helfend gegenüberstehen werden."[79]

Vergleicht man die lange Liste der auf der Wewelsburg abgehaltenen Tagungen und Veranstaltungen[80] mit den obengenannten Erwartungen an die Wewelsburg in ihrer Rolle als Versammlungs- und Tagungsstätte, so erkennt man schnell, daß sich die dort ausgesprochene Hoffnung, Jugendgruppen und Berufsstände aller Art für die Wewelsburg zu interessieren, vollständig erfüllt hat bzw. insofern noch übertroffen wurde, als der Besucherkreis sich nicht nur auf den beschriebenen Radius beschränkte, sondern ein großer Teil der Veranstalter und Teilnehmer aus der weiteren Umgebung, dem rheinisch-westfälischen Industriegebiet und dem ganzen Reich stammte.

So haben nicht nur die Gruppen und Vereine aus Wewelsburg und den Kreisen Büren und Paderborn das Angebot des großen "Rittersaales" mit Bühne und Filmvorführungsmöglichkeiten genutzt, sondern auch zahlreiche Vereinigungen aus dem Ruhrgebiet und dem übrigen Deutschland, die mehrfach auf der Wewelsburg ihre Bundestagungen oder ähnliche Versammlungen von zentraler Bedeutung abhielten.[81] Abgesehen von der vom Kreis Büren auferlegten Einschränkung, nur unpolitische Tagungen zuzulassen – aus diesem Grunde erkundigte sich der Landrat zum Beispiel nach Anmeldung der 'roten Vereinigung' zu einer Burschenwerbung bei deren Leiter nach dem Zweck der Tagung und der Vereinigung selbst[82] –, stand die Burg für Veranstaltungen aller Art zur Verfügung.

Demgemäß diente der "Rittersaal" nicht nur kulturellen Veranstaltungen, Fortbildungsmaßnahmen und Tagungen, sondern auch, wie beispielsweise den "Junglehrern" des katholischen Lehrerverbandes der Provinz Westfalen,[83] zur Freizeitgestaltung und für Festlichkeiten und Feiern jeder Art. Der Schützenverein Wewelsburg feierte dort 1925 sein Schützenfest, der Jünglingsverein Wewelsburg seine Nikolausfeier und unter dem offiziellen Namen "Marianische Jünglingssodalität"[84] sein 75-jähriges Bestehen, die ehemaligen Schüler der Landwirtschaftsschule Salzkotten ihre Wiedersehensfeier, die Gesangvereine des Kreises ihr Sängerfest, die Ortsgruppe Wewelsburg des Vereins zur Erhaltung der Wewelsburg ihre Herbstfeste und nicht zuletzt der Kreis Büren seine zur Tradition gewordenen großen Heimatfeste.

Besonders regen Zuspruch fand die im "Rittersaal" eingebaute Bühne, auf der sowohl regional als auch überregional agierende Laienspielgruppen, wie die katholische Spielschar Dortmund, mit der Aufführung zahlreicher Theaterstücke, Legenden und Märchenspiele auftraten. Das Streichorchester der katholischen Jugendvereine Dortmund-Herne veranstaltete hier ein Pfingstkonzert. Daß sich dabei auch der Burghof der Wewelsburg zur Aufführung von Freilichtspielen eignete, wobei der Nordturm eine

---

79 Sonderdruck der BZ, a. a. O., S. 8.

80 Angaben zu Zahl, Art und Dauer der auf der Wewelsburg abgehaltenen Tagungen und Veranstaltungen enthalten vor allem die Akte KA PB Nr. B 410, Tagungen auf der Wewelsburg, die Gemeindechronik Wewelsburg, a. a. O. und die Artikel und Berichte der beiden Bürener Zeitungen BZ und WV.

81 Ebd.

82 KA PB Nr. B 410, Schreiben vom 23. Januar 1928. Wie sich anschließend herausstellte, handelte es sich hierbei um eine Burschenschaft, die auf der Wewelsburg eine Veranstaltung zur Werbung neuer Mitglieder abhalten wollte.

83 *"Das Wort 'Junglehrer(in)', in seinem erweiterten Sinne die Charakterisierung des Lehrerberufsstandes, ist in seinem Begriffsinhalt in der Nachkriegszeit [nach dem 1. Weltkrieg] entscheidend geprägt durch die tiefgreifende wirtschaftliche, berufliche und seelische Not der Volksschullehreranwärter, die durch mehrjährige Stellenlosigkeit der Schule und ihrem Beruf entfremdet wurden."* B. Bergmann, Art. "Junglehrer", in: Lexikon der Pädagogik der Gegenwart, Bd. 1, Freiburg 1930, Sp. 1314.
Bei den hier und noch in anderem Zusammenhang angesprochenen Tagungen und Fortbildungsmaßnahmen junger Lehrer auf der Wewelsburg handelt es sich wahrscheinlich größtenteils um Initiativen des "Katholischen Junglehrerbundes des Deutschen Reiches", der sich zu einem Mittelpunkt der katholischen Junglehrerhilfe, der Berufsförderung und Interessenvertretung für die rund 3.000 Junglehrer entwickelt hatte. In organischer Verbindung mit dem "Katholischen Lehrerverband" stehend, war er nach 1909 in Paderborn aus einem sozial und kulturell orientierten Zirkel katholischer Junglehrer und Seminaristen hervorgegangen. Unter den Wirkungen der Nachkriegszeit hatte die Grundlage des Bundes immer mehr in die Richtung einer Hilfs- und Notgemeinschaft verschoben. Entsprechend lauten seine Aufgaben in jener Zeit *"Vertiefung der Persönlichkeitsbildung aus den Kräften des katholischen Glaubens heraus; wirtschaftliche und geistige Selbsthilfe im Geiste lebendiger Caritas; Überwindung der Berufsentfremdung des Junglehrers durch lebensvolle Bildungsarbeit in Gruppen und Arbeitsgemeinschaften, Vertiefung sozialer Haltung und Verantwortung durch Dienst am Volk."* Durch Berufstage, Berufswochen, Freizeiten und ähnliche Formen, wie sie auch auf der Wewelsburg abgehalten wurden, sollten diese Ziele realisiert werden. Ebd., Sp. 1314 f.

84 "Marianische Jünglingssodalität" ist wie "Jünglingsverein" eine Bezeichnung für den Zusammenschluß der katholischen männlichen Jugend auf dem Boden einer bestehenden Pfarrgemeinde (hier Wewelsburg) im "Katholischen Jungmänner v e r e i n", der als solcher die Grundform für den Zusammenschluß der Jungmänner im Jungmänner v e r b a n d bildete. Vgl. hierzu Grundgesetz des Katholischen Jungmänner v e r b a n d e s, 12 Abs. 1, a. a. O., S. 34, und 16 Abs. 1 der V e r e i n s satzung, ebd., S. 57 – Vgl. Abb. S. 101.

eindrucksvolle Kulisse bildete, bewies die Theaterabteilung des katholischen Gesellenvereins Salzkotten mit dem Volksstück "Frau Schulte Blum".[85]

Sämtliche bis hierhin genannten Aktivitäten auf der Wewelsburg bestätigen das Wiederaufleben des Volksliedes (wie Sammlungen mit Namen wie "Zupfgeigenhansl",

[85] BZ vom 2. Juli 1928, Nr. 150.

Pfingstkonzert

des Streichorchesters der Kath. Jugendvereine Dortmund-Derne auf der

Wewelsburg.

Beginn 3 Uhr am Pfingstsonntag und am Pfingstmontag

Hochzeitsmarsch aus Sommernachtstraum	v. Mendelssohn
Ouvertüre Stradella	v. Flotow
Lortzings Lieblingslieder, Phantasie	v. Urbach
Eine kleine Nachtmusik	v. Mozart
Deutsche Waffenehre, Marsch	-
Slawische Rhapsodie	v. Frickmann
Vom Rhein zur Donau, Potpourri	v. Rhode
Geschichten aus dem Wiener Wald Konzertwalzer	v. Strauss

Keine Sondergebühr für das Konzert - nur reguläres Eintrittsgeld für die Burg! Jugendliche 20 Rpfg., Erwachsene 30 Rpfg.

Der Erlös aus dem Verkauf der Programme - 10 Rpfg. - wird für die Kath. Jugendvereine in Dortmund-Derne verwandt.

Wewelsburg
den
15. und 16. Mai 1932

Programm des Konzerts der Katholischen Jugendvereine Dortmund-Derne in der Wewelsburg am 15. und 16. Mai 1932
(KA PB Nr. B 410, Bl. 223)

"Spielmann", "Unsere Lieder", "Fahrendes Volk" u. a. belegen), des Volksspieles, der alten Mysterienspiele sowie des dadurch angeregten neuen Laienspiels als grundsätzliche Erscheinungsformen der Jugendbewegung jener Zeit. "*Lied, Reigen, Spiel hörten auf, Sache der Erholung, der Belustigung zu sein. Sie wurden zum Ausdruck des inneren Lebens, wurden zur Gestaltung des Lebens,*" bemerkt M. Pfliegler.[86] Die Veranstaltungen auf der Wewelsburg machten deutlich, wie sehr die katholische Jugendbewegung die Formen des Aufbruchs der Wandervogeljugend übernommen hatte.

Von den eingangs angesprochenen "*Berufsständen*" war es insbesondere die Lehrerschaft des Kreises, die sich regelmäßig zu Tagungen, Konferenzen und Lehrgängen auf der Wewelsburg traf, doch hielten auch die Paderborner Beamten und die katholischen

[86] M. Pfliegler, Art. "Jugendbewegung", in: Lexikon der Pädagogik der Gegenwart, Bd. 1, Freiburg 1930, Sp. 1273 f. sowie Th. Schumacher, Art. "Jugendbewegung", in: Lexikon der Pädagogik, Bd. 2, Freiburg 1953, Sp. 961.

Schreiben des Landrats an die Geistlichen des Kreises über einen „Jugendpflegelehrgang für die weibliche Jugend" in der Wewelsburg vom 21. Mai 1929 (KA PB Nr. B 414, Bl. 186)

Programm des Gautages des Katholischen Lehrerinnenverbandes am 24. Juni 1928 (KA PB Nr. B 410, Bl. 165)

Arbeitervereine der Kreise Büren und Paderborn, die Landwirte, Waldbesitzer und sogar die Bienenzüchter des Kreises neben Caritasverband, "Jungfrauenkongregation" und anderen Gruppen ihre Versammlungen auf der Burg ab, so daß sich wohl auch in dieser Hinsicht die in die Herrichtung des Versammlungs- und Tagungsraumes gesteckten Erwartungen erfüllt haben.

Bei den genannten "Jungfrauenkongregationen" handelt es sich um parallel zu den männlichen Vereinigungen entstandene weibliche Jugendgruppen, die aus den schon bestehenden Mädchen- und Jungfrauenvereinen, meist Kongregationen, hervorgegangen sind. Letztere hatte zuerst der Paderborner Bischof und spätere Erzbischof von

Plakat der Katholischen Spielschar „Union" Dortmund-Derne (KA PB Nr. B 414, Bl. 143)

Köln, Karl Josef Schulte (1871 – 1941), am 10. November 1910 in Paderborn zu einem Diözesanverband zusammengeschlossen, aus dem schließlich am 14. Dezember 1915 gemeinsam mit den 1912 und 1915 gegründeten Diözesanverbänden Münster und Köln der "Zentralverband der Katholischen Jungfrauenvereinigungen Deutschlands" hervorging. Mit 767.000 Mitgliedern in circa 3760 Vereinen bildete er den größten existierenden Jugendverband nach dem Ersten Weltkrieg. Die Vereine, die zum größten Teil als "Marianische Jungfrauenkongregationen" firmierten, hatten das gleiche Erziehungsziel und den gleichen Aufbau wie der Jungmännerverband, jedoch der *besonderen Art und Aufgabe der weiblichen Erziehung entsprechend*. Im Vordergrund stand die religiös-sittliche Erziehung mit besonderer Betonung der Marienverehrung, die Vorbereitung "*auf die Lebensaufgabe im mütterlichen Wirken in der Familie und im Volk*", die Pflege der hauswirtschaftlichen und beruflichen Bildung sowie die Pflege "*eines frohgeselligen Jungmädchenlebens*".[87]

Wie schon die bisherigen Ausführungen zeigen, hatten die Jugendgruppen eindeutig den größten Anteil an den auf der Wewelsburg abgehaltenen Veranstaltungen. Neben Jugendpflegelehrgängen für die weibliche Jugend, Jugendführer- und Jungenlehrkursen, Lehrgängen zur Förderung der Leibesübungen, Reichsjugendwettkämpfen und Jugendtreffen der Jugendlichen eines bestimmten Bezirks, z. B. des Gaues Hellweg, fanden Versammlungen großer Organisationen mit Teilnehmern aus dem ganzen Reich statt.

Bereits Ende Juni 1925 haben sich auf der Burg zweihundert Mitglieder des "Kreuzfahrerbundes" zu einer geselligen Zusammenkunft eingefunden und vom 1. bis

87 Vgl. bes. Ludwig Wolker, Art. "reichsdeutsche Jugendverbände", in: Lexikon der Pädagogik der Gegenwart, Bd. 1, a. a. O., Sp. 1309 f., weiter Schellenberger, a. a. O., S. 3 sowie Hastenteufel, Selbstand und Widerstand, a. a. O., S. 23 und 35 f.

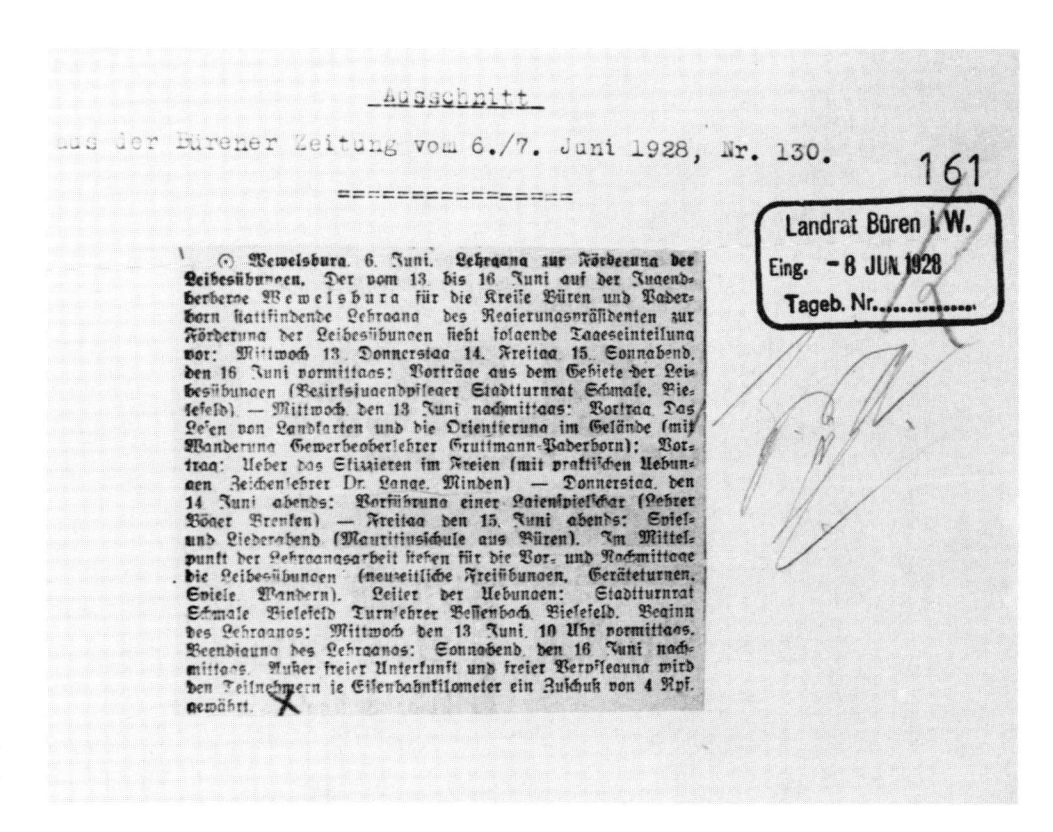

Ankündigung eines Lehrgangs zur Förderung der Leibesübungen in der Bürener Zeitung vom 6./7. Juni 1928, Nr. 130 (KA PB Nr. B. 410, Bl. 161)

5. August siebenhundert Mitglieder des Verbandes "Neudeutschland", eines Vereines katholischer Schüler höherer Lehranstalten, die dort ihre Bundestagung abhielten.[88] Pfingsten 1927 versammelten sich in der Wewelsburg mehr als achthundert "Brüder und Schwestern" des "Kronacher Bundes der alten Wandervögel", dem größten Bund nicht mehr jugendlicher Teilnehmer der deutschen Jugendbewegung der "Wandervögel", zu

[88] BZ vom 30. Juli 1925, Nr. 137 sowie Kölnische Volkszeitung vom 19. August 1928, Nr. 610, in: KA PB Nr. B 410.

Bericht über die Haupttagung des Kronacher Bundes in der Bürener Zeitung vom 8. Juni 1927 (Bürener Zeitung vom 8. Juni 1927, Nr. 130 – KA PB Nr. B 410, Bl. 94)

ihrer Haupttagung,[89] im Juni desselben Jahres vierhundert Jungen der "Neudeutschen Westfalenmark" am Fuße der Wewelsburg in einem eigens errichteten Zeltlager zu ihrer jährlichen Marktagung[90] und 1932 noch einmal fünfhundert Mitglieder des "Nationalkatholischen Jungkreuzbundes."[91]

Die Tatsache, daß die Burg nicht nur einigen Gruppen der unmittelbaren Umgegend als Anlaufstelle diente, sondern daß sie von einer so großen Vielzahl durchaus unterschiedlicher Vereine besucht und genutzt worden ist, die in ihrer Gesamtheit beinahe einen Querschnitt durch die katholische Jugendbewegung jener Zeit und einen Aufriß ihrer Jugendvereine im Deutschen Reich darstellen, zeigt, daß die Wewelsburg auch weit über ihre Grenzen hinaus anerkannt war und ihre vielfältigen Angebote und Möglichkeiten durch entsprechende Frequentierung gebührend honoriert worden sind.

Von den genannten Gruppierungen, die die Burg besuchten, ist der "Wandervogel" insofern die bedeutendste, als mit seiner Gründung am 4. November 1901 die 'freie' Jugendbewegung überhaupt erst ihren Ausgang genommen hat und der Tag, an dem sich unter Leitung von Karl Fischer in Berlin-Steglitz ein Ausschuß für Schülerfahrten und Wanderungen bildete, auch als *"offizielle Geburtsstunde der Jugendbewegung"*[92] anzusehen ist.[93] Dem Wandervogel, wie die gesamte Jugendbewegung aus dem Protest gegen Verfallserscheinungen der Zeit erwachsen, ging es bei dem Versuch, die Lebensphase der "Jugend" als Ausdrucksform der Überwindung gesellschaftlicher Zwänge, die als Zeichen einer überlebten Gesellschaftsordnung erfahren wurden, zu etablieren, vor allem darum, "ursprüngliche", von den Einflüssen der technischen Zivilisation möglichst freie Erfahrungsräume zu erschließen und einen entsprechenden Lebensstil (z.B. ohne Drogen wie Alkohol und Nikotin) zu entwickeln. Die Formen dieses Aufbruchs charakterisiert Hermann Glaser: *"In der 'Kluft' [...] ging man auf 'Fahrt'; Wandern wurde zum Traum [...]. Sehnsucht nach Gemeinschaft und Suche nach dem eigenen Ich (dem jugendlichen Ich in seiner Eigenart) bestimmte die vielen Jugendgruppen, die im Zeichen des 'Aufbruchs' nach einem Jugendland und Jugendreich [...] Freiheit zu verwirklichen trachteten."*[94]

Da sie viele Jugendliche ansprach, griff die Bewegung rasch um sich, und durch Spaltung und Neugründungen entstanden in schneller Folge verschiedene Wandervogelbünde (Jungwandervogel, Altwandervogel, Fahrende Gesellen, Akademische Freischar, Neudeutsche Wandervögel u. a. m.), deren größter, der "Wandervogel e. V.", auf seiner Höhe mehr als 40.000 Mitglieder zählte. Die älteren Wandervögel schlossen sich 1920 im oben erwähnten "Kronacher Bund" zusammen und ein Teil der katholischen männlichen Wandervögel im uns ebenfalls bekannten Bund "Kreuzfahrer". Bei letztgenanntem handelte es sich nicht um eine ganz neue Gruppierung, sondern um einen Bund, der sich erst mit dem Durchbruch zur Jugendbewegung von seinem Ursprungsverband, der DJK Rhein-Weser, getrennt hatte, nachdem er sich nach Auseinandersetzungen zwischen Wanderern und 'Nur-Sportlern' ab Juli 1921 unter dem Namen "Kreuzfahrer – wandernde katholische Jugend" als selbständige Bewegung der vorwiegend werktätigen katholischen Volksjugend aus dem rheinisch-westfälischen Industriegebiet mit seinen Großstädten und Arbeitsproblemen innerhalb der DJK konstituiert hatte.[95] Die relativ unbedeutende Gruppe mit etwa 2.000 bis 2.500 Mitgliedern verstand sich anders als der ansonsten ähnliche Wandervogel als eine katholisch geprägte Bewegung, die sich unter besonderer Berücksichtigung der Pflege von Leib und Seele vor allem für eine lebendige *"Pfarrjugendgemeinschaft"* und die ganze Pfarrgemeinde einsetzen wollte: *"Kreuzfahrer wollen wir für unsern Katholizismus sein. Unser Kreuzzug gilt der*

---

[89] WV vom 3. Juni 1927, Nr. 154 und BZ vom 8. Juni 1927, Nr. 130. Die weiblichen Teilnehmerinnen waren in der Burg, die Männer im Ort untergebracht.

[90] BZ vom 18. Juni 1927, Nr. 138.

[91] WV vom 10. Juni 1933.

[92] Walter Laqueur, Die deutsche Jugendbewegung. Eine historische Studie, Köln 1978, S. 13.

[93] Hierzu und zum folgenden die bereits mehrfach angegebene Literatur zu Jugendbewegung und -verbänden: Hastenteufel, Selbstand und Widerstand, a. a. O., S. 20 f.; die Artikel zur 'Jugendbewegung' und zu den 'reichsdeutschen Jugendverbänden' in den verschiedenen Auflagen des Lexikons der Pädagogik; Raabe, a. a. O., S. 12–22; Klönne, a. a. O., S. 96–104; Pross, a. a. O., S. 60–74; Laqueur, a. a. O., S. 13–79. Weitere Angaben zu Anfang und Wesen des Wandervogels bei Georg Korth, Wandervogel 1896 – 1906. Quellenmäßige Darstellung nach Karl Fischers Tagebuchaufzeichnungen von 1900 und vielen anderen dokumentarischen Belegen, Frankfurt 1967; Ulrich Aufmuth, Die deutsche Wandervogelbewegung unter soziologischem Aspekt, Göttingen 1979 sowie Hermann Giesecke, Vom Wandervogel zur Hitlerjugend, Jugendarbeit zwischen Politik und Pädagogik, München 1981, S. 17–38.

[94] Hermann Glaser, Art. "Jugendbewegung", in: Lexikon der Pädagogik, Bd. 2, a. a. O., S. 347. Vgl. auch Giesecke, a. a. O., S. 17–29, Karol Szemkus, Gesellschaftliche Bedingungen zur Entstehung der deutschen Jugendbewegung, in: Walter Rüegg (Hg.), Kulturkritik und Jugendkult, Frankfurt a. M. 1974, S. 39–46 und Hans Bohnenkamp, Jugendbewegung als Kulturkritik, in: Rüegg, ebd., S. 23–38.

[95] Vgl. bes. Hastenteufel, Selbstand und Widerstand, a. a. O., S. 37 f. sowie den Abschnitt "Die Kreuzfahrer" bei Henrich, a. a. O., S. 243–248 und bei Raabe, a. a. O., S. 81 f.

indifferenten Jugend, wir wollen sie zum Handeln, zu Taten bewegen, sie mit dem Katholizismus erfüllen."[96]

Bei dem "Jungkreuzbund", der im Jahre 1932 mit insgesamt 500 Mitgliedern auf der Wewelsburg getagt hat, handelt es sich um einen weiteren Bund der katholischen Jugendbewegung für Jungen und Mädchen. Mit seinen circa 2.000 Mitgliedern gehört er wie die Kreuzfahrer zu den kleineren der reichsdeutschen Jugendverbände, im Gegensatz zu den meisten jedoch zu den wenigen total abstinenten Bünden jener Zeit.[97]

Eine andere im Zusammenhang mit der Wewelsburg erwähnte wichtige Vereinigung von Jugendlichen ist der am 31. Juli 1919 vom Kölner Erzbischof Kardinal Felix von Hartmann zur Aufnahme der bisher in Preußen verbotenen Jugendpflegearbeit an den katholischen Schülern der höheren Lehranstalten gegründete und stark von dessen

[96] Zitiert bei Henrich, ebd., S. 243.

[97] Neben der allgemeinen Literatur bes. Hastenteufel, Jugendbewegung und Jugendseelsorge, a. a. O., S. 37 und Pfliegler, a. a. O., Sp. 1269.

Blick auf den Südflügel im Jahre 1932 (Westfälisches Landesamt für Denkmalpflege Münster)

Generalsekretär, dem Jesuitenpater Ludwig Esch (1883 – 1956), geprägte Bund "Neudeutschland – Verband (männlicher) katholischer Schüler höherer Lehranstalten", der in der bündischen Zeit,[98] wie Paul Hastenteufel bemerkt, *"einen weit über seine zahlenmäßige Bedeutung hinausgehenden Einfluß ausübte."*[99] Wie schon der Name "Neu-Deutschland" ausdrückt, war das Hauptziel des etwa 12.000 Mitglieder umfassenden Verbandes die Mitarbeit an der religiös-sittlichen Erneuerung des Volkes.[100] Entsprechend lauten die Satzungsvorschläge auf dem ersten Verbandstag des Bundes Neudeutschland 1919 in Köln: "*1. Erfassen der katholischen Welt- und Lebensanschauung, ein Katholizismus der Tat; 2. Dienst am Vaterland; 3. Betätigung in sozialen und karitativen Aufgaben; 4. Pflege edler Geselligkeit; 5. Wanderungen, Volkslied, Sport.*"[101] Prägend wurden für den Bund Neudeutschland die im sog. "Hirschbergprogramm" von 1923 formulierten Leitsätze zur Erziehung zum "Ganzmenschen" in Einheit von Religion und Leben. Sie standen unter dem Zielgedanken der neuen Lebensgestaltung in Christus und zeigten einen zweifachen Weg zu diesem Ziel auf, nämlich den "*Sinn und Willen zu gesunder Jugendbewegung, und das ernste Streben zu einem innerlich echten Katholischsein*".

Die meisten der hier erwähnten und kurz vorgestellten Gruppen, die sich auf der Wewelsburg aufhielten, wurden vom Burgwart verpflegt und verbrachten ihre Zeit, den Strömungen und Tendenzen ihrer Zeit entsprechend, auf der einen Seite mit Diskussionen, Referaten, Vorträgen und Gesprächs- und Arbeitskreisen zur Fort- und Weiterbildung, auf der anderen Seite mit musikalischen, sportlichen und spielerischen Veranstaltungen sowie mit der Vorführung von Puppen- und Theaterspielen und alten Volkstänzen. Damit haben sie die allgemeinen Formen der Jugendbewegung zwischen 1900 und 1933 realisiert, die – wie Th. Schumacher betont – ihren Ausdruck weniger in klaren Ideen gefunden habe als in bestimmten gemeinsamen Handlungen, deren angestrebte gemeinschaftsbildende Atmosphäre insbesondere durch den Abstand von gewohnten Lebensumständen, das Aufeinanderangewiesensein und die klaren und einfachen Forderungen des Miteinanderlebens in der Gruppe, auf der "Fahrt" und der "Wanderung" erreicht wurde sowie durch die neuen Formen der Geselligkeit, die sich im Gespräch und vor allem in den Festen äußerten, durch die Entdeckung von Volkslied, Volkstanz, Laienspiel und die Entwicklung von "*werkmäßig echter Kleidung.*" Werte wie "*Heimat*" und "*Volkstum*" sollten sich darin verwirklichen.[102]

Nicht nur eine Ausnahme unter den bisher aufgeführten Tagungen und Versammlungen auf der Wewelsburg, sondern auch eine Abweichung von dem oben erwähnten Prinzip des Kreises Büren in bezug auf die Vergabe der Burgräumlichkeiten bildet die Friedenskundgebung des "Friedensbundes Deutscher Katholiken" – Bezirk Büren-Paderborn – vom 6. September 1931.

Die Tatsache, daß der Bürener Landrat von Solemacher-Antweiler zum einen die Wewelsburg mit stillschweigender Billigung zur Verfügung stellte, obwohl es "*von jeher Übung der Kreisverwaltung gewesen [war], nur unpolitische Tagungen in der Wewelsburg zuzulassen,*" und möglicherweise sogar Ruhestörungen zu erwarten waren, und daß er zum anderen an der Kundgebung selbst teilnahm, spricht für seine persönliche Wertschätzung dieser Organisation und der von ihm als "*Versammlung der Friedensfreunde*" titulierten Veranstaltung.[103] In einem Brief an den Wewelsburger Pfarrer und Geistlichen Rat Johannes Pöppelbaum, Mitglied des F.D.K. und Organisator der Veranstaltung, vom 31. August 1931, schrieb er dazu:

"*Wie Sie wissen, ist es von jeher Übung bei der Kreisverwaltung gewesen, nur unpolitische Tagungen in der Wewelsburg zuzulassen. Wenn bisher einmal eine*

---

98 Für einen "Bund" ist laut Angaben von L. H. Ad. Geck charakteristisch: der Zusammenschluß Gleichgesinnter im Bekenntnis zu einem Ideal oder einer Lebensform; irrationale Hingabe an den Bund; Bewußtsein der aus der Gleichheit oder Einheit gegebenen Verpflichtung dem Bund wie jedem Einzelnen gegenüber. – Die Jugendbewegung seit 1900, deren Mitglieder unter entschiedener Ablehnung überkommener Lebensformen sich von Elternhaus, Schule und Gesellschaft emanzipierten, strebte aus jugendlichem Erleben zu einer neuen Sozialform "*aus eigener Bestimmung vor eigener Verantwortung mit innerer Wahrhaftigkeit*" (sog. Meißner-Formel). Da die Entdeckung des Ich mit dem Einsamkeitsgefühl verbunden sei, habe der Sozialtrieb aus diesem Jugenderlebnis zum Bund als Gemeinschaftsform geführt. Vgl. Geck, Art. "Bund", in: Lexikon der Pädagogik, Bd. 1, Freiburg 1952, Sp. 583 f.
"*Die neue soziologische Form des 'Bundes' [...] bedeutet einen groß angelegten Versuch, ein selbständiges deutsches Jugendleben aus den Eigenkräften der Jugend aufzubauen und ihr als einem eigenen Stand innerhalb des Volkes Anerkennung und geschichtlichen Raum zu verschaffen.*" Karl Seidelmann, Bund und Gruppe als Lebensformen deutscher Jugend, München 1955, S. 43, zitiert nach: Hastenteufel, Jugendbewegung und Jugendseelsorge, a. a. O. Weitere Ausführungen zum Begriff "Bund" bei Felix Raabe, Die Bündische Jugend. Ein Beitrag zur Geschichte der Weimarer Republik, Stuttgart 1961, besonders S. 56 ff., Giesecke, a. a. O., S. 87–108 sowie Laqueur, a. a. O., S. 171–184. Wie Geck bestreitet auch Hastenteufel die verbreitete Annahme, der mit 'Bündigung' bezeichnete Zusammenschluß innerhalb der aus der freien Jugendbewegung stammenden Gruppen sei nur auf die Zeit zwischen 1923 und 1933 beschränkt und nicht etwa auch auf die Zeit vor dem 1. Weltkrieg anzuwenden. Vgl. dazu auch die Ausführungen Arno Klönnes, in: Ders., Jugend im Dritten Reich, Die Hitler-Jugend und ihre Gegner, Dokumente und Analysen, Köln 1982, S. 96–104.

99 Hastenteufel, Jugendbewegung und Jugendseelsorge, a. a. O., S. 27.

100 Pfliegler, a. a. O., Sp. 1269; Hastenteufel, Selbstand und Widerstand, a. a. O., S. 37; ders., Jugendbewegung und Jugendseelsorge, a. a. O., S. 25 f.; besonders aber Henrich, a. a. O., S. 151–216 und Raabe, a. a. O., S. 78–81

101 Henrich, ebd., S. 157 f.

102 Vgl. Th. Schumacher, Art. "Jugendbewegung", in: Lexikon der Pädagogik, Bd. 2, Freiburg 1953, Sp. 961 f. sowie die Ausführungen zur Jugendbewegung jener Zeit oben S. 109 ff.

103 KA PB Nr. B 410, Schreiben vom 31. August 1931. Als Beispiel für die vom Landrat eventuell erwarteten Ruhestörungen bei der Kundgebung in der Wewelsburg sei auf das vom Bezirk Ostwestfalen des F.D.K. unter großer Beteiligung der Ortsgruppen Paderborn und Büren organisierte frühere Treffen auf dem Borberg bei Brilon verwiesen, bei dem die Gruppe Olsberger Nationalsozialisten die Begrüßungsreden und den Beginn der an der Borberg-Kapelle abgehaltenen Muttergottesandacht durch Zurufe und Lärm gestört hatten, "*bis sie durch zwei Förster und einen Polizeibeamten und mit Hilfe einer Reihe tatkräftiger Männer schrittweise vom Borberg weggedrängt werden konnten.*" A. Koch, Die Borbergkapelle, Manuskript Brilon 1960, S. 4, zitiert nach: Dieter Riesenberger, Der Friedensbund Deutscher Katholiken in Paderborn – Versuch einer Spurensicherung, Paderborn 1983, S. 23.

Zentrumssitzung und jetzt die Versammlung der Friedensfreunde dort mit stillschweigender Billigung stattfinden, so sind dieses Ausnahmen, die aber doch nicht zum Regelfall werden dürfen. Da es sich um ein Gebäude handelt, welches in öffentlicher Verwaltung steht, müßte logischer Weise auch anderen Parteien zu gleichen Zwecken die Benutzung überlassen werden. Diese Konsequenz wäre in vielen Fällen außerordentlich unerwünscht. Ich möchte auch daran erinnern, daß eine ähnliche Friedenskundgebung in Brilon stattgefunden haben soll, bei der es zu erheblichen Ruhestörungen gekommen ist, mit denen in Wewelsburg unter Umständen auch zu rechnen sein wird."[104]

[104] Ebd.

Tagung der neudeutschen Westfalenmark an der Wewelsburg.

In den Tagen vom 7. bis 13. Juni 1927 hielt die neudeutsche Westfalenmark am Fuße der Wewelsburg bei Paderborn ihre diesjährige Marktagung ab. Auf einer Wiese im Almetal war ein Lager von 24 Zelten entstanden die den 400 Jungen, die aus ganz Westfalen sich hier zusammengefunden hatten, Unterkunft und Schutz vor Wind und Wetter boten.

Der Vorabend brachte den Teilnehmern einen kurzen Auftakt am Lagerfeuer und eine dem Geiste der Bewegung entsprechende Stimmung. Am folgenden Morgen nach der hl. Messe und einem gemeinschaftlichen Kaffeetrinken begann die eigentliche Arbeit. Die Referate für alle Tage hatte der geistliche Führer der neudeutschen Westfalenmark, Pater Graupoael S. J. übernommen. Nach den einzelnen Referaten teilten sich die Teilnehmer zu Aussprache- und Arbeitskreisen, in denen das Gehörte weiter verarbeitet wurde. Der weitere Verlauf der Tage galt Sport und Spiel und einer täglich stattfindenden Singstunde. Die ganze Tagung stand unter dem Zeichen des frohen Schaffens. So behandelten die Referate an den verschiedenen Tagen die Themen: frohes Schaffen für Gott, frohes Schaffen unter uns, frohes Schaffen in uns. In allem kam stets das Ziel zum Ausdruck, die Gemeinschaft der Mark zu fördern und in praktischer Gruppenarbeit neue Mittel und Wege im Sinne echter katholischer Weltanschauung zu finden. Am Abend des ersten Tages erzählten und sangen die Gaue, deren die Westfalenmark fünf hat und zwar den Gau „Dreizehnlinden" (umfassend das Paderborner Land und das Weserbiet), den „Mallinckrodtgau" und den „Westlichen Gau" (umfassend das Industriegebiet von Dortmund bis Osterfeld), den Gau „Rote Erde" (das Sauerland umfassend) und den Gau „Münsterland" von ihrer Heimat. Am Freitagnachmittag fand ein großes Geländespiel statt, das die Eroberung der Wewelsburg mit 200 Angreifern und 200 Verteidigern zur Aufgabe hatte. Das Spiel weckte die rege Anteilnahme der Dorfbewohner und endete mit der Einnahme der Burg. Ein lustiger Abend beschloß diesen anregend verlaufenen Tag. Der Sonntag war dem Gedenken Hermann v. Mallinckrodts, des großen Führers der Katholiken im Kulturkampfe an dessen Grabe gewidmet. Am letzten Abend hatte das neudeutsche Lager die Bewohner des Dorfes Wewelsburg zu einem Abend auf der Burg eingeladen, um ihnen für die bewiesene Gastfreundschaft zu danken. Das Abbrennen eines großen Feuers, um das sich die Teilnehmer versammelten und das Westfalen- und Deutschlandlied sangen, beschloß die Tagung. Die Leitung der Westfalenmark ist von Franz Elsner-Vorken auf Anton Schnurbus-Menden übergegangen.

Bericht über die Tagung des Bundes Neudeutschland vom 7. – 13. Juni 1927 in der Bürener Zeitung (Bürener Zeitung vom 18. Juni 1927, Nr. 138 – KA PB Nr. B 410, Bl. 95)

Abgesehen von der erwähnten Achtung gegenüber dem Friedensbund Deutscher Katholiken, die in dem Schreiben von Solemacher-Antweilers an Pöppelbaum zum Ausdruck kommt, geben seine Ausführungen über Art und Weise der Vergabe von Burgräumlichkeiten zugleich auch Aufschluß über die Begrenzungen, denen er als konservativer, an sich jedoch "unpolitischer" Beamter[105] in seiner Position als Landrat und Vorsitzender des Kreisausschusses unterlag. Wenn er in diesem Brief auf die Praxis, nur unpolitische Tagungen in der Burg zuzulassen, sowie gleichzeitig auf die Ausnahmen hinwies, die bei Sitzungen des Zentrums und des F.D.K. gemacht wurden, und auf die möglichen Konsequenzen derselben, so bestätigte er damit eine taktisch begründete Vorgehensweise, bestimmten, politisch unliebsamen Veranstaltungen und Parteien aus dem Wege zu gehen und sich daneben noch eigene Entscheidungsspielräume frei zu lassen. Obwohl es sich bei der Wewelsburg um ein Gebäude handelte, das in öffentlicher Verwaltung stand und demgemäß "*auch anderen Parteien zu gleichen Zwecken die Benutzung [hätte] überlassen werden [müssen]*",[106] eine Tatsache, die jedoch, wie er selbst offen äußerte,"*in vielen Fällen außerordentlich unerwünscht [gewesen wäre]*",[107] wurden Anliegen der Zentrumspartei, die immerhin die Mehrheit in den Bürener Gremien Kreistag und Kreisausschuß stellte, bevorzugt behandelt. Während von Solemacher-Antweiler bei der früheren Entscheidung zugunsten des Zentrums, einer Partei, der er selbst – laut Aussage Pohlmeiers – eigentlich nur "*reserviert*" gegenüberstand,[108] wohl eher die politischen Verhältnisse im Kreise Büren berücksichtigt hat, dürfte bei der Vergabe der Burg an den F.D.K. in erster Linie seine persönliche Wertschätzung für diese in konservativen Kreisen nicht unumstrittene Gruppierung ausschlaggebend gewesen sein.

Der Friedensbund Deutscher Katholiken,[109] der mit seinen etwa 45.000 Mitgliedern zu einer der stärksten Friedensorganisationen jener Zeit zählt, ist – wie die gesamte katholische Friedensbewegung in Deutschland – in seiner Entstehung eng mit den Bemühungen des Zentrumsabgeordneten Matthias Erzberger (1875 – 1921) um die Beendigung des Ersten Weltkrieges sowie dem Friedensappell Papst Benedikts XV. (1851 – 1922) vom 1. August 1917 verbunden und inhaltlich von der Forderung nach einem klaren Bekenntnis zur Weimarer Republik geprägt. Der politisch dem linken Zentrumsflügel nahestehende Friedensbund, der seine Anhänger vor allem in den katholischen Jugendorganisationen, im "Windthorstbund", der Jugendorganisation des Zentrums, im "Katholischen Jungmännerverein", in der "Großdeutschen Jugend", bei den "Kreuzfahrern" sowie auch beim niederen Klerus fand – neben dem Wewelsburger Pfarrer Pöppelbaum gehörten ihm noch etwa 400 weitere Geistliche an –, sah seine spezifische Aufgabe darin, "*den Friedensgedanken unter Berufung auf die Bergpredigt innerhalb des deutschen Katholizismus und seiner zahlreichen Organisationen zu wecken und zu verbreiten*".[110]

Eine herausragende Bedeutung bei der praktischen Durchführung dieser Zielsetzung unter besonderer Berücksichtigung des Grundsatzes, die Menschen zu geistig mündigen Bürgern mit selbstverantwortlichem Handeln zu erziehen, kam dabei den einzelnen Orts- und Basisgruppen zu, die in den zwanziger Jahren unter anderem auch in Brilon, Paderborn und Büren gegründet worden waren. Dementsprechend ist auch die vom F.D.K., Bezirk Büren – Paderborn, vorbereitete Friedenskundgebung auf der Wewelsburg als eine jener zahlreichen Maßnahmen und Initiativen der Ortsgruppen der Umgebung zwischen 1928 und 1932, insbesondere Brilons und Paderborns, zu werten, mit der diese ihren konkreten Aufgaben[111] nachkamen. Die obengenannte Veranstaltung auf der Wewelsburg vom 6. September 1931 entsprach, wie auch das Borberg-Treffen bei Brilon nur wenige Tage zuvor,[112] der Aufgabe der Ortsgruppen, durch das Abhalten

---

105 Pohlmeier, Die Bürener Landräte, a. a. O., S. 103.

106 KA PB Nr. B 410, Schreiben vom 31. August 1931.

107 Ebd.

108 Pohlmeier, Die Bürener Landräte, a. a. O., S. 103.

109 Hierzu und zum folgenden Riesenberger, Die katholische Friedensbewegung in der Weimarer Republik, Düsseldorf 1976, S. 21-67 sowie ders., Der Friedensbund Deutscher Katholiken in Paderborn, a. a. O.

110 Riesenberger, Der Friedensbund Deutscher Katholiken in Paderborn, a. a. O., S. 8.

111 Diese Aufgaben waren: 1. Schulung der Mitglieder in allen für das Friedensgebiet wesentlichen Fragen durch Lektüre von grundsätzlich gehaltenen Schriften und durch Diskussion, 2. Sammlung von Zeitungs- und Zeitschriftenmaterial, soweit darin die Kriegs- und Friedensfrage behandelt wird, 3. Abhalten öffentlicher Versammlungen zur Werbung für die Friedensidee und den Friedensbund, 4. Beeinflussung von Presse und Rundfunk, 5. Bildung von Arbeitsgemeinschaften innerhalb der Ortsgruppe, 6. Sorge für die Einhaltung der Hauptrichtlinien des Bundes, Kontakt zur Zentrale und Mitarbeit bei der Vorbereitung der Reichstagungen. Riesenberger, Die katholische Friedensbewegung, a. a. O., S. 47 f. und ders., Der Friedensbund Deutscher Katholiken, a. a. O., S. 9 f.

112 Das genaue Datum der Veranstaltung des F.D.K. wird zwar von Riesenberger in seiner Schrift "Der Friedensbund Deutscher Katholiken in Paderborn – Versuch einer Spurensicherung" mit dem 13. September angegeben, muß aber auf jeden Fall v o r der Versammlung in Wewelsburg am 6. des Monats stattgefunden haben. – Riesenberger, Der Friedensbund Deutscher Katholiken in Paderborn, a. a. O., S. 22. – In der Zeitschrift "Der Friedenskämpfer" wird ohne genaue Terminangabe lediglich berichtet: "*In der ersten Septemberwoche veranstalteten unsere rührigen Westfalengruppen zwischen Paderborn und Brilon zwei große Friedenskundgebungen. Die erste vor der Friedenskapelle auf dem Borberg [...], die nächste fand unter Leitung des greisen Geistlichen Rats Pöppelbaum auf der Wewelsburg statt [...].*" Der Friedenskämpfer 7 (1931) S. 203. Während hier beide Kundgebungen in die erste Septemberwoche verlegt werden, läßt jedoch das Schreiben des Landrats vom 31. August auf einen noch früheren Termin schließen, da er darin bereits auf die Briloner Versammlung hinweist.

von öffentlichen Versammlungen und Diskussionen für die Friedensidee und den Friedensbund einzutreten. Anders als die Tagung bei Brilon, bei der allein die deutsch-französische Verständigung im Mittelpunkt stand, setzten sich die Teilnehmer der Veranstaltung auf der Wewelsburg, gemäß dem außenpolitischen Gesamtziel des F.D.K. – Einsatz für den Völkerbund einerseits und Eintreten für die Aussöhnung mit Frankreich und Polen andererseits – sowohl mit der deutsch-französischen als auch mit der deutsch-polnischen Problematik auseinander.

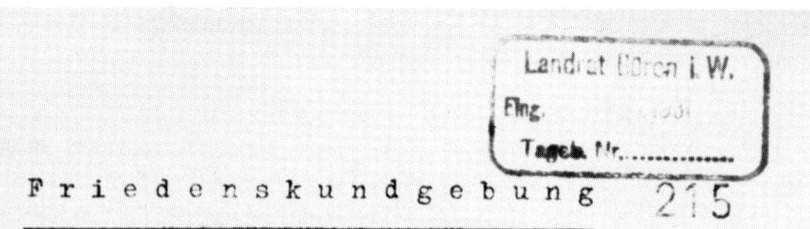

```
                    F r i e d e n s k u n d g e b u n g    215
                    ─────────────────────────────────

        am Sonntag, den 6. September 1931 auf der Wewelsburg
        Beginn 3 1/2 Uhr, vorbereitet durch den Friedensbund
        Deutscher Katholiken, Bezirk Büren-Paderborn

                              -o-

                         P r o g r a m m :

                      Sprechchöre und Vorträge;

        I. Thema: Die deutsch-französische Verständigung.

           Deutscher Redner:     Generalsekretär Paul
                                 L e n z , Frankfurt a.M.

           Französischer Redner: Professor P. B e r t o n ,
                                 kath. Geistlicher am
                                 Gymnasium in Reims.

        II. Thema: Die deutsch-polnische Verständigung.

           Redner: Lehrer J. W i e p e n , Weine.

                       Anschliessend Aussprache.

                  Wir bitten alle Friedensfreunde, für
              zahlreichen Besuch der Veranstaltung zu werben.

                   Der Friedensbund Deutscher Katholiken:

              Bezirk Paderborn.              Bezirk Büren.
```

Programm der Kundgebung des Friedensbundes Deutscher Katholiken, Bezirk Büren-Paderborn, in Wewelsburg am 6. September 1931 (KA PB Nr. B 410, Bl. 215)

Nach der Eröffnung der Kundgebung durch den Wewelsburger Pfarrer und Geistlichen Rat Pöppelbaum, bei der er den Landrat von Solemacher-Antweiler, den Bürgermeister Dr. Wand und die Redner des Tages unter den trotz des schlechten Wetters sehr zahlreich erschienenen Gästen besonders begrüßte, begann der Generalsekretär des F.D.K., Paul Lenz aus Frankfurt a. M., den ersten Teil der nachmittäglichen Veranstaltung mit seiner Rede über die Stellung der Katholiken zum Friedensproblem im allgemeinen und die deutsch-französische Verständigung im besonderen.[113] Dabei betonte er die herausragende Bedeutung, die der katholischen Gemeinschaft und dem christlichen Glauben in weiten Kreisen als wichtiger Friedensfaktor zukämen: "*Unser Glaube ist christlich, das heißt: Frieden wollen, den Nächsten und auch den Feind lieben, heißt Frieden halten und Frieden stiften.*"[114]

Da wahrer Friede ganz allgemein nicht allein äußerlich durch papierne Verträge erreicht werden könne, sondern nur verbunden mit einer entsprechenden inneren Geisteshaltung, gestützt auf die Faktoren Liebe, Wahrheit und Gerechtigkeit, so forderte Lenz ganz konkret als notwendige Voraussetzung und Bedingung für einen europäischen Frieden die Verständigung und Aussöhnung zwischen Deutschland und Frankreich. Interessant und in erstaunlichem Maße aktuell erscheint aus heutiger Sicht sein weiterer Hinweis auf die Notwendigkeit einer europäischen Wirtschaftsunion "*als dem besten Bollwerk gegen den Bolschewismus und Amerikanismus*".[115]

Nach Lenz nahm als weiterer Redner der französische Professor P. Berton, katholischer Geistlicher am Gymnasium in Reims, zu dem Problem der deutsch-französischen Verständigung Stellung. Auch er betonte, wie Lenz, als wichtigsten Schritt zum Frieden zwischen den beiden Völkern ihre Annäherung, die seiner Meinung nach nicht zuletzt und vor allem durch "*persönliche Fühlungnahme*" und gegenseitiges Kennenlernen der Bevölkerung herbeigeführt werden könne.

Über die deutsch-polnische Verständigung, das zweite Thema der Kundgebung, sprach Lehrer Wiepen aus Weine, Mitglied des F.D.K., Bezirk Büren – Paderborn. Gerade für eine Aussöhnung dieser beiden Völker, die aus verschiedenen Gründen besonders weit voneinander entfernt seien, müßten "*die Friedensfreunde hüben und drüben*" trotz der großen Schwierigkeiten, die sich ihnen entgegenstellten, eintreten. Als in beklemmender Weise die Zukunft vorwegnehmend sollte sich seine in diesem Zusammenhang gemachte Bemerkung erweisen, eine friedliche Verständigung zwischen Deutschland und Polen, von der weite Kreise glaubten, sie sei nicht zu erreichen, sei schon allein deshalb unbedingt notwendig und anzustreben, weil im anderen Falle "*ein Krieg an der Weichsel [...] unbedingt einen solchen am Rhein zur Folge [hätte ...] und damit einen solchen für ganz Europa.*" Um dies zu vermeiden, müßten gerade auch die deutschen Katholiken mit den polnischen eine Brücke des Verständnisses zu bauen suchen.[116]

In der sich anschließenden Aussprache meldete sich ein Freiherr von Landsberg "*als Mitglied des Stahlhelms*"[117] und "*als katholischer Deutscher*" zu Wort, um von den Positionen seines Bundes zum Friedensproblem sowie von seinen persönlichen Erfahrungen im deutschen Osten und den daraus gewonnenen Einschätzungen zu berichten. So betonte er unter anderem ausdrücklich, der Stahlhelm sei kein Kriegshetzer, auch wenn er "*den Pazifismus auf liberalem Boden*" ablehne; vielmehr wünsche er einen auf Wahrheit, Gerechtigkeit und Ehre aufgebauten Frieden und sei von daher auch bereit, "*im Geiste der christlichen Friedensliebe [...] dem Völkerfrieden zu dienen mit allen Mitteln, die möglich [erschienen].*"[118] Seine Warnung vor den für ihn größten Gefahren der Zeit, dem Bolschewismus und dem "*internationalen Mammonismus*", griff, nach einigen kurzen Bemerkungen zu den Ausführungen Landsbergs durch

---

113 Vgl. das Programm der Friedenskundgebung auf der Wewelsburg S. 114.

114 Hierzu und zum folgenden KA PB Nr. B 410, Zeitungsbericht: "Friedenskundgebung auf der Wewelsburg" (Quelle nicht zu ermitteln).

115 Ebd.

116 Ebd.

117 Bei dem "Stahlhelm" (eigentlich "Stahlhelm, Bund der Frontsoldaten") handelt es sich um einen im Jahre 1918 von F. Seldte gegründeten Zusammenschluß ursprünglich von Soldaten des 1. Weltkrieges, seit 1924 auch von Nichtkriegsteilnehmern, der – nominell überparteilich, tatsächlich jedoch national-konservativ ausgerichtet – zunehmend den antidemokratischen Rechtsparteien zuneigte, mit denen er ab 1929 die Republik offen bekämpfte (zusammen mit der DNVP, der NSDAP und der Vereinigung Vaterländischer Verbände bildete er ab 11. Oktober 1933 die sog. "Harzburger Front"). Nachdem ab Juni 1933 alle Mitglieder bis zum Alter von 35 Jahren in die SA eingegliedert worden waren und man seit April 1934 den Rest des Stahlhelms in "Nationalsozialistischer Deutscher Frontkämpferbund" umbenannt hatte, folgte im November 1935 schließlich seine endgültige Auflösung.

118 Ebd.

Lehrer Wiepen und Abbé Berton, der Generalsekretär des F.D.K., Paul Lenz, in seinem allgemeinen Schlußwort zur Veranstaltung noch einmal auf. Mit dem Hinweis auf die unbedingte "*Notwendigkeit friedlicher internationaler Verständigung*" und der Ergänzung, auch der Kampf gegen Moskau müsse mit g e i s t i g e n Mitteln geführt werden, ging die Friedenskundgebung des Friedensbundes Deutscher Katholiken, Bezirk Büren – Paderborn, auf der Wewelsburg zu Ende.[119]

Nach einem "*warmen Appell*" an die Friedensfreunde, der "*begeisterten Widerhall*" fand, konnte der Geistliche Rat Johannes Pöppelbaum die Versammlung, die entgegen den vorherigen Befürchtungen und Erfahrungen ohne jeden Zwischenfall verlaufen war, nach mehr als zwei Stunden schließen.

Auch diese für die Wewelsburg und ihre Geschichte sehr bedeutsame Tagung ist, wie alle anderen, letztlich nur dadurch möglich gewesen, daß der Kreis Büren die Wewelsburg hergerichtet und zur Verfügung gestellt hatte. Durch den Ausbau der Burg und ihre Nutzbarmachung für Tagungen, Versammlungen und Veranstaltungen jeder Art war neues Leben in die Burg eingekehrt, das, wie Franz Heger vom "Kronacher Bund" einmal im Westfälischen Volksblatt ausführte, von nicht geringerer Bedeutung war als das vergangener Zeiten.[120]

Wie der ständig wachsende Zustrom zur Burg in jener Zeit beweist – allein in den ersten zwei Jahren nach ihrer Eröffnung haben etwa zwanzigtausend Menschen die Burg besucht –,[121] war es dem Kreis Büren gelungen, die Wewelsburg zu einem Ort zu machen, der aus unterschiedlichen Anlässen viel besucht wurde.

Den Ausbau der Burg kann man somit auch in dieser Hinsicht als erfolgreich bezeichnen und als eine weitere Bestätigung sehen für die Stellung der Wewelsburg als kultureller Mittelpunkt des Kreises Büren sowie insbesondere für ihre vor allem innerhalb der katholischen Jugendbewegung herausragende und auch überregional anerkannte Bedeutung als Zentrum der Jugendbegegnung.

4. Die Wewelsburg als Zentrum der Heimatpflege

"*Als die Kreisverwaltung im Jahre 1925 die Wewelsburg der Öffentlichkeit übergab, gab sie ihr als Zweckbestimmung mit, daß sie eine Heimatburg [...] des Kreises sei.*"[122]

Diese Worte sprach Landrat Freiherr von Solemacher-Antweiler im Jahre 1929 in Wewelsburg bei der Einweihung des neuen Sportplatzes und zur Eröffnung der aus diesem Anlaß nach den Richtlinien der Reichsjugendwettkämpfe ausgerichteten Sportveranstaltung. Sie formulieren nicht mehr als ein Programm und sagen zunächst noch nichts über die tatsächliche Bedeutung der Burg aus.

Daß die Wewelsburg als Ort der Heimatpflege jedoch – nicht zuletzt wegen der allgemeinen Stimmung der Zeit – zumindest im Bewußtsein der Bevölkerung des Kreises wie auch des Vereins zur Erhaltung der Wewelsburg eine noch größere Rolle gespielt hat als Zentrum der Jugendbegegnung und Versammlungs- und Tagungsstätte, beweist schon die Tatsache, daß der Gedanke, die Burg für die Heimatpflege nutzbar zu machen, im Jahre 1924 sowohl die größte Überzeugungskraft besessen hatte als auch mit dem Ausbau des Westflügels zur Unterbringung des Kreisheimatmuseums als erstes in die Tat umgesetzt wurde. Abgesehen von ihrer äußerlichen Symbolkraft für den Kreis Büren prägt sich ihre Funktion als Stätte der Heimatpflege darüber hinaus durch die

---

119 Im Novemberheft der Zeitschrift "Der Friedenskämpfer", in dem über die Versammlung in Wewelsburg berichtet wurde, steht als Reaktion auf die Ausführungen des Frhr. von Landsberg: "*Der einzige Diskussionsredner Freiherr von Landsberg, Gauführer des Stahlhelm, hatte leider die noble Behandlung, die ihm in den Antworten auf seine Einwände zuteil wurde, nicht verdient, wie er mit seinem zum Teil entstellenden, aber ganz und gar unfairen Artikel über die Versammlung in einer Stahlhelmzeitung bewies. Erst kommt er mit einer fertig ausgearbeiteten und gut auswendig gelernten Rede, wahrt aber den Ton ritterlicher Gegnerschaft, Redner anerkennen das, die Gegner reichen sich die Hand und siehe da, hinter ihrem Rücken ist alles anders. Herr Baron, ist das Etappenmethode?*" – Der Friedenskämpfer 7 (1931) S. 203.

120 BZ vom 18. Mai 1926, Nr. 113.

121 WV vom 3. Juni 1927, Nr. 154.

122 BZ vom 13. August 1929, Nr. 86.

Aufnahme einer Versammlung der Teilnehmer der Reichsjugendwettkämpfe 1929 im Innenhof (KM W Fotoarchiv 1.5.4.)

zahlreichen Heimatfeste ein, von denen das von Kreis und Burgverein gemeinsam veranstaltete Kreisheimatfest im Jahre 1929 wohl den Höhepunkt bildete. Das engagierte Interesse des Kreises an der Heimatpflege hatte seinen Ausgang genommen von der Gründung eines Heimatmuseums für den Kreis Büren, dem wir uns im folgenden zuwenden wollen.

Im Dezember 1922 war an sämtliche Amtmänner des Kreises sowie an sechzehn weitere Persönlichkeiten aus der Stadt Büren eine Einladung des Landrats Dr. Vogels zu einer Amtmannskonferenz am 8. Januar 1923 ergangen, deren erster und wichtigster Tagesordnungspunkt der Heimatschutz und die Errichtung eines Heimatmuseums für den Kreis Büren sein sollte.[123] – Der in dieser Sitzung von Vogels, unterstützt von dem Kreisheimatpfleger Tüffers, vorgestellte Vorschlag, den in letzter Zeit allgemein zunehmenden Anstrengungen zur Heimatpflege Rechnung zu tragen und die entsprechenden Bestrebungen des Sauerländischen Gebirgsvereins durch die vom Vorsitzenden des Westfälischen Heimatbundes, Abteilung Paderborn, Professor Fuchs, angeregte Gründung einer Ortsgruppe und die Einrichtung eines Kreisheimatmuseums zu fördern,[124] hatte – wie Vogels in seinem im Heimatbuch 1925 abgedruckten Verwaltungsbericht bemerkt – "*sofort überall freudigen Anklang, opferbereite Mitarbeit und*

123 KA PB Nr. B 423, Schreiben vom 22. Dezember 1922.

reiche Gebefreudigkeit" gefunden.[125] – Um den einmal gefaßten Plan in die Tat umzusetzen, waren schon bald darauf vier Sammelausschüsse, nämlich für 1. Kunst, 2. Naturkunde, 3. Heimat- und Volkskunde sowie 4. ein literarischer Ausschuß, gebildet worden, die die Sammeltätigkeit anregen und weitere Persönlichkeiten in den Ämtern und Städten des Kreises zum Beitritt gewinnen sollten. Zusätzlich hatte man einen Ehrenausschuß gegründet, in den Honoratioren der Industrie und des öffentlichen Lebens gewählt wurden, die das Projekt z. B. durch Geldmittel für die Anschaffung von Schaukästen und ähnlichem unterstützen sollten – eine Institution, die sich anscheinend so bewährt hat, daß man in ähnlicher Form auch bei der späteren Gründung des Burgvereins wieder darauf zurückkam.[126] In der Sitzung wurde noch ein Werbeschreiben an alle in Frage kommenden Personen des Kreises gebilligt, in dem diese nach eingehender Schilderung des Vorhabens zur Mitarbeit aufgerufen wurden,[127] sowie ein Aufruf an alle Bewohner des Kreises, das Unternehmen durch Gegenstände für die Sammlung zu unterstützen.[128] In einem Rundbrief an verschiedene Lehrer, Pfarrer, Amtmänner und Landwirte im Kreis heißt es: *"Der Heimatgedanke ist auf dem*

[124] Ebd., Protokoll der Amtmannskonferenz vom 8. Januar 1923 und das Schreiben des Landrats vom 9. des Monats.

[125] Heimatbuch des Kreises Büren 1925, a. a. O., S. 71.

[126] KA PB Nr. B 424, z. B. die Schreiben vom 24. Januar und 26. Februar 1923 – Vgl. oben S. 70 u. S. 78.

[127] Ebd., Rundschreiben vom 11. Januar 1923.

[128] BZ vom 11. Januar 1923, Nr. 8.

Bericht des Westfälischen Volksblattes über das Kreisheimatfest in Wewelsburg am 9. Juni 1929 (WV vom 11. Juni 1929, Nr. 161 – KA PB Nr. B 414, Bl. 73)

Marsche. An allen Ecken und Enden regen sich berufene Kräfte, unserem sinkenden Volke wenigstens eines zu erhalten; Liebe und Treue zur Heimat und dem Vaterlande. Der westfälische Heimatbund marschiert an der Spitze, Ortsausschüsse treten ihm helfend zur Seite. Da darf auch der Kreis Büren nicht zurückbleiben."[129] In einem speziell an die Mitglieder des Ehrenausschusses gerichteten Anschreiben vom selben Tage ist erläuternd ausgeführt: *"An Sie ergeht deshalb die Bitte, dem weiteren Kreisausschuß als Mitglied beizutreten und Ihre Kraft dem Gemeinwohl zur Verfügung zu stellen. Der Ausschuß soll keinen Verein mit Geldbeiträgen usw., sondern eine freie Arbeitsgemeinschaft darstellen, in der jeder nach seinem Können und seinen Kräften mitwirkt [...]".*[130]

Nach den ersten Planungen sollte das künftige Museum in zwei große Abteilungen, eine naturgeschichtliche und eine kulturhistorische, eingeteilt werden.[131] Die erstere sollte im Sitzungszimmer der neuerbauten Kreissparkasse, letztere in Räumen der Kreisverwaltung untergebracht[132] und zusammen mit der Einweihung des neuen Sparkassengebäudes in Büren bereits am 14. Juni des Jahres eröffnet werden.[133] Die ehrenamtliche Leitung des neuen Heimatmuseums übernahmen in Kooperation mit Vogels Kreiswegebauinspektor Peters und Kaufmann Terstesse für die kulturhistorische und der Oberlehrer a. D. und Kreisheimatpfleger Tüffers, der mit seiner umfangreichen Privatsammlung auch den Grundstock dazu gelegt hatte, für die naturgeschichtliche Abteilung.[134]

In Zusammenarbeit mit dem Landrat, mit Unterstützung der Ausschüsse und unter Mithilfe der ganzen Bevölkerung konnte die kulturhistorische Abteilung schließlich programmgemäß am 14. Juni 1923[135] und die naturwissenschaftliche Museumsabteilung, die mit gespendeten Vitrinen ausgestattet worden war, am 29. März des folgenden Jahres der Öffentlichkeit übergeben und mittwochs nachmittags zwischen drei und vier bzw. zwischen vier und fünf Uhr besichtigt werden.[136]

Die Rundschreiben und Aufrufe sowie ein an alle Haushalte im Kreis Büren verteiltes Flugblatt – *"Gegen die Verschleppung der Altertümer aus unserer Gegend: die Allgemeinheit wird dir großen Dank schuldig sein, wenn du dich bereit erklärst, [einen] Gegenstand für das Heimatmuseum schenk- oder leihweise zu überlassen"*[137] – hatte binnen weniger Monate den Erfolg, daß die Zahl der gespendeten Gegenstände so groß war, daß sich die vorläufige Unterbringung in den genannten Räumen als zu eng erwies.[138]

So erwuchs auch aus dieser Tatsache heraus eine weitere Begründung dafür, die Wewelsburg wiederaufzubauen, um in ihr unter anderem das bisher in *"gänzlich ungeeigneten und zerstreuten Räumlichkeiten"*[139] der Stadt untergebrachte Heimatmuseum zusammenzufassen und ihm damit – statt nach dem Vorbild einiger anderer Städte, ein kleines westfälisches Bauernhäuschen als Museum herzurichten - einen würdigen Rahmen zu verleihen.[140]

Als dann im April 1925 die Überführung des Museums von Büren nach Wewelsburg tatsächlich erfolgen konnte, standen in dem neu hergerichteten Untergeschoß des Westflügels sechs Räume mit insgesamt 425 Quadratmetern Ausstellungsfläche zur Aufnahme der circa fünfhundert naturwissenschaftlichen, prähistorischen, historischen und kunstgewerblichen Einzelstücke aus dem Kreis Büren und seinen Nachbargebieten bereit.[141]

Auch nach dem Umzug in die neuen Burgräume und der Neueröffnung des Heimatmuseums haben der Kreis und der inzwischen gegründete Verein zur Erhaltung

---

129 KA PB Nr. B 423, Schreiben vom 11. Januar 1923.

130 Ebd., Schreiben des Landrats vom selben Tage.

131 KA PB Nr. B 423, Protokoll der Sitzung vom 8. Januar 1923.

132 BZ vom 31. März 1923.

133 KA PB Nr. B 423, Schreiben vom 9. Januar 1923.

134 BZ vom 11. Januar 1923, Nr. 8 und vom 31. März 1923.

135 KA PB Nr. B 425, Einladung zur Eröffnung vom 11. Juni 1923.

136 Ebd., Schreiben vom 22. November 1923.

137 KA PB Nr. B 423. Vgl. auch S. 124.

138 Heimatbuch des Kreises Büren 1925, a. a. O., S. 71 sowie WV vom 10. Januar 1927, Nr. 7.

139 KA PB Nr. B 406, Schreiben vom 30. März 1925.

140 Dazu Pöppelbaum, a. a. O., S. 24.

141 KA PB Nr. B 423, Liste der Veränderungen des Kreisheimatmuseums vom 28. Oktober 1929.

der Wewelsburg, dem – wie schon erwähnt – ein Großteil derselben Männer angehörte, die auch 1923 bei der Einrichtung eines Kreisheimatmuseums beteiligt waren, die Sammeltätigkeit für das Heimatmuseum neben ihren Bemühungen für den Burgausbau so erfolgreich fortgesetzt – unter anderem durch die nochmalige Veröffentlichung des Flugblattes "*Gegen die Verschleppung der Altertümer*"[142] –, daß bis zum Jahre 1929 der Bestand der Museumsexponate auf tausend erhöht werden konnte.[143] Die Ausstellung, die sich in die drei Schwerpunkte – Urzeit und Vorgeschichte, Kulturgeschichte bis zur Gegenwart und Naturgeschichte der heimischen Region – teilte, war – wie der Tätigkeitsbericht über das Kreisheimatmuseum aus dem Jahre 1929 bezeugt – in den

142 BZ vom 21. Juli 1925, Nr. 165.

143 KA PB Nr. B 423, Liste vom 28. Oktober 1929.

Dankschreiben Bubens für seine Berufung in den Ehrenausschuß des Heimatmuseums vom 22. Februar 1923 (KA PB Nr. B 423, Bl. 44)

Jahren nach der Eröffnung insbesondere durch hauswirtschaftliche und kirchliche Gebrauchsgegenstände und Kunstwerke sowie um eine allerdings im Kreishaus in Büren aufbewahrte Heimatbibliothek und eine etwa dreißig Werke umfassende Kupferstichsammlung des Kreises erweitert worden.[144]

Nachdem die nach den ersten Sammelerfolgen im Jahre 1923 vom Landrat ausgesprochene Hoffnung, das Museum werde, wenn die Anstrengungen wie bisher fortgeführt werden könnten, zu einem "*Mustermuseum*" werden,[145] zumindest von diesen Voraussetzungen her eigentlich erfüllt war, endete das – wie die Besucherzahlen belegen

144 Ebd.

145 Ebd., Schreiben vom 2. August 1923.

Ablehnung der Wahl in den Ehrenausschuß durch den Grafen von Westphalen vom 5. Februar 1923 (KA PB Nr. B 423, Bl. 42)

– sehr erfolgreiche Kapitel des Heimatmuseums des Kreises Büren in der Wewelsburg wie das zuvor geschilderte der Jugendherberge und des Versammlungsortes 1934 mit der Übergabe der Burg an die SS.

Schon im Mai des Jahres 1934 hat man die Überführung des gesamten Museumsinventars in das Rektoratsschulgebäude der Stadt Büren angeordnet, das damals zwar noch benutzt wurde – zu diesem Zeitpunkt standen lediglich der große Bodenraum und wenig später auch das Obergeschoß für die Unterbringung der Gegenstände zur Verfügung –, zum Herbst des nächsten Jahres aber geräumt werden sollte.[146]

Über das weitere Schicksal des Museums bis zum Zweiten Weltkrieg ist bekannt, daß der Burgwart Hoischen im Mai 1935 von dem Nachfolger des inzwischen aus seinem Amt entfernten Landrats von Solemacher-Antweiler[147] angewiesen wurde, baldmöglichst, spätestens jedoch bis zum Ende seines Dienstverhältnisses am 1. Oktober, an die

146 Ebd., Schriftwechsel vom Mai 1934 sowie BZ vom 8. Oktober desselben Jahres.

147 StA Dt M 1 Pr Nr. 951, Schriftwechsel vom November/ Dezember 1934 zur Ablösung von Solemacher-Antweilers. Am 9. November 1934 Versetzung des Landrats in den einstweiligen Ruhestand und am 12. bzw. 19. Dezember des Jahres Berufung nach Wiesbaden. – In: Die Warte 11 (1934) S. 107 heißt es: *"In den einstweiligen Ruhestand versetzt wurde unser Mitarbeiter Landrat Freiherr Dr. von Solemacher-Antweiler. Mit heiligem Ernst hat sich Dr. von Solemacher-Antweiler immer für den Heimatgedanken eingesetzt und ihn in seinem 10-jährigen Wirken im Kreise Büren überall zu verwirklichen gesucht. [...] Das Heimatmuseum in der Wewelsburg, die Heimatbücher des Kreises und viele andere Errungenschaften auf dem Gebiete der Heimatpflege werden stets mit seinem Namen verbunden sein."*

Blick in den großen Keller des Westflügels vor seiner Herrichtung zum Heimatmuseum im Jahre 1924 (Westfälisches Landesamt für Denkmalpflege Münster)

Sichtung, Ordnung und eventuelle Wiederaufstellung der Museumsgegenstände heranzugehen.[148]

Im Februar 1937 teilte dann der neue Landrat des Kreises, NSDAP-Mitglied Ferdinand Eickel, dem Vorsitzenden der Vereinigung Westfälischer Museen in Münster auf dessen Anfrage hin mit, allerdings seien eine Reihe von Gegenständen des Heimatmuseums des Kreises Büren zur Zeit von der "*SS-Schule Haus Wewelsburg*" entliehen, zumal man sie wegen des beschränkten Raumes in der Rektoratsschule der Stadt Büren noch nicht wieder habe aufstellen und zur Besichtigung freigeben können, nach Fertigstellung des sich gerade im Neu- bzw. Umbau befindlichen Kreisverwaltungsgebäudes sei jedoch in Aussicht genommen, das Kreisheimatmuseum in diesem Gebäude unterzubringen und dann wieder zur Besichtigung freizugeben.[149] Gut zwei Jahre dauerte es zwar noch, bis

148 KA PB Nr. B 423, Schreiben vom 2. Mai 1935.

149 Ebd., Schreiben vom 6. Februar 1937.

Das Kellergeschoß des Westflügels als Domizil des Heimatmuseums im Jahre 1932 (Westfälisches Landesamt für Denkmalpflege Münster)

123

das Vorhaben in Erfüllung ging und entsprechende Ausstellungsflächen vorbereitet waren, aber seit April des Jahres 1939 waren dann tatsächlich drei Räume im Dachgeschoß als Museum eingerichtet.[150]

Abgesehen von der ständigen Einrichtung des Kreisheimatmuseums waren es vor allem die Veranstaltungen, die die Wewelsburg als Mittelpunkt der Heimatpflege auswiesen.

150 Der Patriot vom 29./30. April 1939.

Gegen die Verschleppung der Altertümer aus unserer Gegend.

Von Zeit zu Zeit liest man in den Blättern von Versteigerungen von Kunstgegenständen und Altertümern. Auch unlängst hat noch eine Versteigerung stattgefunden, bei der eine große Anzahl von Altertümern aus unserer Gegend umgesetzt worden ist. Wohin solche Gegenstände wandern, liegt auf der Hand. Die Kaufkraft der deutschen Museen ist erschöpft und die schönen alten Sachen werden nicht nur ihrer engeren und weiteren deutschen Heimat entzogen, sondern wandern ins Ausland. Bestenfalls bekommt sie im Inland ein reicher Mann, dessen Reichtum vielfach zweifelhaften Ursprungs ist und der sie dann als Prachtstücke in seinen Salon aufstellt, wo sie der Allgemeinheit entzogen sind. Daneben wandern auch viele, größtenteils unberufene Personen seit langen Jahren fleißig auf das Land hinaus, um die letzten noch vorhandenen Altertümer aus den Dörfern herauszuholen. Gesammelt werden hauptsächlich: alte Bücher, Bilder, Schriftstücke, Urkunden, Karten usw., alte Möbel, Schränke, Truhen, (Koffer), Laden, Uhren, alte Geräte aller Art, alte Geschirre, Schlüssel, Teller, Krüge, Töpfe aus Porzellan, Steingut, Ton, Glas, Zinn, schmiedeeiserne Beschläge, Schlösser, Grabkreuze, Statuen, Waffen, alte Münzen, ausgegrabene und gefundene Gegenstände. Viel zu vieles ist in dieser Weise schon aus unseren Dörfern herausgeholt worden und in alle Welt gewandert. Aber vieles ist auch noch da, was gerettet und der engeren Heimat, die in erster Linie ein Anrecht darauf hat, erhalten werden kann. Diese Aufgabe, die alten Zeugen der Vergangenheit des Kreises Büren, die noch vorhandenen „Altertümer" der engeren Heimat zu erhalten, hat sich unser

Heimatmuseum für den Kreis Büren

gestellt. Weiteste Mithilfe unserer ganzen Kreisbevölkerung ist bei diesem Werke notwendig. Deshalb tue jeder das, was in seinen Kräften steht, um die vorhandenen Altertümer restlos unserem Heimatmuseum zuzuführen. Vielleicht ist es für manchen schwer, sich von ererbten Altertümern, von altem Hausrat, alten Bildern usw. zu trennen und mancher wird sagen, daß die Gegenstände auch so gesichert seien, da man sie nie an einen Sammler abgeben werde. Das hat aber schon mancher gesagt, der hinterher seine Sachen doch verschenkt und verkauft hat und wer weiß, ob die Kinder und Kindeskinder ebenso treu den Besitz dieser Gegenstände erhalten werden, wie wir? Die reißende Abwanderung der Altertümer aus unserer Gegend in den letzten Jahrzehnten hat jedenfalls gezeigt, daß auch der beste Wille dem Sammeleifer auswärtiger Sammler machtlos gegenüber steht. Und wer weiß, ob uns die Sachen nicht eines Tages durch Brand oder sonstwie vernichtet werden oder abhanden kommen? Wer seine Altertümer so lieb gewonnen hat, daß er sie in seinem Eigentum behalten will, der gebe sie wenigstens leihweise dem Heimatmuseum. Auch dann sind sie der Allgemeinheit zugänglich. Auch dann erfreuen wir uns an dem Kunstsinn und der Fertigkeit unserer Vorfahren, erhalten wir und unsere Jugend reiche Belehrung über das Leben und Treiben früherer Geschlechter.

Hast du also ein Altertum im Besitz, so mache davon möglichst bald jemandem Mitteilung, der etwas davon versteht, dem Geistlichen oder Lehrer oder unmittelbar dem Landratsamt. Die Allgemeinheit wird dir großen Dank schuldig sein, wenn du dich bereit erklärst, den Gegenstand für das Heimatmuseum schenk- oder leihweise zu überlassen.

Aufruf zur Sammlung von Gegenständen für das Heimatmuseum aus dem Jahre 1923 (KA PB Nr. B 423, Bl. 63)

Neben den verschiedenen Tagungen zur Denkmals- und Heimatpflege – z. B. des Westfälischen Heimatbundes[151] – fand jährlich das Haupt- und Herbstfest der Ortsgruppe Wewelsburg des Vereins zur Erhaltung der Wewelsburg e. V.[152] sowie im Jahre 1929 ein besonderes, von Kreis und Burgverein gemeinsam veranstaltetes Kreisheimatfest statt.

Letzteres unterschied sich von den anderen Veranstaltungen dieser Art auf der Wewelsburg insofern, als auf Vorschlag des Bürener Zeitungsredakteurs Tochtrop am 18. März 1929 beschlossen worden war, in Verbindung mit dem Kreisheimatfest eine Gemäldeschau heimischer Künstler im Rahmen einer großangelegten "*heimatlichen Kundgebung*" feierlich zu eröffnen und dabei den Heimatdichter und Schriftsteller Karl Wagenfeld aus Münster zu bitten, den Festvortrag zu übernehmen.[153]

Bei einer Vorstandssitzung des Vereins zur Erhaltung der Wewelsburg entschloß man sich, nachdem man sich schon zuvor grundsätzlich dazu bereiterklärt hatte, das vom Kreis Büren angeregte Kreisheimatfest mitzugestalten und sich auch finanziell daran zu beteiligen, nicht nur dahingehend, mit dem Fest zugleich die jährliche Generalversammlung des Vereins zu verbinden, sondern begann zusammen mit dem anwesenden Landrat und Ehrenvorsitzenden des Burgvereins auch schon mit der Planung des Festverlaufs.[154]

Zusätzlich zu dem Vortrag Karl Wagenfelds hatte man die Mitwirkung des Paderborner Madrigalchores unter Leitung des Musikdirektors Otto Siegl[155] sowie des Chefredakteurs Ruppert aus Hamm, der unter dem Titel "*Heimat und Kunst*" über die Geschichte der Wewelsburg sprechen wollte, gewinnen können.[156] Deutet sich bei dem Programm schon an, daß das Fest ein herausragendes Ereignis für das Bürener und Paderborner Land werden sollte, so verstärkt sich dieser Eindruck noch, betrachtet man die lange Liste der verschickten Einladungen – mehr als 120 an sämtliche Landräte und Bürgermeister, die Vereine und an Persönlichkeiten aus Industrie, Staat und Kirche in

---

151 BZ vom 20. April 1927, Nr. 90 und KA PB Nr. B 411, Bericht über die Tagung des Westfälischen Heimatbundes auf der Wewelsburg am 18. Juni 1931.

152 KA PB Nr. B 414. Vgl. auch Abb. S. 74.

153 BZ vom 20. März 1929, Nr. 67.

154 Protokoll des Burgvereinsvorstandes, April 1929, in: Protokollbuch, a. a. O., S. 22 f. und BZ vom 12. April 1929, Nr. 85.

155 Bei dem "Madrigal" handelt es sich ursprünglich um eine aus Italien stammende lyrische Form mit zunächst ländlichen oder schäferlichen Motiven (ital. mandriale = Schäfergedicht), die dann meist ins Philosophische, Didaktische und Satirische abgewandelt wurden. In der Musik bezeichnet das Madrigal im 14. Jahrhundert in Italien das ein-, zwei-, seltener dreistimmige Solokunstlied mit Begleitung von Streichinstrumenten. Vor allem aber bezeichnet es die in Italien im 16. Jahrhundert ausgebildete Gattung des mehrstimmigen weltlichen Chorliedes ohne Instrumentalbegleitung, das weltliche Gegenstück zur Motette. In Deutschland wurde das Madrigalsingen gerade auch während der zwanziger Jahre "*durch die Jugendmusikbewegung, Singekreise und Madrigalchöre sehr gepflegt*". Der Große Brockhaus, Bd. 11, a. a. O., S. 750. – Vorbesprechung des Siegl'schen Madrigalchores in: BZ vom 18. Mai 1929, Nr. 115.

156 Protokoll der Burgvereinssitzung, April 1929, in: Protokollbuch, a. a. O., S. 22 f. sowie den Artikel in der BZ vom 12. April 1929, Nr. 85.

Einrichtung des Museums im Kellergeschoß nach seiner Fertigstellung im Jahre 1925
(KM W Fotoarchiv 1.4.7.4.1.)

ganz Westfalen[157] – sowie die auf alle Zeitungen des Umkreises, bis hin zur Sauerländer Zeitung, ausgedehnte Werbung für den Besuch des Kreisheimatfestes.[158]

Darüber hinaus empfahl beispielsweise der Wanderverein Almegau seinen Mitgliedern in Zeitungsnotizen, die in derselben Ausgabe erscheinenden Anzeigen des Kreises Büren zu beachten und der Einladung zum Kreisheimatfest auf der Wewelsburg zahlreich Folge zu leisten. Es sei ratsam, die Eintrittskarten zu dieser "*vielversprechenden Veranstaltung*" schon jetzt zu besorgen, da der Andrang recht groß zu werden verspräche.[159]

[157] KA PB Nr. B 414, Einladungslisten.

[158] Ebd. die in den verschiedenen Zeitungen der näheren und weiteren Region am 1. Juni 1929 erschienen Einladungen zum Kreisheimatfest des Kreises Büren auf der Wewelsburg. Vgl. auch S. 127.

[159] Ebd., Aufruf des Wandervereins Almegau an seine Mitglieder vom 6. Juni 1929, in: KA PB Nr. B 414.

Blick in das Kreisheimatmuseum im Jahre 1932
(Westfälisches Landesamt für Denkmalpflege Münster)

In seinen mehrfach veröffentlichten Geleitworten zum Kreisheimatfest[160] führte Landrat Dr. von Solemacher-Antweiler aus, die Wewelsburg solle ihrer Bestimmung als *"Heimatburg des Landes zwischen Diemel und Lippe"* diesmal dadurch gerecht werden, daß "Jugend, Heimat und Kunst" zum Grundgedanken des Kreisheimatfestes gewählt worden seien. So sei doch gerade diese Bergfeste wie keine andere dazu berufen, den inhaltsvollen Dreiklang auch in äußerer Harmonie zu begleiten.

In seiner Ansprache zur Eröffnung des Kreisheimatfestes, zu dem sich, wie die Zeitungen berichteten, *"Heimatfreunde"* aus den Kreisen Büren, Paderborn, Lippstadt und Brilon sowie der Regierungspräsident Hagemeister aus Minden mit seiner Frau eingefunden hatten,[161] betonte er noch einmal ausdrücklich die Pflege des Heimatgedankens als Grundgedanken dieser Veranstaltung, bevor er das Wort dem Vorsitzenden der Ortsgruppe Wewelsburg des Burgvereins und anschließend dem 1869 geborenen Volksschriftsteller und langjährigen Geschäftsführer des Westfälischen Heimatbundes, Dr. h. c. Karl Wagenfeld, übergab, der daraufhin seinen schon anläßlich der zehnten Tagung des Westfälischen Heimatbundes in Arnsberg gehaltenen Vortrag über "Heimat und Jugend" anschloß.

Es folgten die Ausführungen des Hauptredakteurs Dr. Ruppert über "Heimat und Kunst", die zugleich zu der Gemäldeschau von Künstlern aus dem Bürener und Paderborner Land überleiteten. Auf den Gemälden waren Motive des Almetales, der Wewelsburg, des Sintfeldes und der Umgebung Paderborns, aber auch Tiere, Portraits sowie Themen religiösen Charakters dargestellt. Die Bilder stammten von den Künstlern Ocken aus Hegensdorf, Mische aus Büren und Wilhelm Stiehl aus Wewelsburg sowie den Paderbornern Hunstiger, Josef Thiele, Waldemar Wilcke, Maria Nies, Georg Lucas und dem schon damals als Graphiker sehr bekannten Josef Dominicus. Darüber hinaus waren noch einige Amateurkünstler mit kleineren Arbeiten und der Kreisausschuß des Kreises Büren mit Kupferstichen aus dem 16. Jahrhundert an der Ausstellung beteiligt, die vier Wochen dauerte und im "Rittersaal" zu sehen war.

---

160 KA PB Nr. B 414; vgl. auch S. 128.

161 Hierzu und zum folgenden vgl. die Berichterstattung des WK vom 12. Juni 1929, Nr. 134, in: KA PB Nr. B 414 und des WV vom 11. Juni 1929, Nr. 161.

Einladung zum Kreisheimatfest am 9. Juni 1929 mit Veranstaltungsprogramm
(KA PB Nr. B 414, Bl. 84)

Aus der Heimat.

Dem Kreisheimatfest zum Geleit!

Der fünfte Sommer ist gekommen, seitdem die Wewelsburg der Oeffentlichkeit übergeben wurde.

Ihrer Bestimmung als Heimatburg des Landes zwischen Diemel und Lippe soll sie diesmal dadurch gerecht werden, daß „Jugend, Heimat und Kunst" zum Grundgedanken des Heimatfestes gewählt wurden. Ist doch gerade diese lebensstarke und formenschöne Bergfeste in besonderem Maße berufen, diesen inhaltsvollen Dreiklang auch in äußerer Harmonie zu begleiten!

Trägt aber nicht auch der Leitgedanke unseres Kreisheimatfestes etwas in sich, das uns alle angeht: Unser öffentliches und unser privates Leben? Denn, was wir gemeinhin das öffentliche Leben nennen, ist doch nicht allein die Politik, das Steuergesetz und die Kritik; ebensowenig wie unser Privatleben nur materielle Sorge sein kann und sein darf!

Alles öffentliche und private Leben bleibt unfruchtbar und unbefriedigend, wenn wir nicht von höherer Warte aus das Werden, Gestalten und Geschehen betrachten lernen und wenn wir nicht eine kulturelle Grundlage finden, die uns gemeinsam ist, die uns eint und die uns befriedigt. Was uns gemeinsam ist und was uns eint, ist der Gedanke und das Verstehen der Heimat, ist die uns allen gleiche Sorge für unsere Jugend, für die wir aus Pflichtgefühl und Liebe eintreten und der wir die Wege in eine bessere Zukunft ebnen wollen. Darum soll unser Kreisheimatfest eine Weihestunde sein der Besinnung auf unsere ethischen Pflichten zueinander und soll uns das Bewußtsein und die Freude an unserer Heimat und ihren Schönheiten aufzeigen und ins Gedächtnis zurückrufen.

Dr. Frhr. von Solemacher.

*

Geleitwort des Landrats zum Kreisheimatfest vom 9. Juni 1929 (KA PB Nr. B 414, Bl. 84)

Insgesamt, so bestätigten die Zeitungen übereinstimmend, war das Kreisheimatfest des Jahres 1929 auf der Wewelsburg *"eine machtvolle Kundgebung des heimatlichen Gedankens auf einer hohen Warte"*.[162] Zugleich bekräftigte es die Äußerung von Solemacher-Antweilers vom Beginn der Veranstaltung, wonach der starke Besuch bezeuge, den alle Heimatveranstaltungen auf der Wewelsburg bis dahin aufzuweisen gehabt hätten, daß der Heimatgedanke im Kreise Büren lebe und immer neue Belebung suche.[163]

Der Kreis Büren konnte zufrieden sein. Trotz der widrigen politischen und finanziellen Umstände hatte er es in nur wenigen Jahren fertiggebracht, alle seine mit dem Ausbau der Wewelsburg verbundenen Ziele durchzusetzen: Die alte Burg konnte in ihrer ursprünglichen Form erhalten und neuen öffentlichen Zwecken dienstbar gemacht werden. Durch das Heimatmuseum des Kreises Büren, die Jugendherberge und die Herrichtung des "Rittersaales" sowie anderer Veranstaltungsräume war sie zum Sammelpunkt der "Heimatfreunde", zur Jugendbegegnungsstätte, zum Ziel vieler Wanderer und zur breit angenommenen Versammlungs-, Tagungs- und Feierstätte geworden, wie sie kaum ein preußischer Landkreis zu jener Zeit besaß.[164]

162 Ebd.
163 Ebd.
164 BZ vom 20. April 1927, Nr. 90.

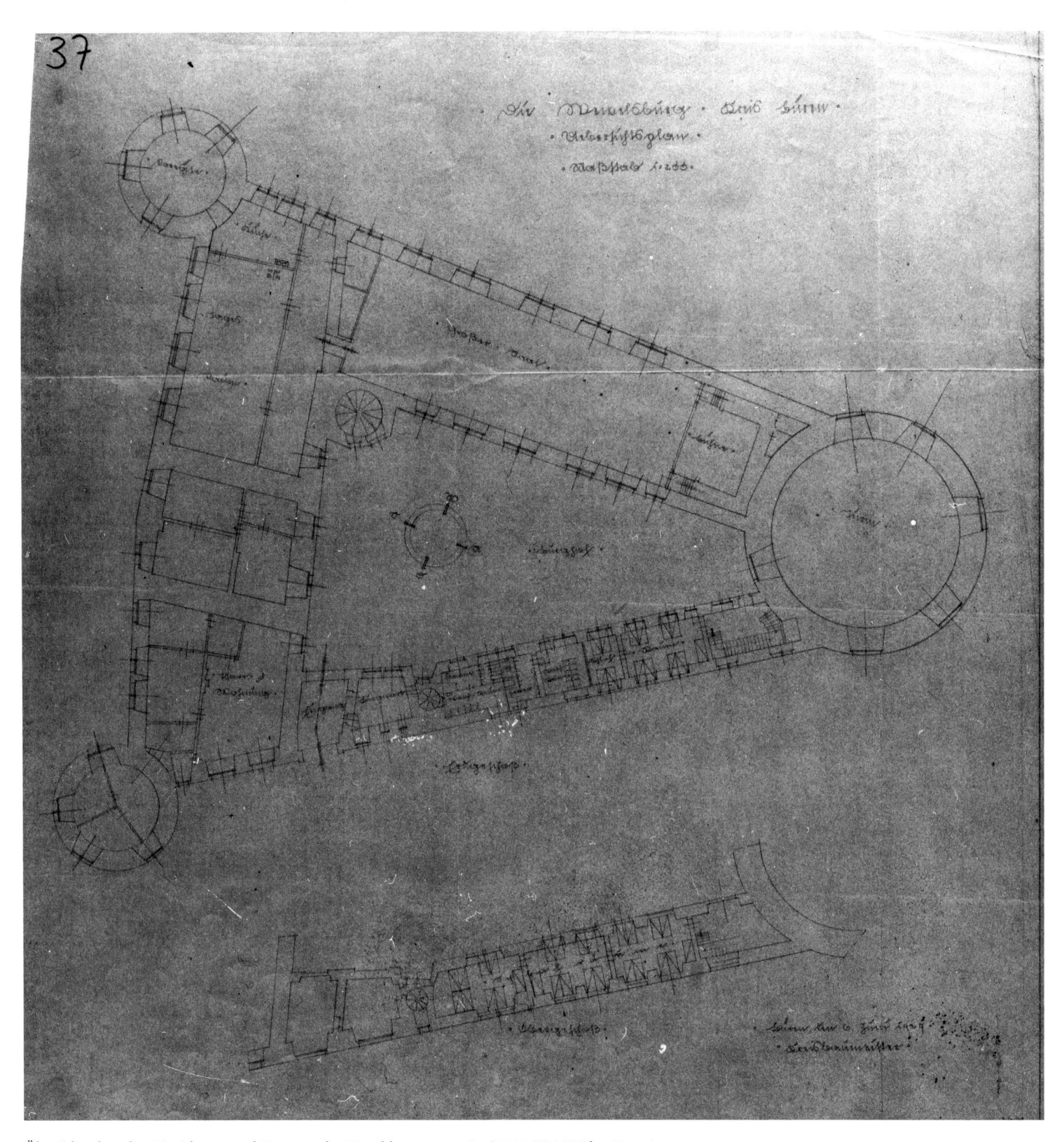

Übersichtsplan über Einrichtung und Nutzung der Wewelsburg vom 6. Juni 1929 (KM W Plan Nr. 37)

Ausblick

Zur Nutzung der Wewelsburg für kulturelle Zwecke nach dem Zweiten Weltkrieg

Auf die Entwicklung der Wewelsburg nach dem Zweiten Weltkrieg wenigstens kurz einzugehen, obwohl diese Zeit eine eigene und ausführliche Behandlung verdient und Versuche, diese fehlende Darstellung durch eine grobe Skizze zu ersetzen, immer mangelhaft bleiben müssen, gebietet sich hier jedoch insofern, als dieses jüngste Kapitel der Burggeschichte eine Reihe interessanter Parallelen bzw. Anknüpfungen an die oben beschriebene Zeit von 1919 bis 1933 aufweist. Unter den verschiedenen Konzeptionen, die seit 1945 für die Nutzung der Wewelsburg erwogen oder schließlich auch durchgesetzt wurden, sei im folgenden vor allem auf jene verwiesen, die trotz aller zusätzlichen Prägungen durch die jeweiligen Zeitumstände eine gewisse Affinität zu dem vorstehend behandelten Zeitraum bis in unsere Gegenwart hinein erkennen lassen.

So konnte die Wewelsburg nach dem Zweiten Weltkrieg nicht nur an ihre frühere Bedeutung als kultureller Mittelpunkt des Kreises Büren anknüpfen, sondern diese nach der kommunalen Neugliederung im Jahre 1975 und der Auflösung des Kreises Büren sogar noch dadurch ausbauen, daß sie sich auch zu einem Ort von kultureller Bedeutung für den vergrößerten Kreis Paderborn entwickelte.

Nach der Zeit des Nationalsozialismus, in der sie seit 1934 vom "Reichsführer SS", Heinrich Himmler, für seinen "*Orden unter dem Totenkopf*" angemietet worden war – ursprünglich als "*Reichsführerschule*" für die Gruppenführer der SS und als Ort nationalsozialistischer Zweckforschung, seit 1936 dann als pseudoreligiöses Kultzentrum und Repräsentationsstätte der SS-Gruppenführer gedacht und ausgebaut –, begann der Kreis Büren bereits im Jahre 1949 mit dem Wiederaufbau der auf Befehl Himmlers am 31. März 1945 gesprengten und völlig ausgebrannten und – wie schon bis nach dem Ersten Weltkrieg – wieder als Ruine dastehenden Wewelsburg.[1]

Ohne jede Diskussion stand fest, daß der alte Verwendungszweck aus der Weimarer Zeit als Jugend- und Tagungsstätte wieder aufgegriffen und fortgeführt werden sollte. "*Wie konnte es anders sein, als daß man die Burg nun wieder der Jugend schenkte.*"[2]

Nicht nur der Jugend unseres Landes, die noch 1925 ausschließlich angesprochen gewesen war, sondern der Jugend aller Völker der westlichen Welt sollte sie eine internationale Stätte der Begegnung sein. Eine 1950 von der Kreisverwaltung und zwei um die Wewelsburg bemühten Vereinen (darunter der als "Internationale Bildungsstätte" firmierende, kurzzeitig wieder aufgelebte "Burgverein") herausgegebene Schrift zeigt, wie sehr man auf Formen der alten Jugendbewegung zurückgriff.[3] Daß Volkstanz und -musik eine tragende Rolle bei der neuen Funktion der Wewelsburg spielten, zeigt die 1954 von dem Bürener Drogisten Gregor Tomaschewski[4] und einigen anderen engagierten Mitbürgern ins Leben gerufene, vom Kreis Büren seither regelmäßig durchgeführte und nach 1975 vom Kreis Paderborn fortgesetzte Veranstaltung der "*Internationalen Jugendfestwoche auf der Wewelsburg für Volkstanz und Volkslied.*"

Aus der Anregung Tomaschewskis, der zunächst einen ostdeutsch-westfälischen Sing- und Tanzkreis gegründet hatte, zu einem Treffen von Volkstanzgruppen aus verschiedenen Ländern ist die Idee einer wiederkehrenden Begegnung zwischen Jugendgruppen

---

1 Darstellung des Schicksals der Wewelsburg in der NS-Zeit in der von Karl Hüser erarbeiteten zeitgeschichtlichen Dokumentationsausstellung "Wewelsburg 1933 bis 1945, Kult- und Terrorstätte der SS" und in seinem gleichnamigen Buch, a. a. O.

2 Wewelsburg, Internationale Begegnungsstätte, hg. vom Internationalen Jugendwerk Wewelsburg e. V. in Verbindung mit der Internat. Begegnungsstätte e. V. (Büren 1950).

3 Hierzu und zum folgenden ebd.

4 Zur Person von Gregor Tomaschewski vgl. WV vom 8. Februar 1986, Nr. 33 und vom 17. Februar 1989, Nr. 41.

vieler Länder zur Pflege von Volkstanz und -musik sowie zur Förderung der internationalen Verständigung erwachsen. Seither fand diese Veranstaltung in turnusmäßigem Abstand von zwei Jahren unter Mitwirkung der verschiedenen Volkstanzgruppen aus dem Kreis und mit Hilfe der die auswärtigen Gäste aufnehmenden Bevölkerung der umliegenden Ortschaften mittlerweile bereits achtzehnmal statt.[5]

Ebenfalls an die alten, nach dem Ersten Weltkrieg durch den Kreis Büren und seine Landräte grundgelegten Traditionen knüpft die Wewelsburg mit ihrer Jugendherberge an, die heute über 210 Schlafplätze verfügt. Mit einem differenzierten Raumangebot fungiert die Wewelsburg auch wieder als Tagungs- und Versammlungsstätte.

Das Kreisheimatmuseum in der Wewelsburg, das sich nach seiner vorübergehenden Ausquartierung während der NS-Zeit seit 1950 wieder an seiner alten Stelle befand, wurde im Laufe der vergangenen Jahre ausgebaut und in größere Räume überführt. Im Jahre 1982 wurde zur Aufarbeitung der Geschichte der Wewelsburg und des zugehörigen Konzentrationslagers Niederhagen während des Nationalsozialismus eine ständige Ausstellung eröffnet. 1984 erfuhr das Museum durch die Abteilung "*Deutsche im östlichen Mitteleuropa, Kultur – Vertreibung – Integration*" eine erneute Erweiterung.

Im Zusammenhang mit der derzeit durchgeführten Umstrukturierung des Burgmuseums Wewelsburg zu einem historischen Museum des Hochstifts Paderborn ist als eine weitere interessante Parallele zu der Zeit nach dem Ersten Weltkrieg auf die Gründung des "Fördervereins Kreismuseum Wewelsburg e. V." vom 19. September 1983 hinzuweisen, nachdem in den fünfziger Jahren schon einmal erfolglos versucht worden war, einen derartigen Verein ins Leben zu rufen. Ähnlich wie seinerzeit der Verein zur Erhaltung der Wewelsburg e. V. beim Burgausbau in der Zeit von 1924 bis 1933 will er das Museum unterstützen durch ideelle Förderung und finanzielle Beiträge, durch Bereitstellung von Exponaten und durch Einsatz für die Belange des Museums in der Öffentlichkeit.[6] Daß der neugegründete Förderverein nicht nur zufällige Parallelen zum Burgverein aufweist, sondern sich direkt und bewußt in die Tradition des ehemaligen Vereins zur Erhaltung der Wewelsburg e. V. stellt, zeigen die Ausführungen von Vorstandsmitglied Prof. Hüser, denen zufolge es die Arbeit des "*Vorgängers des Fördervereines aus der Zeit der Weimarer Republik*" verdiene, der Vergessenheit entrissen zu werden.[7]

So machen die vorstehenden kurzen Ausführungen zur Entwicklung der Wewelsburg nach dem Zweiten Weltkrieg, selbst wenn sie – wie bereits eingangs bemerkt – längst nicht alle wichtigen Entwicklungen in der jüngsten Geschichte der Burg ansprechen konnten, dennoch deutlich, daß es in diesem Jahrhundert trotz der durch die beiden Weltkriege, die Wirtschaftsverhältnisse in der Weimarer Zeit und die SS-Herrschaft in der NS-Zeit bedingten Rückschläge letztlich doch gelungen ist, die vor dem Ersten Weltkrieg von Vergessenheit und Verfall bedrohte Wewelsburg wieder auszubauen und neu zu beleben und die von Landrat Dr. Vogels im Jahre 1922 eingeleitete Entwicklung der Wewelsburg zu einem wichtigen kulturellen Wahrzeichen des Bürener und Paderborner Landes zu sichern und fortzusetzen.

"*In der schweren Zeit der neugeborenen Rentenmark faßte der Landrat Dr. Vogels den Plan, die Burg für den Kreis zu erwerben und auszubauen; ein Plan, der von manchem Eingeweihten für undurchführbar gehalten und zweifelnd belächelt wurde,*"[8] so hatte das Westfälische Volksblatt schon 1930 die Schwierigkeit des Ansinnens formuliert. Doch durch geschickte Verhandlungen war es schließlich gelungen, den "*Kauf zu*

5 Die Einleitung der Programme zu den Internationalen Jugendfestwochen auf der Wewelsburg, hg. vom Jugend- und Sportamt des Kreises Paderborn. S. auch das Grußwort des Kreises Paderborn zur 18. Internationalen Festwoche 1989.

6 Informations- und Werbematerial des Fördervereins Kreismuseum Wewelsburg e. V.

7 Vorbemerkungen zu dem Aufsatz von Irmhild Jakobi, "Burgverein" zwischen Gründung und Auflösung, a. a. O., S. 16.

8 WV vom 26. September 1930, Nr. 496.

tätigen ... [und] in kürzester Zeit die Burg wiederherzustellen und der ihr zugedachten Nutzung zuzuführen."[9]

Heute ist die Burg, nachdem sie im vorigen Jahrhundert nach ihrer wechselvollen und lebendigen Geschichte fast vergessen schien, aus dem kulturellen Leben des Kreises Paderborn nicht mehr wegzudenken. Neben ihren Möglichkeiten für die Jugendbildung – und zwar weit über die Region hinaus – und die Heimatpflege, womit sie unmittelbar an ihre Bestimmungen aus der Zeit nach dem Ersten Weltkrieg anknüpft, bietet sie, gerade wegen ihres besonderen Schicksals während der Zeit des Nationalsozialismus und mit Hilfe der Dokumentation zur Wewelsburg als Kult- und Terrorstätte der SS, darüber hinaus den Anreiz zu einer kritischen Auseinandersetzung mit der Vergangenheit und Gegenwart.

So hat sich letztlich der Ausspruch Franz Wesselmanns aus dem Jahre 1925 bewahrheitet:
"[Die Wewelsburg, ...] ein stolzes Denkmal der Vergangenheit – der Gegenwart dienend – der Zukunft ein Wahrzeichen für das Paderborner Land."[10]

[9] Ebd.
[10] Wesselmann, a. a.O., S. 496.

"Unserem sinkenden Volke wenigstens eins zu erhalten..." – ein Nachwort zur Heimatpflege in Wewelsburg

Wulff E. Brebeck

Was motiviert mich als derzeitigen Leiter des Kreismuseums Wewelsburg zu einem Nachwort in diesem Band?

Die Autoren der vorliegenden Studien zur Geschichte der Wewelsburg in der Zeit der Weimarer Republik konstatieren sowohl einen konzeptionellen Durchbruch in der Unterhaltung und Nutzung des Gebäudes als auch eine Fülle von Aktivitäten, die die Wewelsburg in jener Zeit zu einem lebendigen Kulturzentrum machten. Dieser neu eröffnete Blick fordert jeden heute an einem solchen Orte Tätigen, der in der Tradition der Kulturpolitik des (Land-)Kreises steht, dazu heraus, die gegenwärtige Arbeit im Lichte der Vergangenheit kritisch zu sichten. Eine solche Herausforderung drängt sich umso mehr auf, als beide Autoren mit Hinweisen auf die Gegenwart nicht sparen. Albrecht Seufert sieht in dem Jugendheim-Projekt von 1919 den *„ersten Schritt in die Gegenwart"* und betont dessen perspektivische Bedeutung sowie seine Modernität. Irmhild K. Jakobi-Reike stellt starke institutionelle und funktionelle Kontinuitäten bis in die Gegenwart hinein fest. Diese seien nach dem Bruch, den die Nutzung und schließliche Zerstörung der Wewelsburg während der SS-Herrschaft darstellte, nach 1945 im Zuge des Wiederaufbaus und der Wiederinbetriebnahme durch den Kreis Büren begründet worden durch bewußte "*Anknüpfungen*"[1] an die Weimarer Zeit.

A. Seufert und I. Jakobi-Reike liefern mit diesen Einschätzungen die Stichworte für eine kritische Betrachtung sowohl der Neuansätze in der Weimarer Zeit und derjenigen nach 1945 sowie der – bewußt oder unbewußt – aufgegriffenen historischen Entwicklungslinien als auch schließlich der vernachlässigten oder in Vergessenheit geratenen Ansätze.

"*Modernität*" schließt dabei mindestens ein Moment ein, das die jeweilige Zeitgebundenheit in Richtung auf heute oder zukünftig bedeutsame Zielvorstellungen transzendiert.[2] Aber auch Kontinuitäten nach einschneidenden Brüchen werden mit Blick auf Gegenwart und Zukunft bewußt gesucht.

Es wird in dieser kleinen Skizze sowenig möglich sein, alle maßgebenden Elemente der Modernität von Konzept und Praxis des Kulturzentrums Wewelsburg 1925 – 1933 herauszuarbeiten, wie alle Kontinuitäts- und Bruchlinien aufzuweisen, die seit 1945 wirkungsmächtig waren.[3] Es kommt mir jedoch auch weniger auf Vollständigkeit an als auf einen Rückbezug im Wesentlichen.

Irmhild Jakobi-Reike stellt dar, was auf der Wewelsburg in der Zeit von 1925 bis 1933 stattfand.

Die Wewelsburg war der kulturelle Mittelpunkt des Kreises Büren, der das halb verfallene Weserrenaissance-Schloß kurz vorher vom preußischen Domänenfiskus erworben und mit viel Aufwand ausgebaut hatte. Theateraufführungen, Lesungen, Ausstellungen, Fortbildungsveranstaltungen (u. a. von Lehrerinnen und Lehrern),

---

[1] Vgl. oben S. 131.

[2] Ohne auf die umfangreiche Literatur eingehen zu können, die sich mit dem Verhältnis von Modernisierungstheorien und Geschichtswissenschaft auseinandersetzt (vgl. dazu: Hans-Ulrich Wehler, Modernisierungstheorie und Geschichte, Göttingen 1975), muß zum Verständnis des Begriffs gesagt werden, daß er hier zur Bezeichnung von Konzepten und Maßnahmen verwandt wird, die sich an den Bedürfnissen der Industriegesellschaft orientieren und auf Ziele wie Rationalität, Demokratisierung und Vergesellschaftung (in einem kulturpolitischen Verständnis) verweisen.

[3] Letzteres wäre allein schon aufgrund des Forschungsstandes nicht möglich, da – wie oben auf Seite 131 bereits erwähnt – eine Darstellung der Geschichte der Wewelsburg seit 1945 noch aussteht. Meine Skizze gründet sich auf mir vorliegende Unterlagen der Kulturverwaltung des Kreises Büren bzw. (ab 1975) des Kreises Paderborn.

Versammlungen von Vereinen und Verbänden sowie Feste fanden im großen Saal der Wewelsburg statt. Heimatgeschichte wurde in Vorträgen und Lichtbildvorführungen ebenso thematisiert, wie sie in den durch reiche Spenden aus der Bevölkerung in kurzer Zeit zusammengekommenen Beständen des Kreisheimatmuseums im Kellergeschoß des Westflügels gegenwärtig war. Auch an Begegnungen mit der Natur war gedacht. Auf der Almeinsel unterhalb des Schlosses lebten Teilnehmer großer Jugendtreffen oftmals in Zelten. Die Wewelsburg wurde Ausgangspunkt ausgedehnter Wanderungen von Jugendlichen und Erwachsenen in die Umgebung.

Irmhild Jakobi-Reike weist auch darauf hin, daß von Anbeginn an der Wewelsburg in den kultur-, jugend- und sozialpolitischen Leitideen des Kreises Büren eine überregionale Bedeutung zugedacht war, die sie in erstaunlich kurzer Zeit auch wirklich erlangen konnte. Sie wurde zu einer viel besuchten "*Jugendburg*" überwiegend der Verbände der katholischen Jugendbewegung.

All das wurde die Wewelsburg, seit 1919 die ersten Pläne zu ihrem Ausbau als "*Jugendheim*" entstanden, dessen Besucher ebenfalls nicht nur aus der Provinz Westfalen, sondern vor allem aus den besetzten Teilen der Rheinprovinz kommen sollten, woran Albrecht Seufert in seinem Beitrag erinnert.

Die Konzeption der geplanten Einrichtung stellte der kommissarische Landrat Dr. Viktor von Solemacher-Antweiler, der neu in seinem Amt war und daher auf der Grundlage der Planungen seines Vorgängers Dr. Aloys Vogels schrieb, in einem Antrag auf eine finanzielle Beihilfe an die Deutsche Nothilfe in Berlin vom 30. März 1925 folgendermaßen dar:

"*In erster Linie sollen volksbildende, soziale, sozialhygienische Gesichtspunkte der weiteren Verwendung und dem Ausbau zu Grunde gelegt werden.*

Es ist deshalb in Aussicht genommen, zunächst ein Heimatmuseum, welches zur Zeit in gänzlich ungeeigneten und zerstreuten Räumlichkeiten der Stadt untergebracht ist, aufzustellen und geschlossen der Öffentlichkeit zugänglich zu machen. Während gewöhnlich derartige Belehrungsmöglichkeiten nur in Städten geboten werden und das platte Land dabei vergessen wird, soll hier auch der Landbevölkerung an Ort und Stelle Anregung und Belehrung zuteil werden.

Ferner ist der Ausbau eines geräumigen Saales für Versammlungen, Festvorführungen und dergleichen so gut wie beendet.

Als Drittes ist der Ausbau eines Jugendheims vorgesehen, wodurch in erster Linie der Verwahrlosung der Jugend und dem Überhandnehmen des Alkoholmißbrauchs vorgebeugt werden soll.

Fernerhin ist geplant, auch durch Naturfestspiele und dergleichen die Bevölkerung aufs Land und in die Natur hineinzuführen und das Wanderwesen in jeder Beziehung zu unterstützen." [...]

"*Die Wewelsburg und die dort geplanten sozialen Maßnahmen haben nicht nur lokale Bedeutung, sondern werden ihre Wirkung auch auf weite Kreise der Provinz, insbesondere des benachbarten Ruhrgebietes und des besetzten Rheinlandes hin ausüben.*"[4]

Auch wenn dieses Dokument einen Antrag auf finanzielle Förderung darstellt, also auf ein bestimmtes Ziel hin argumentiert, so formuliert es doch eine Art *Grundsatzpro-*

4 KA PB Nr. B 406 – vgl. oben S. 40 ff.

gramm insofern, als hier alle Teile des Vorhabens miteinander verbunden dargestellt werden.

Ein Element der *Modernität* liegt in dieser Verbindung von sozial- und kulturpolitischen Zielstellungen, die sowohl nach außen wie nach innen wirken sollen. Bemerkenswert erscheint mir dabei die Priorität der "*Volksbildung*" in der Aufzählung der relevanten Gesichtspunkte. Weiterhin wird in diesem Zusammenhang ein interessanter – später, soweit wir wissen, allerdings so nicht wirksam gewordener – Schwerpunkt gesetzt: Dem Museum wird die größte Bedeutung zugesprochen, vor allen sonstigen, auch in diesem Text schon aufscheinenden Möglichkeiten kultureller Betätigung in der Wewelsburg. Dessen Hauptaufgaben werden dabei als "*Anregung und Belehrung*" verstanden, ihm wird also weniger eine ästhetische als eine didaktische Funktion zuerkannt. Im vorherrschenden Verständnis dagegen waren Museen ausschließlich Orte der Erbauung und des Genusses der Schönheit. Demgegenüber wurden mit dieser Fassung der Aufgabenstellung des Museums neue Entwicklungen in der pädagogischen Diskussion in Deutschland aufgegriffen. Zwar hatte die "*Centralstelle für Arbeiter-Wohlfahrtseinrichtungen in Berlin*" schon 1903 in Mannheim eine Konferenz zum Thema "*Museen als Volksbildungsstätten*" veranstaltet, auf der besonders der Direktor der Hamburger Kunsthalle Alfred Lichtwark (1852 – 1914)[5] für eine pädagogische Ausrichtung der Kunst- und Kunstgewerbemuseen eingetreten war, ihre theoretischen und praktischen Auswirkungen waren jedoch gering geblieben. Die ersten programmatischen Schriften zur Bildungsaufgabe von Museen erschienen erst seit der Mitte der zwanziger Jahre.[6] In der Praxis – gerade von Heimatmuseen – hatte sich dagegen schon vor dem Ersten Weltkrieg ein Verständnis von musealer Präsentation und Museumsarbeit angebahnt, das – wohl nicht zuletzt durch die Tatsache, daß die meisten Heimatmuseen von Lehrern mitgegründet oder ehrenamtlich geleitet wurden[7] – stark pädagogisch ausgerichtet war.[8]

Im Hinblick auf die Einordnung des geplanten Heimatmuseums in der Wewelsburg in einen Kontext, der – wie oben zitiert – "*soziale und sozialhygienische Gesichtspunkte*" berücksichtigen sollte, gibt es zu dem Konzept der Bürener Kreisverwaltung nur wenig Parallelen. Die mehrjährige Vorbereitung des Projekts zeigt, daß es sich bei dieser Zielstellung um mehr als eine Zweckformulierung auf die erwartete finanzielle Förderung hin handelt, sie war vielmehr Ausfluß lebensreformerischer und jugendbewegter Tendenzen, die damals durchaus breite Zustimmung fanden. Daß dieser Ansatz zeitgemäß war, wird besonders durch die Anziehungskraft deutlich, die das realisierte Projekt zeitweilig auf Jugendverbände ausübte. Sieht man von den wenigen *Jugendburgen* ab, die jedoch außer allenfalls der Burg Altena auch nicht annähernd eine solche komplexe Funktionszuweisung erfüllten, so erscheinen vor allem Einrichtungen im angelsächsischen Kulturkreis im Blickfeld, die jedoch aus Erfahrungen des Umgangs eines großstädtischen Publikums mit dem Anspruch auf egalitären Zugang zu kulturellen Angeboten erwachsen waren. Sie umfaßten neben Museen verschiedener Sparten Bibliotheken, Vortrags- und Kinosäle usw.[9]

Die praktische Wirksamkeit des Bürener kulturpolitischen Konzepts für die Wewelsburg beruhte dagegen trotz des Hinweises auf das kulturelle Stadt-Land-Gefälle primär nicht so sehr auf der Entwicklung zukunftsweisender Entwürfe in Richtung auf eine gleiche Partizipation aller am kulturellen Leben, sondern sie lag vielmehr in der geschickten Kombination verschiedener Interessen an einem neugeschaffenen Kristallisationspunkt.

---

5 Vgl. Andreas Grote, Museen als Bildungsstätten, in: Wolfgang Klausewitz (Hg.), Museumspädagogik. Museen als Bildungsstätten, Frankfurt 1975, S. 31–62.

6 Von zentraler Bedeutung: Georg Kerschensteiner, Bildungsaufgabe des Deutschen Museums, in: Conrad Matschoß (Hg.), Das Deutsche Museum, Berlin/München 1925.

7 So wirkte an der Gründung und Betreuung des Bürener Kreisheimatmuseums u. a. der Oberlehrer a.D. P.A. Tüffers maßgeblich mit.

8 In Westfalen gab es offenbar noch keine theoretisch fundierte Bildungsarbeit in Museen. Gerhard Kaldewei (Aspekte historischer Museumspädagogik – Zur Kooperation von Museum und Schule 1903 – 1943, in: Museumskunde 48 (1983), H. 1, S. 17–27) sieht in den Schriften Ludwig Bänfers die Grundlegung für die Museumspädagogik in Westfalen: Das Museum als Bildungsstätte, Hamm 1929 (Museumshefte des Städtischen Gustav-Lübcke-Museums Hamm, H. 1); Schule und Museum, Hamm 1931 (dito, H. 4).

9 In Deutschland stießen Konzepte von „Volkshäusern" und „Volksmuseen" als Orte sozialer Kommunikation, in die auch Sportstätten integriert werden sollten, auf heftige Kritik der Museumsfachleute, die die Aura der Objekte gefährdet sahen. Vgl. die Reaktion auf ein Gutachten mit entsprechenden Forderungen von Wilhelm R. Valentiner für den „Berliner Arbeitsrat der Kunst" von 1919, wie sie von Martin Roth referiert werden (Heimatmuseum 1918–1945. Eine deutsche Institution im Wandel der politischen Systeme, unveröffentl. Diss. Tübingen 1987, S. 29 f.). – Die Hoffnung des Landrats von Büren, durch kulturelle Angebote auch der Trunksucht entgegenzuwirken, findet sich in der Verbindung mit musealer Bildungsarbeit sonst nur noch bei dem Industriellen und Museumsgründer Wilhelm Bomann (Wilhelm Bomann, Das Vaterländische Museum in Celle, in: Centralstelle der Arbeiter-Wohlfahrtseinrichtungen (Hg.), Die Museen als Volksbildungsstätten, Berlin 1904).

Ihr Erfolg gründete sich auf mehrfache Kombinationen: Einmal konnten die herkömmlichen und lokalen Strukturen (Vereinswesen, berufsständische Verbände, Ortsgeistliche und andere Honoratioren usw.) für bestimmte Einzelteile im Gesamtkonzept aktiviert werden. Zum anderen wurden aber auch Weiterentwicklungen erkannt und gefördert (etwa der Wandel im katholischen Vereinswesen, wo die Jugendverbände Eigenständigkeit erwarben und in diesem Zusammenhang immer mehr neue, bündische Ausdrucksformen übernahmen). Schließlich wurde das Projekt in einen aktuellen Kontext von gesamtgesellschaftlich bzw. – politisch relevanten Problemfeldern gestellt (Defizite an Angeboten für Jugendliche in großstädtischen Ballungszentren, Verwahrlosungserscheinungen und Jugendalkoholismus in der Nachkriegsdepression, Rheinlandbesetzung etc.), wobei die Erschließung staatlicher und anderer finanzieller Förderungsmöglichkeiten – wie schon hervorgehoben – eine nicht geringe Rolle spielte.

Daß dieser Rahmen nicht die Verwirklichung aller Ziele zuließ, zeigt Albrecht Seufert anhand des Scheiterns des ersten Anlaufs des Bürener Landrats auf, zusammen mit dem *"Verband der katholischen Jugend- und Jungmännervereine Deutschlands"* ein katholisches Landjugendheim in der Wewelsburg einzurichten. Eine finanzielle Förderung der Regierung für dieses Vorhaben war – nicht zuletzt aufgrund des Widerstandes des *"Verbandes für deutsche Jugendherbergen"* – nicht zu erreichen. – Erst der Sprung über den eigenen Schatten, d. h. die Aufgabe der – rückwärtsgewandten – konfessionellen Beschränkung, eröffnete den weiteren Weg *"in die Gegenwart"*.

Die vom Kreis Büren in der Wewelsburg geschaffenen materiellen und institutionellen Voraussetzungen für eine Vielzahl von Aktivitäten lassen sich m. E. sowohl auf dem Hintergrund der zeitgenössischen Reflexion über die zur Sprache gebrachten Bereiche als auch der lokalen Möglichkeiten als *großer Wurf* kennzeichnen.

Fragt man nach den Inhalten, auf die diese Voraussetzungen zielten, oder nach den Methoden, mit denen Volksbildung, Antialkoholismus, Naturerlebnis u. a. vermittelt werden sollten, gehen die vorfindbaren Äußerungen nicht über die oben zitierte Quelle hinaus. Die verschiedenen internen und öffentlichen Erklärungen, die von I. Jakobi-Reike zitiert werden, legen nahe, daß es den Landräten von Büren und den mit ihnen zusammen in dieser Sache tätigen Honoratioren in der Tat wohl darum ging, einen möglichst vielseitigen, umfassenden Bildungs- und Erfahrungsraum für Besucher und Gäste zu schaffen, in dem Natur-und Kulturerfahrungen zusammengebracht werden sollten, in die *fremde*, d. h. von auswärtigen Gruppen mitgebrachte, aber auch von übergeordneten Interessen bestimmte Sichtweisen ebenso einzugehen hätten wie die *örtlichen* und *regionalen* Wünsche und Traditionen, auf deren katholischer Textur man aufbaute.

Erwartet wurde also eine umfassende Integrationsleistung, die eben jene *Ganzheitserfahrung*, die dem Konzept implizit zugrundelag, ermöglichte. Da die Quellen keine Auskunft darüber geben, ob bzw. – wenn ja – wie sich diese Integrationen bei Teilnehmern großer Veranstaltungen oder Gästen der Jugendherberge, die sich auf die Möglichkeiten des angebotenen Erlebnisraums einließen, herstellte, bleibt nur, Berichte über Veranstaltungen und besonders Wiedergaben von Reden daraufhin durchzusehen, inwieweit sie auf jene *Ganzheit* zielen und worin sie sie erblicken.

Um das Ergebnis vorwegzunehmen: Sehr zeittypisch und damit sehr ambivalent – wie zu zeigen sein wird – steht der Begriff *"Heimat"* für *das Ganze* im oben beschriebenen Sinne. Es wurde jedoch weniger *erfahren* als *erfühlt*.

1923 propagierte Landrat Vogels in einem Rundschreiben, das zur geplanten Museumsgründung aufrief, dieses Vorhaben folgendermaßen:

"Der Heimatgedanke ist auf dem Marsche. An allen Ecken und Enden regen sich berufene Kräfte, unserem sinkenden Volke wenigstens eins zu erhalten: Liebe und Treue der Heimat und zum Vaterland."[10]

Alle Elemente, die wir im weiteren finden werden, sind in dieser Passage bereits enthalten: die quasi militärische Notwendigkeit ("*Marsch*"!) einer Gegenoffensive gegen die *Zeitumstände*, die Mobilisierung des Selbstbewußtseins des Bildungsbürgertums und der Repräsentanten der alten Eliten als Kulturträger ("*berufene Kräfte*") gegen *Unberufene*, wohl die nach Partizipation drängende Arbeiterschaft, politische Enttäuschung nach dem verlorenen Krieg und Kulturpessimismus weiter Kreise sowie ihre Erfahrungen mit der wirtschaftlichen Depression ("*sinkendes Volk*"), die Waffen der Gemeinschaftsgefühle ("*Liebe*") und die Verdichtung aller ersehnten positiven Erfahrungen im Begriff der nahräumlichen "*Heimat*", um sie sofort im "*Vaterland*" aufzulösen.

Nicht nur in dieser kurzen Passage, auch in längeren Ausführungen bleibt *Heimat* inhaltlich unbestimmt. Im Gegenteil, der Begriff wird durch die Verbindung zu Symbolen und durch Ausdehnung seines räumlichen Bezuges weiter aufgeweicht.

In seiner Ansprache anläßlich der Eröffnungsfeier der neuausgebauten Wewelsburg am 31. Mai 1925 bezeichnet Dr. Viktor von Solemacher-Antweiler die Wewelsburg z. B. geradezu als "*Symbol der Heimat*".[11] Das Gebäude, das kurz zuvor nur ein als Baudenkmal notdürftig erhaltener historischer Überrest war, repräsentierte nun – offiziell – als Symbol – d. h. begriffsnotwendig – Wünsche, Bilder, Utopien.[12] Solemacher-Antweiler bezeichnete die Wewelsburg ausdrücklich als ein Symbol "*nicht nur der engeren Heimat, des Dorfes, des Kreises, sondern (als) eine Burg, die den Bischöfen in alter Zeit Schutz und Stärke verliehen hat, eine Burg, die jederzeit Zufluchtsort gewesen ist für die Bewohner*".[13] Nicht nur die "*Stärke*" eines Burgbesitzers soll hier mitschwingen; die Schutzfunktion, eine wichtige Konnotation bei dem Symbol Burg, wird so auf alle Einwohner des Landes ausgeweitet. Zugleich wird die Komponente Sicherheit, die im Heimatbegriff notwendig enthalten ist, verstärkt.

Ähnliche Wünsche mobilisierte auf derselben Veranstaltung rhetorisch der Amtsvorgänger Vogels. Er bezeichnete die Wewelsburg als "*Symbol der Einheit*", der "*Zusammengehörigkeit*". "*In unserer Burg soll der Friede herrschen unter unserer Jugend, die hier den Weg zur Einheit finden soll, den ihre Väter nicht gefunden haben.*"[14] Diese Anspielung auf die jüngste Vergangenheit macht die politische Funktion der Entgrenzung des Heimatbegriffs sehr deutlich: An die Stelle der durch die Erfahrung eines brutalen Weltkrieges geprägten und durch Klassen- und Parteigegensätze gekennzeichneten gegenwärtigen Gesellschaft, zu der man nicht stehen mochte, sollte eine ideale "*Einheit*" treten. Sie wird nicht nur in dieser Rede "*Volk*" genannt werden. Die Gegenkonzeption einer Volksgemeinschaft beginnt sich abzuzeichnen. Ausdruck gegeben wurde ihr auf der Veranstaltung anläßlich der Übergabe der Wewelsburg 1925 an die Öffentlichkeit von dem Vertreter des Bischofs von Paderborn. Der Zentrumsabgeordnete im preußischen Landtag, Dompropst Prof. Dr. Johannes Linneborn, schloß seine Ansprache mit den Worten: "*So sei gegrüßt von dieser Burg herab, liebe stolze Heimat, sei gegrüßt unser deutsches Volk; unser Glauben, unsere Liebe sei dir gewidmet. Einst wird sich der Tag erfüllen, wo wir in Einigkeit und Kraft dastehen vor der ganzen Welt.*"[15]

---

10 KA PB Nr. B 423, Schreiben vom 11. Januar 1923.

11 BZ vom 2. Juni 1925, Nr. 125.

12 Vgl. zur Bedeutung von Symbolen: Günther Schiwy, Symbole als Zeichen – Ansätze einer semiotischen Symboltheorie, in: Udo Titgemeyer (Hg.): Symbole – Ihre Bedeutung in Kirche u. Gesellschaft, Loccum 1985 3. Aufl. (Loccumer Protokolle 17/1980), S. 5–14.

13 BZ, a. a. O. – Vgl. auch die bemerkenswerte Verbindung zwischen Schutzfunktion und einer zentralen Aufgabe des Museums, nämlich der des Bewahrens des kulturellen Gedächtnisses in seinen Objekten, wie sie im „Prolog zur Heimatfeier auf der Wewelsburg", KA PB Nr. B 420, Bl. 177, formuliert wird. – Vgl. Abb. oben S. 97

14 BZ vom 3. Juni 1925, Nr. 126.

15 BZ vom 2. Juni 1925, Nr. 125.

Neu im Vergleich zum bisher Gesagten ist hier die Prophezeiung dessen, was nicht nur die Nationalsozialisten "*nationale Wiedergeburt*" aus dem Geist der Volksgemeinschaft genannt haben, wie sie sich nach diesen Worten in der "*Heimat*" ("*stolz*"!) erhalten, ja erst gebildet hat.

Auch in Wewelsburg läßt sich für die Nachgeborenen nachvollziehen, welche Folgen aus einer Politik resultierten, die sich solche völkisch-heilsgeschichtlichen Erwartungen zunutze machte – allerdings ohne auf katholische Traditionen Rücksicht zu nehmen. *Heimat* ist auch in dieser Rede nicht Ort konkreter Gegebenheiten und Erfahrungen, sondern fraglos positives Gegenbild zur negativ bewerteten Lage der Nation. Da der Begriff auch hier von Ausführungen zur Vergangenheit zu Zukunftsvisionen überleitet, gehört offenbar die Öffnung zur Vergangenheit fest zum Bestandteil von *Heimat*. Geschichtsbilder trugen die Erwartungen für die Zukunft.

Ein ausgezeichnetes Beispiel für die räumliche und zeitliche Entgrenzung des Heimatbegriffs stellt ebenfalls die mehrfach zitierte Rede Solemacher-Antweilers 1925 dar, die uns nur in einem Zeitungsbericht überliefert ist:

"*Bei unserer heutigen Feier, so fuhr der Redner fort, dürfen wir nicht vergessen, daß in unserer Nachbarprovinz die Tausendjahrfeier begangen wird. Die Tausendjahrfeier wird in allen Städten unserer Nachbarprovinz begangen, weil der sächsische Kaiser Heinrich I. es verstanden hat, zum ersten Mal die deutschen Stämme, darunter auch Rheinland und Westfalen, dauernd zu vereinigen. Das ist der Grund, auf dem das Deutsche Reich beruht. Wenn wir von dem Burgfried hinausschauen weit über das Paderborner Land hinaus, so schauen wir ins Kölnische Land. Die Kurfürsten von Köln regierten auch als Bischöfe über die Paderborner Lande lange Zeit. Die Schicksalsverbindung von Rhein und Reich kehrt immer wieder durch die Jahrhunderte. Als die Römer über den Hellweg zogen, endete ihr Vormarsch an dem Widerstand der hiesigen Bevölkerung in der Hermannsschlacht. Jahrhunderte später sehen wir sie kämpfen gegen Karl den Großen, und die Schlacht auf dem Sintfelde ist in aller Erinnerung. Das Eindringen des Christentums erfolgte, und damit war die Einigung der Stämme verbunden. Als Napoleon seine Fahnen weit über das deutsche Volk breitete, und das Königreich Westfalen gründete, gehörten auch die Rheinlande dazu. Jetzt, nach hundert Jahren, sind wieder feindliche Eroberer in die Rheinlande und in die Herzkammer unseres Wirtschaftslebens, in Westfalen, eingedrungen. Unser aller Hoffnung geht dahin, daß die Besatzung bald wieder rückgängig gemacht wird und daß dem deutschen Volke seine Freiheit gegeben werde. Das walte Gott!*"[16]

Die angeführten historisch-politischen Reden decken freilich nicht die vielfältigen Erlebnis- und Erfahrungsmöglichkeiten jener vielen ab, die damals die Wewelsburg besuchten und an den verschiedenartigsten Veranstaltungen teilnahmen. Als einzig überlieferter Versuch, das *Ganze* einzufangen, mußten sie jedoch im Zentrum der Befragung des *Erbes der Weimarer Zeit* stehen.

Die merkwürdige Verklausuliertheit der Sprache, die sich den politischen Gegebenheiten der damaligen Gegenwart nur in chiffrierter Form näherte, kennzeichnet wohl das Lebensgefühl einer Generation und einer sozialen Schicht, die diese Zeit als *Interim* erfuhr. Nicht nur in dieser Hinsicht sind die zitierten Passagen Beispiele für eine einflußreiche Zeitströmung, die man *Heimat*- bzw. *Heimatmuseumsbewegung* nannte. Nach Beendigung der Inflation setzte eine Welle von Neugründungen von Heimatmuseen ein.[17] Die Gründe für diese Rückbesinnung lagen in der tiefen Verunsicherung großer Teile der alten gesellschaftlichen Eliten. Die nicht verarbeitete Niederlage im

16 WV vom 3. Juni 1925.

17 Es gab davor zwei weitere Phasen mit zahlreichen Museumsgründungen: 1885–95, 1905–1915.

Ersten Weltkrieg hatte zu einer gefühlsbetonten Ablehnung aller Folgen des Krieges geführt. Das Bürgertum setzte sich in seiner Mehrheit weder mit den Ursachen des außenpolitischen Machtverlusts Deutschlands noch der angespannten Lage im Inneren auseinander. Die meisten Vertreter der sich als führende Kreise verstehenden Schichten litten in ihren Augen nur unter den Verhältnissen, die sie zwangen, in einer parlamentarischen Demokratie Macht mit Arbeiterparteien zu teilen und unter Prinzipien zu leben, die sie als Staatsform ablehnten und als Lebensform noch nicht einmal im Ansatz nachvollziehen konnten oder wollten. *Heimat* war eines ihrer Gegenbilder zur sie umgebenden Wirklichkeit. Dieses Bild war daher gewissermaßen der Schattenriß einer politisch-unpolitischen Haltung. *Heimat* und noch mehr das *Heimatmuseum* wurden als etwas von Grund auf Unpolitisches verstanden: "*Das Heimatmuseum ist in unserer Ideenwelt in keiner Weise ein politischer Faktor, ein Spiegelbild politischer Macht und Spekulation*".[18]

In Wirklichkeit waren nicht nur im Kreise Büren, wie wir gesehen haben, sondern in ganz Deutschland Heimatmuseum und Heimat in einem tieferen Sinne etwas sehr Politisches.

Im Verlauf der Geschichte der Weimarer Republik setzte sich denn auch die Überzeugung durch, daß sich der Interimszustand nur politisch auflösen ließ.

Auch hierfür gibt es Beispiele aus der Geschichte der Wewelsburg.

Von Anfang an waren sich die maßgeblichen Herren unausgesprochen einig gewesen, daß auf der Wewelsburg als einem Ort der Heimatpflege künftig keine politischen Veranstaltungen stattfinden dürften. Später durchbrach der Kreis, wenn er es für angezeigt hielt, dieses Prinzip in Ausnahmefällen.[19]

Das war der Fall beim "*Friedensbund Deutscher Katholiken*".

Wie I. Jakobi-Reike herausarbeitet, war die von der Ortsgruppe Büren-Paderborn veranstaltete Kundgebung in der Wewelsburg am 6. September 1931, an der Landrat von Solemacher-Antweiler selbst teilnahm, trotz möglicher Störungen wohl aufgrund persönlicher Wertschätzung für den Friedensbund genehmigt worden.[20] Der F.D.K. bejahte die Weimarer Verfassung und setzte sich dafür ein, den inneren und äußeren Frieden durch Friedensgesinnung und entsprechende Einwirkung auf die Politik zu festigen.[21] Ob während der Veranstaltung auf den Veranstaltungsort Bezug genommen wurde, wie es sonst üblicherweise geschah, erfahren wir aus der überlieferten Berichterstattung nicht. Dies zu tun, hätte nahe gelegen, hatte Dr. Vogels doch bei der Eröffnung die Wewelsburg unter den Leitspruch gestellt: "*Im Sturm erprobt, der Eintracht geweiht, Gott gebe den Frieden zu aller Zeit.*"

Die erhobenen politischen Forderungen gingen auf die Kernfragen der äußeren Nachkriegsordnung ein. So bezeichnete der Generalsekretär Paul Lenz die Verständigung und Aussöhnung zwischen Deutschland und Frankreich als notwendige Voraussetzung für einen europäischen Frieden und sprach von einer europäischen Wirtschaftsunion "*als dem besten Bollwerk gegen den Bolschewismus und Amerikanismus.*"

Der Lehrer Wiepen aus Weine forderte eine Verständigung zwischen Deutschen und Polen mit dem Hinweis, daß im anderen Falle "*ein Krieg an der Weichsel (...) unbedingt einen solchen am Rhein zur Folge (hätte) und damit einen solchen für ganz Europa.*"[22]

---

18 So Walter Uhlemann in „Museumskunde", der Zeitschrift des Deutschen Museumsbundes, 1931 (zit. nach Martin Roth, a. a. O., S. 55).

19 Vgl. oben S. 103 und 111 ff.

20 Vgl. oben S. 113.

21 Vgl. oben S. 113.

22 Bericht einer unbekannten Zeitung in: KA PB Nr. B 410 – Vgl. die Darstellung der Veranstaltung oben S. 115 ff.

Irmhild Jakobi-Reike bezeichnet diese Worte zu Recht "*als in beklemmender Weise die Zukunft vorwegnehmend.*"[23] Dies waren sie, weil sie aus einer – selbst unter politisch verantwortungsbewußten Katholiken – als minoritär geltenden Position gesprochen waren und der christliche Pazifismus des Friedensbundes – trotz der ca. 45.000 Mitglieder – zu wenige als praktizierter Heimatschutz überzeugte.

"*Aus der Heimat*"[24] wurde dagegen im November 1933 gemeldet: "*SS-Reichsführer Himmler in Büren und Wewelsburg*".[25] Noch kein Jahr nach dieser ersten Besichtigung erfolgte die "*Übergabe des Schlosses Wewelsburg an Pg. Himmler*", wie die Parteizeitung der NSDAP, der "*Völkische Beobachter*", seinen Lesern meldete.[26] Der Vertrag beinhaltete eine Laufzeit von 100 Jahren und einen Mietpreis von 1,– RM Jahresmiete.

Der Bericht im "*Völkischen Beobachter*" stellt ein ausgezeichnetes Zeugnis dafür dar, wie ein Geschichtsbild (*Ostwestfalen als kämpferisches, widerständiges Land*), das schon angelegt war,[27] bestimmter zentraler historischer Elemente entleert (der christlichen Prägung der Regionalgeschichte) und mit falschen neuen Gewichtungen versehen ("*Kernland Germaniens*"), zur reinen propagandistischen Legitimation von unter politischen Gesichtspunkten getroffenen Entscheidungen dienen kann.

Kontinuitätslinien durchzogen also auch den offenkundigen Bruch mit allen Traditionen. Ansonsten bemühte sich die SS, die Wewelsburg, die nun als "*Hohe Schule der Schutzstaffel*", offiziell "*SS-Schule Haus Wewelsburg*" genannt, Forschungen im Sinne des SS-Geschichtsverständnisses und der Vermittlung an hohe SS-Führer dienen sowie als "*Weiheort*" fungieren sollte, von allen Zeugnissen ihrer christlich-fürstbischöflichen Vergangenheit möglichst zu entkleiden und zu einer SS-Burg mit pseudohistorischen Bezügen u. a. zum Mittelalter umzugestalten.

Daß alle Einrichtungen des Kreises Büren geschlossen wurden bzw. – wie das Heimatmuseum – auszuziehen hatten, war ausgemacht.

Als Antithese zum wirklich Überlieferten, auf das auch beim erneuten Aus- und Umbau des Gebäudes durch den SS-Architekten Bartels keinerlei Rücksicht genommen wurde, entstand ein neues SS-Museum, das nach den Worten seines Gründers, des Paläontologen und Prähistorikers Wilhelm Jordan, Mitglied des kleinen Stabes von SS-Wissenschaftlern in Wewelsburg, dazu dienen sollte, die "*nationalsozialistische Weltanschauung mit den Händen 'greifbar' zu machen.*"[28]

Vom Ansatz und vom Bestand her gab es – mit Ausnahme weniger Stücke, die die SS ihrer Sammlung einverleibte – keine Kontinuitäten zum bisherigen Kreisheimatmuseum. Das neue Museum umfaßte eine umfangreiche geologische Sammlung sowie eine paläontologische Lehrausstellung, die mit Dioramen arbeitete. In manchen Fällen wurden Nachbildungen – oft von Stücken aus bedeutenden Museen – eingesetzt, wenn Originale nicht zu erwerben waren. Die Darstellung der Entwicklung menschlicher Kultur erfolgte in erster Linie anhand der Ergebnisse von Ausgrabungen, die Jordan selbst in Wewelsburg und Umgebung durchführte. Der Schwerpunkt lag auf den Epochen vor der Christianisierung. Während im allgemeinen "*von Berlin aus (...) keinerlei Richtlinien*"[29] erlassen wurden, bestimmte Himmler jedoch, daß einzelne Staatsgeschenke dort aufbewahrt wurden. So fanden sich in dem Museum u. a. ein Samuraischwert und verschiedene Opferschalen und Becher tibetanischer, chinesischer und japanischer Herkunft sowie Urnen eines angeblich langobardischen Friedhofs in Südeuropa.[30]

23 Vgl. oben S. 115.

24 So hieß die Rubrik für Lokalnachrichten in der „Bürener Zeitung".

25 BZ vom 7. November 1933, Nr. 256.

26 Völkischer Beobachter vom 27. Sept. 1934, Ausgabe A, Nr. 270, abgedruckt bei Hüser, Karl, a. a. O., S. 192.

27 Vgl. oben S. 95 f. und 140.

28 Zitat nach Hüser, a. a. O., S. 35.

29 KA PB AS 1900, Manuskript Jordan 1979.

30 Vgl. ebd.

Vom Verständnis dessen her, was ein Museum sei, und von den Methoden der Präsentation war dieses Museum nach dem wenigen, was wir nach seiner völligen Zerstörung bzw. Verschleuderung 1945 wissen, auf der Linie der nationalsozialistischen Museumskonzeption, d. h. stark von der Vermittlungsabsicht geprägt, die Auswahl bzw. Herstellung der Objekte bestimmte. Es nahm damit durchaus Forderungen an eine Popularisierung auf, die früher in anderer Absicht erhoben worden waren, wie wir gesehen haben. Allerdings war das Museum bis 1945 nur einem kleinen Kreis von Besuchern zugänglich.

Den bilanzierenden Übergang zur Epoche nach 1945, in dem abschließend zur *Modernität* des damaligen Konzepts zu sprechen und auf mögliche Kontinuitäten unter völlig veränderten Bedingungen hinzuweisen wäre, überlasse ich Dr. Aloys Vogels, ehemals Landrat in Büren, nun Ministerialdirigent im Innenministerium des neugegründeten Landes Nordrhein-Westfalen.

Nachzutragen bleibt allerdings noch, daß die SS über alles Gesagte hinaus der Geschichte Wewelsburgs Spuren eingebrannt hatte, die – so schien es – nicht auszulöschen waren, gehörte doch zu den Hinterlassenschaften der SS-Herrschaft nicht nur die sichtbare Zerstörung der Wewelsburg auf Befehl Himmlers am 31. März 1945, sondern vor allem die Tatsache, daß in knapp vier Jahren im kleinsten staatlichen Konzentrationslager des 'Dritten Reichs' in Wewelsburg 1285 Menschen ermordet wurden, eine Tatsache, die unsichtbar war, weil die Toten keine Gräber bekommen hatten. Umgekommen waren sie z.T. beim Ausbau der Burg zur "*Kultstätte*" des SS-Ordens, die Bestandteil der Idee der "*Wewelsburg als Mittelpunkt der Welt*"[31] werden sollte.

Als materielle Hinterlassenschaft der SS-Zeit verblieben der Gemeinde 1945 neben Ruinen (außer der Burg das SS-Wach- und das SS-Stabsgebäude) Baracken, Stacheldrahtzäune, Wachtürme usw. eines Konzentrationslagers, in dem nach kurzer Zeit die größte Ansammlung von Flüchtlingen und Vertriebenen aus den ehemaligen Ostgebieten im Kreis Büren zu finden war.

Dr. Vogels, der von Düsseldorf aus seinem früheren Wirkungsort eng verbunden blieb, "*empfahl (...) dem Kreise, die Burg so auszubauen, daß sie der Jugend eine Herberge und eine politische Schulungsstätte in echt demokratischem Sinne würde. Weiter müsse die Burg als Nazimahnmal für ganz Nordrhein-Westfalen hergerichtet werden. Schließlich müsse (...) der Heimatgedanke auf der Burg verankert werden, und (sie müsse) auch den Ostvertriebenen zur Verfügung stehen zur Förderung ihrer kulturellen und heimatlichen Belange. In diesem Sinne wünsche er dem Kreise beste Erfolge.*"[32]

Soweit das Protokoll der konstituierenden Sitzung des wiedergegründeten "*Vereins zur Erhaltung der Wewelsburg*" vom 29. 6. 1949!

In diesem Umgang mit Kontinuität und Diskontinuität offenbart sich, worin auch schon ab 1920/21 die Modernität und der Erfolg des Konzepts zum Ausbau der Wewelsburg gelegen hatten: die Verbindung von positiven Leitideen, deren Interpretation hinreichend flexibel, aber nicht prinzipienlos war, mit einem inspirierten Aufgreifen von politischen Notwendigkeiten von grundsätzlicher Bedeutung. Die dabei geschaffenen Institutionen erscheinen in Vogels' Augen nur wichtig, sofern sie diesen Zwecken nützen.

---

31 Vgl. das zitierte Werk von Karl Hüser, S. 59 ff.

32 Kulturamt des Kreises Paderborn – 41 549 (Verein zur Erhaltung der Wewelsburg I), Protokoll der Tagung am 29. 6. 1949 auf der Wewelsburg.

An der Ausführung von Vogels' vier Sätzen, die eine Summe der Erfahrungen der vorausgegangenen 25 Jahre wie eine umfassende Programmatik für die Zukunft darstellen, arbeiten sich die nachfolgenden Generationen bis heute ab.

Zunächst sah es aus, als würden Vogels' Vorschläge sogleich auf positive Resonanz treffen. Das geforderte Mahnmal wurde nach seinen inhaltlichen Vorgaben, wenn auch nicht in der von Vogels vorgeschlagenen Form von "*Schaubildern*", innerhalb weniger Monate fertiggestellt. Der Bürener Künstler Josef Glahe malte zehn großformatige Gemälde, die die Ergebnisse des Nationalsozialismus in Westfalen festhalten sollten, nach Themen, die von Vogels vorgegeben waren (*"Gefallene"*, *"Durch Kriegsgeschehen Verletzte"*, *"Zerstörung von Wohnungen im Bombenkrieg"*, *"Politisch und religiös Verfolgte"*, *"Ermordung von Geisteskranken"*, *"Judenverfolgung"*, *"Zerstörung von Bibliotheken"*, *"Zerstörung von Kirchen"*, *"Vertriebene aus den Ostgebieten"*, *"KZ Wewelsburg"*).[33]

Diese Gemälde wurden im Kellerraum des Nordturms, der von der SS zur "Gruft" ausgebaut worden war, aufgestellt, nachdem der Raum einen Zugang von außen erhalten hatte.[34]

Nachdem die Jugendherberge im wiederausgebauten Ostflügel, die nun in Regie des Deutschen Jugendherbergswerks stand, ihren Betrieb schon am 1. Mai 1950 hatte aufnehmen können, wurden die Wiedereröffnung des Kreisheimatmuseums und die Einweihung des Mahnmals mit einem Volksfest am 29. Juni 1950 begangen, dem ein Abend mit Volksliedern am Lagerfeuer im internationalen Jugendzeltlager auf der Almeinsel unterhalb der Burg vorangegangen war.

Der Text des Veranstaltungsprogramms zeigt das deutliche Bemühen, eine Balance zwischen den im Geiste der Weimarer Zeit ausgewählten Zielen zu halten, die auch in der verklausulierten Sprache formuliert wurden, die wir aus jener Zeit kennen. Vogels' Idee einer "*politischen Schulungsstätte in echt demokratischem Sinne*" wird ebenso wenig aufgegriffen wie der Anlaß genannt wird, gerade hier ein Mahnmal einzurichten. Dafür wird auf die alte Tradition des "*reizvollen*" Natur- und Geschichtserlebnisses zurückverwiesen.

"Die alte Burg mit ihrer reichen Geschichte soll zu einer Begegnungsstätte werden für die gemeinsame Arbeit der westlichen Welt am Wiederaufbau und der Verständigung der Völker untereinander. Zwei Vereine, das "Internationale Jugendwerk Wewelsburg" und die "Internationale Begegnungsstätte Wewelsburg", mühen sich dort um die ideellen und kulturellen Bedürfnisse der jungen und älteren Generationen. Die Jugendherberge, die in schöner Form wieder eingerichtet ist, bietet über 100 Jugendlichen eine angenehme Bleibe. Das wiederaufgestellte Kreisheimatmuseum gibt Einblick in die frühe und neuere Geschichte des Paderborner Landes. Das im Turmgewölbe des Nordturms errichtete Mahnmal soll die Völker der Welt vor den Schrecken blutiger Auseinandersetzungen warnen.

Die Wewelsburg ist ein geeigneter Ausgangspunkt für die Erwanderung des landschaftlich und geschichtlich reizvollen süd-ost-westfälischen Raumes.

Fast zur gleichen Zeit, vor 25 Jahren, wurde die Burg der Öffentlichkeit übergeben. Nun soll sie erneut zu einem Ort des Friedens werden und den Völkern dienen als eine Internationale Begegnungsstätte."[35]

Vogels jedoch ließ es sich nicht nehmen, im Rahmen der Feierstunde die bei solchen Anlässen wie vor 1933 aus denselben Gründen (nämlich der Schwierigkeit, sich der

33 Kulturamt des Kreises Paderborn – 41 549 (Verein zur Erhaltung der Wewelsburg I), Liste der Bildbeischriften (vom 13. Oktober 1949).

34 Ebd., Protokoll über die Sitzung des Vereins zur Erhaltung der Wewelsburg vom 4. Oktober 1949 und Schreiben des OKD Dr. Ebbers vom 29. Dezember 1949.

35 KW Museumbücherei, Inv.Nr. 1051 (Beilage).

jüngsten Vergangenheit offen und lernfähig zu stellen) übliche kryptische Sprache zu durchbrechen und – im Geiste des Friedensbundes? – verbindliche Lehren aus der Vergangenheit zu fordern, um die Zukunft meistern zu können. Er beendete seine Ansprache mit den Worten:

"Wenn der Mensch heute im Atomzeitalter lebe, so sei ihm damit die Möglichkeit gegeben, ein Riesenmaß an Kräften zu nützen, er könne es aber auch zum Verderben der Menschheit mißbrauchen. Daher müsse ein Kampf der Nächstenliebe gegen die Atombombe ins Leben gerufen und durchgekämpft werden. Wenn die Wewelsburg dazu ihren Teil beitrage, erfülle sie voll und ganz ihre Aufgabe; daß sie es tun möge, sei sein innigster Wunsch."[36]

Was neu und zukunftsweisend am Ansatz der Kreisverwaltung nach 1949 war, wie z. B. die Internationalität der geplanten Begegnungen (wenn auch – zeittypisch – nur mit Blick nach Westen), war wie die Ziele der Konzeption in den zwanziger Jahren aus einer Mischung von Einsicht in wesentliche politische Notwendigkeiten und der Hoffnung auf finanzielle Förderung erwachsen. So tritt uns der exakt ein Jahr zuvor wiedergegründete Verein zur Erhaltung der Wewelsburg in dem zitierten Programm als *"Internationale Begegnungsstätte Wewelsburg"* entgegen. Diese Umbenennung, die eine Erweiterung der Aufgaben vorbereiten sollte, entsprach einer Forderung interessierter Sponsoren aus Kreisen US-amerikanischer Hilfsfonds bzw. der Hoffnung auf Mittel aus alliierten Kulturetats. Die Bemühungen scheiterten kurze Zeit später.

Die für diese Aktivitäten mitverantwortliche Verbindung zum *"Internationalen Jugendwerk Wewelsburg e.V."*, einem aus dem *"Hilfswerk deutscher katholischer Jugend"* hervorgegangenen Unternehmen, das durch Kriegsfolgen heimatlosen Jugendlichen in Wewelsburg eine Unterkunft verschaffte (sog. *"Heimstatt"* im ehemaligen SS-Wachgebäude) und versuchte, ihnen Lehrstellen bzw. Aushilfsarbeiten zu vermitteln, löste sich ebenfalls in den frühen fünfziger Jahren.[37] Das Jugendwerk stellte seine Tätigkeit 1952 ein. Der *"Burgverein"* hielt ab 1950 keine Hauptversammlung mehr ab.[38] 1966 muß er aufgelöst worden sein.[39]

Gleichwohl wurde die Wewelsburg Schauplatz internationaler Begegnungen.

Vom Deutschen Jugendherbergswerk wurde die Herberge in der Wewelsburg in den kommenden Jahrzehnten großzügig ausgebaut. Nicht zuletzt durch die vielen Kontakte des seit Mitte der sechziger Jahre dort tätigen Herbergselternpaares Tillmann wurde sie zu einem internationalen Treffpunkt eigener Prägung.

Darüber hinaus finden seit 1954 alle zwei Jahre in der Wewelsburg und – ausgehend von ihr – im Kreis Büren, seit 1975 Kreis Paderborn, *"Internationale Jugendfestwochen"*, d. h. Folklorefestivals, statt, an denen inzwischen Volkstanzgruppen aus Ost- und Westeuropa sowie Israel teilnehmen.[40]

Ausgerechnet diese Tradition mußte schließlich argumentativ dafür herhalten, daß alle Erinnerungszeichen an die NS-Opfer in der Wewelsburg während der ersten Hälfte der siebziger Jahre verschwanden. Das Mahnmal in der ehemaligen *"SS-Gruft"* im Keller des Nordturms wurde auf Anweisung der Kreisverwaltung geschlossen, eine erst 1965 – mit finanzieller Unterstützung des Kreises – angebrachte Gedenktafel im Innenhof wieder demontiert.

In den sechziger Jahren war zwar einer anderen von Vogels vorausgesehenen Notwendigkeit Rechnung getragen worden, aber ohne daß man sich seiner dabei entsann oder seiner klugen Beschränkung auf die *"kulturellen und heimatlichen Belange"* gefolgt wäre: Nachdem schon häufiger Veranstaltungen von Vertriebenenver-

---

36 Westfalen-Zeitung vom 30. Juni 1950, Nr. 140

37 Aus den Akten wird (nur sehr bruchstückhaft) deutlich, daß der Kreis Büren Verhandlungen nicht aufnahm, als die alliierten Stellen Kritik an den fehlenden internationalen Beziehungen, der nicht ersichtlichen Verantwortlichkeit und dem geringen Eigenanteil des Kreises an der Finanzierung des Projekts übten (Kulturamt des Kreises Paderborn – 41 459, a. a. O., II).

38 Kulturamt des Kreises Paderborn – 41 549, a. a. O., III – Vermerk vom 21. Februar 1964.

39 Ebd. – letzter Vermerk vom 25. 3. 1966.

40 Zu Entstehung und Entwicklung vgl. oben S. 131 f.

bänden – darunter als regelrechtes Fest für das ganze Dorf das Treffen der ermländischen Jugend Ostern 1952 – stattgefunden hatten,[41] richtete der Kreisverband Büren des *"Bundes der Vertriebenen"* in dem nach seinem Umzug in den Ostflügel geräumigeren Kreisheimatmuseum eine "*Ostdeutsche Heimatstube*" ein, die zusammen mit dem umgestalteten Museum am 22. Juni 1967 eröffnet wurde.[42] Ein Ausdruck dessen, wie stark viele Vertriebene ihre Gegenwart und den Verlust ihrer Herkunftsregionen als *Interim* erlebten, dessen Auflösung sie in der Wiederherstellung des Vorkriegszustandes erstrebten, ohne über deren politische Implikationen öffentlich zu reflektieren, war die Einleitung der "*Heimatstube*": eine mehrere Quadratmeter große Karte des Deutschen Reiches in den Grenzen von 1937 mit den Teilungslinien des Jahres 1945. Darunter stand die Frage: "*Wie lange noch?*"

So hatten zwar die zwei Institutionen Jugendherberge und Kreismuseum eine Vielzahl von kurzfristig existierenden Einrichtungen überlebt (wobei zu den genannten etwa ein Berufsschullandheim der Kreisberufsschule Büren von 1957 bis 1959, ein Sportheim von 1967 bis 1978 u.a. hinzuzurechnen sind), wesentliche Punkte des Programms des Ehrenvorsitzenden des Burgvereins[43] waren dagegen in den siebziger Jahren noch unerfüllt bzw. revidiert worden. Wohl war mit dem wiederhergestellten Kongreßsaal die Tradition des Veranstaltungsortes aufgenommen worden. Hier finden seither auch politische Veranstaltungen statt. Zahlreiche Vorträge, Darbietungen usw. standen und stehen unter dem Motto der *Heimatpflege*.

Erst mit der nach langen öffentlichen Auseinandersetzungen zustandegekommenen Eröffnung der Dokumentation im ehemaligen Wachgebäude unter dem Titel "*Wewelsburg 1933 – 1945. Kult- und Terrorstätte der SS*" 1982, die auch Gedenkstätte für die KZ-Opfer ist, wurde jedoch ein Weg zur Anerkennung der geschichtlichen Aufgabe gefunden, ohne die ein 'zeitgemäßes' Geschichtsverständnis und damit die geforderte "*politische Schulungsstätte in echt demokratischem Sinne*" nicht entstehen können. Erst auf dieser Grundlage scheint es möglich, daß Heimat an diesem Orte immer weniger komplexbeladenes Gegenbild zu als unbefriedigend erlebten politischen Gegenwartsbedingungen bleibt, sondern immer mehr jene *modernen* Konturen annimmt, die in der Wewelsburger Tradition schon lange angelegt sind.[44]

1984 kam anstelle der "Heimatstube" die Dauerausstellung "*Deutsche im östlichen Mitteleuropa – Kultur, Vertreibung, Integration*" hinzu. Sie dokumentiert vornehmlich am Beispiel des Posener Landes Kultur und Geschichte der Deutschen im Zusammenleben mit Angehörigen der polnischen Nation und der jüdischen Religion, bis die nationalsozialistische Politik – gefördert durch polnischen Nationalismus und Antisemitismus – die Grundlagen dieser jahrhundertelangen Beziehungen zerstörte und damit die Vertreibung der Deutschen vorbereitete. Zu den Zusammenschlüssen der Vertriebenen aus zwei Landkreisen, Meseritz und Schwerin an der Warthe, unterhält der Kreis Paderborn besondere Beziehungen, die in einer Patenschaft Ausdruck gefunden haben. Neben der Bewahrung und Sammlung der wenigen materiellen Zeugnisse, die Flucht und Vertreibung überstanden haben, und der Förderung des Zusammenhalts der Vertriebenen hat sich die Ausstellung die Aufgabe gestellt, die Beziehungen zu den heutigen Einwohnern in den Vertreibungsorten weiter zu entwickeln. Damit wird versucht, Heimat gegen eine weitere Form menschenverachtender Politik praktisch zu definieren. Die Dokumentation des Vertreibungsgeschehens und des damit verbundenen menschlichen Leids sowie der Integration der Vertriebenen in die westdeutsche Gesellschaft werden dafür ebenso als Voraussetzung betrachtet, wie die der weiteren Entwicklung in der "*Posener Region*" in unserem östlichen Nachbarland.

41 Vgl. Westfalen-Zeitung vom 1. Mai 1952.

42 Vgl. Landkreis Büren (Hg.), Führer durch das Heimatmuseum des Landkreises Büren, Wewelsburg o.J.

43 Vogels war auf der konstituierenden Sitzung am 4. 10. 1949 in dieses Amt einstimmig gewählt worden.

44 Hermann Bausinger definiert den gegenwärtigen Inhalt des Heimatbegriffs so: *"Heimat und offene Gesellschaft schließen sich nicht mehr aus: Heimat als Aneignung und Umbau gemeinsam mit anderen, Heimat als selbstmitgeschaffene kleine Welt, die Verhaltenssicherheit gibt, Heimat als menschlich gestaltete Umwelt."* (Hermann Bausinger, Heimat in einer offenen Gesellschaft. Begriffsgeschichte als Problemgeschichte, in: Jochen Kelter (Hg.), Die Ohnmacht der Gefühle. Heimat zwischen Wunsch und Wirklichkeit, Weingarten 1986, Seite 89–115, hier: S. 111.)

Die hohe Zahl der Besucher des Kreismuseums und ihre unterschiedliche Nationalität machen es – hoffentlich auf lange Zeit – tagtäglich zu einer "*internationalen Begegnungsstätte*". Sie ergänzen Jugendherberge und "*Internationale Jugendfestwoche*" um eine wichtige Dimension, kommen deren Teilnehmer doch vielfach aus Ländern, die unter dem Nationalsozialismus gelitten haben.

Geschichtsbewußten Teilnehmern erleichtert die Feststellung, daß diese Epoche hier nicht verschwiegen wird, die Kontaktaufnahme zu jungen Deutschen – wie die Erfahrung zeigt – erheblich.

Heute ist die in Wewelsburg an Einheimische und Besucher gestellte Anforderung an ihre Integrationsleistung aufgrund der Geschichte noch größer als 1925; aber war *Heimat*, wenn sie nicht trughaftes Gegenbild bleiben, sondern einen authentischen Umriß für die Auseinandersetzung der "*kleinen Welt*" mit sich und den Anforderungen von außen bilden sollte, zu erwerben je einfach?

Quellen und Literatur

A Ungedruckte Quellen

1. Staatsarchiv Detmold (StA DT)

M 1 Pr	Nr. 565 ff. –	Landratsamt Büren
M 1 Pr	Nr. 601 –	Landratsamt Büren
M 1 Pr	Nr. 951 –	Versetzungen landrätlicher Beamter 1933 – 1944
M 1 Pr	Pers I Nr. 806 –	Personalakte des Freiherrn von Savigny
M 1 Ju	Nr. 110 –	Ausbau der Wewelsburg 1921 – 1925
M 2 Bü	Nr. 707 –	Acta, die Wewelsburg betreffend
M 2 Bü	Nr. 985 –	Ausbau der Wewelsburg zu einem Jugendheim 1921 – 1924
M 2 Bü	Nr. 1097 –	Kommunalpolitische Zentrumsvereinigungen im Kreise Büren intus: Landrat Frhr. v. Solemacher, "Der Kreis Büren", Entwurf für die "Kommunalpolitischen Blätter" (1928)
M 1 III C Nr. 2355 –		Die bauliche Unterhaltung des Burggebäudes zu Wewelsburg sowie die fernere Disposition über die Burg für gemeinnützige Zwecke, Bd. 3: 1904 – 1927
D 4 D Nr. 451 –		Pfarrwohnung Wewelsburg – Erweiterung, Unterhaltung (1846): 1864 – 1930

2. Staatsarchiv Münster (StA MS)

Kartensammlung A, Nr. 19 846 – 19 849 – Grundrisse der Wewelsburg aus dem Jahre 1806

3. Kreisarchiv Paderborn (KA PB)

Nr. B 40 – Akte spec. des Kreisausschusses Büren betreffend Beschlüsse des Kreistages
Nr. B 119 – Protokolle der Kreisausschußsitzungen 1920 – 1925
Nr. B 400 – 423 – Kreisausschuß Büren/Wewelsburg:
    B 401 – Einnahmen und Ausgaben auf der Burg, Abrechnungen des Burgwarts
    B 402 – Inventarien für die Burgverwaltung
    B 403 – Ausbau der Wewelsburg (Private Spenden)
    B 404 – Einrichtung einer Burgwartstelle Wewelsburg
    B 405 – Ausbau der Wewelsburg (Festschrift und Herausgabe eines Führers)
    B 406 – Ausbau der Wewelsburg (Beihilfen des Staates und sonstiger Körperschaften)
    B 407 – Ausbau der Wewelsburg (Private Spenden)
    B 408 – Enteignung von Grundstücken
    B 409 – Feuerversicherung des Gebäudes und Inventars der Wewelsburg
    B 410 – Tagungen auf der Wewelsburg

B 411 – Einrichtung einer Jugendherberge auf der Wewelsburg
B 412 – Verschiedenes (Anschaffungen usw.)
B 413 – Einnahmen und Ausgaben der Wewelsburg
B 414 - Veranstaltung von Heimatfesten auf der Wewelsburg
B 415 – Wirtschaftsbetrieb auf der Wewelsburg
B 416 - Arbeitsdienst
B 417 - Anstellung des Standesbeamten des Standesamts Wewelsburg
B 418 - Die Wewelsburg von 1924 – 1926
B 419 - Ausbau der Wewelsburg (Verschiedenes)
B 420 - Ausbau der Wewelsburg (Propaganda)
B 421 - Ausbau der Wewelsburg (Übernahme vom Staat)
B 422 - Heimatbücher des Kreises Büren (1925 – 1930)
B 423 – Einrichtung und Verwaltung des Heimatmuseums des Kreises Büren
B 429 – ohne Titel
Akte betr. Um- und Ausbau der Wewelsburg (Ausbau des Nordturmes)
Protokollbuch des Vereins zur Erhaltung der Wewelsburg e.V.

4. Kreismuseum Wewelsburg (KM W)

Kulturamt - 41549 (Verein zur Erhaltung der Wewelsburg) – I bis III
Fotoarchiv   1.2.5.11.
             1.4.2.0.
             1.4.3.2.
             1.4.3.4
             1.4.4.3.
             1.4.4.4.
             1.4.4.6.
             1.4.5.1.
             1.4.5.2.
             1.4.5.3.
             1.4.6.6.
             1.4.7.
             1.4.7.1.
             1.4.7.4.1.
             1.4.8.2.
             1.5.2.1.
             1.5.2.10.
             1.5.4.
             1.5.5.
             – Museumsbücherei, Inv.-Nr. 1051, Beilage
Plan Nr. 15 – Die Wewelsburg – Erdgeschoß
       17 – Die Wewelsburg – Obergeschoß
       21 – Ausbau der Wewelsburg: Türen für Keller und Erdgeschoß
       28 – Entwurf für die Deckenaufteilung im "Rittersaal"
       31 – Ausbau der Kopfwand im "Rittersaal"
       37 – Die Wewelsburg – Übersichtsplan
       58 – Ostflügel der Wewelsburg
       65 – Um- und Ausbauarbeiten eines Teils der Wewelsburg für den Arbeitsdienst
       78 – Sicherung des Nordturms – Bestandszeichnung

5. Stadtarchiv Büren (StdtA BÜ)

Gemeindechronik Wewelsburg

B Tageszeitungen

Bürener Zeitung Jg. 1922 – 1934
Neue Westfälische Jg. 1981
Der Patriot Jg. 1939
Westfalen-Zeitung Jgg. 1950 und 1952
Westfälischer Kurier Jg. 1929
Westfälisches Volksblatt Jgg. 1922 – 1934, 1986 und 1989

C Gedruckte Quellen und Literatur

Annalista Saxo, in: MGH Scriptores VI, S. 542.
Aufmuth, Ulrich, Die deutsche Wandervogelbewegung unter soziologischem Aspekt, Göttingen 1979 (Studien zum Wandel von Gesellschaft und Bildung im Neunzehnten Jahrhundert 16).
Bänfer, Ludwig, Das Museum als Bildungsstätte, Hamm 1929 (Museumshefte des Städtischen Gustav-Lübcke-Museums Hamm, H.1).
Ders., Schule und Museum, Hamm 1931 (Museumshefte des Städtischen Gustav-Lübcke-Museums Hamm, H.4).
Bausinger, Hermann, Heimat in einer offenen Gesellschaft. Begriffsgeschichte als Problemgeschichte, in: Jochen Kelter (Hg), Die Ohnmacht der Gefühle. Heimat zwischen Wunsch und Wirklichkeit, Weingarten 1986, S. 89–115.
Die Bau- und Kunstdenkmäler von Westfalen. Kreis Büren, bearb. v. J. Körner, Münster 1926.
Behr, Hans-Joachim, Die Provinz Westfalen und das Land Lippe 1813 – 1933, in: Wilhelm Kohl (Hg.), Westfälische Geschichte (3 Textbde., 1 Bild- und Dokumentarbd.), Bd. 2, Düsseldorf 1983, S. 45–164.
Bergmann, B., Art. "Junglehrer", in: Lexikon der Pädagogik der Gegenwart (2 Bde.), Bd. 1, hg. v. Deutschen Institut für wissenschaftliche Pädagogik, Münster i. W. unter Leitung von Josef Spieler, Freiburg 1930, Sp. 1314.
Blüher, Hans, Wandervogel 1 – 3. Geschichte einer Jugendbewegung, Nachdruck Frankfurt a. M., 5. Aufl., 1976 (Quellen und Beiträge zur Geschichte der Jugendbewegung 10).
Bohnenkamp, Hans, Jugendbewegung als Kulturkritik, in: Walter Rüegg (Hg.), Kulturkritik und Jugendkult, Frankfurt a. M. 1974, S. 23–38.
Bomann, Wilhelm, Das Vaterländische Museum in Celle, in: Centralstelle der Arbeiter-Wohlfahrtseinrichtungen (Hg.). Die Museen als Volksbildungsstätten, Berlin 1904.
Der Große Brockhaus. Handbuch des Wissens in zwanzig Bänden, Bde. 11 und 13, Leipzig, 15. völlig neu bearb. Aufl. von Brockhaus' Konversationslexikon 1929 und 1932.
Burgen und Schlösser in Deutschland, Ostfildern-Kemnat 1982.
Dalwigk, Freiherr von, Die ältere Genealogie des gräflichen Hauses Schwalenberg-Waldeck, in: WZ 73 II (1915) S. 142–170.

Decker, Rainer, Die Hexenverfolgungen im Hochstift Paderborn, in: WZ 83 (1978) S. 315–356.

Ders., Die Hexenverfolgungen im Herzogtum Westfalen, in: WZ 131/132 (1981/82) S. 339–386.

Deutsche Jugendkraft, 1921, Heft 4.

Erdmann, Karl Dietrich, Die Weimarer Republik, München, 9. neu bearb. Aufl., 1986 (= Gebhardt, Handbuch der deutschen Geschichte, hg. v. Herbert Grundmann 19).

Féaux de Lacroix, Karl, Geschichte Arnsbergs, Arnsberg 1895.

Först, Walter (Hg.), Zwischen Ruhrkampf und Wiederaufbau, Köln-Berlin 1972 (Beiträge zur neueren Landesgeschichte des Rheinlandes und Westfalens 5).

Der Friedenskämpfer 7 (1931).

Der Friedensvertrag von Versailles nebst Schlußprotokoll und Rheinlandstatut, Berlin 1925.

Führer durch das Heimatmuseum des Landkreises Büren, hg. vom Landkreis Büren, Wewelsburg o.J.

Fürstenberg, Ferdinand Frhr. von, Monumenta Paderbornensia ex historica romana, francia, saxonica eruta et novis inscriptionibus, figuris, tabulis geographicis et notis illustrata, editio altera a priori auctior, Amstelodami 1672.

Geck, L. H. Ad., Art "Bund", in: Lexikon der Pädagogik (4 Bde.), Bd. 1, hg. vom Deutschen Institut für wissenschaftliche Pädagogik, Münster, und dem Institut für vergleichende Erziehungswissenschaft, Salzburg-Freiburg 1952, Sp. 583 f.

Geisberg, Das Leben des Grafen Godfrid von Kappenberg und seine Klosterstiftung, in: WZ 12 (1851) S. 309–375.

Giefers, Wilhelm Engelbert, Geschichte der Wefelsburg und des Bischofs Theodor von Fürstenberg "Memorialbüchlein", Paderborn 1855.

Ders., Geschichte der Burg und Herrschaft Wevelsburg, in: WZ 22 (1862) S. 330–358.

Giesecke, Hermann, Vom Wandervogel bis zur Hitlerjugend. Jugendarbeit zwischen Politik und Pädagogik, München 1981.

Glaser, H., Art: "Jugendbewegung", in: Lexikon der Pädagogik, Neue Ausgabe in 4 Bänden, Bd. 2, Bde. 2 und 3 hg. vom Willmann-Institut München-Wien unter Leitung von Heinrich Rombach, Freiburg u. a. 1970, S. 347 f.

Gorges, Max, Beiträge zur Geschichte des ehemaligen Hochstifts Paderborn im 17. Jahrhundert unter Dietrich Adolf von der Reck, in: WZ 50 II (1892) S. 1–85.

Greve, Johann Baptist, Die Brände der Stadt Paderborn, in: Blätter zur näheren Kunde Westfalens 9 (1871) S. 98–104.

Ders., Der 7-jährige Krieg und seine Drangsale im Hochstifte Paderborn, in: Blätter zur näheren Kunde Westfalens 10 (1872) S. 76–116.

Ders., Das "Norbertusloch" auf der Wewelsburg, in: Blätter zur näheren Kunde Westfalens 10 (1872) S. 125–131.

Grote, Andreas, Museen als Bildungsstätten, in: Wolfgang Klausewitz (Hg.), Museumspädagogik. Museen als Bildungsstätte, Frankfurt a. M. 1975, S. 31–62.

Grundgesetz des Katholischen Jungmännerverbandes Deutschlands, Düsseldorf 1932.

Hanschmidt, Alwin, Die Familie von Fürstenberg und das Fürstbistum Paderborn, in: WZ 128 (1978) S. 357–375.

Harrenberg, Bodo (Hg.), Chronik des Ruhrgebiets, Dortmund 1987.

Hartlieb von Wallthor, Alfred, Die landschaftliche Selbstverwaltung, in: Kohl, Wilhelm (Hg.), Westfälische Geschichte, Bd. 2, Düsseldorf 1983, S. 165–209.

Hartung, Karl, Das Jugendherbergswerk in Westfalen-Lippe. 50 Jahre DJH-Werk, Hagen 1959.

Hastenteufel, Paul, Jugendbewegung und Jugendseelsorge. Geschichte und Probleme der katholischen Jugendarbeit im 20. Jahrhundert, München 1962.

Ders., Selbstand und Widerstand. Wege und Umwege personaler Jugendseelsorge im 20. Jahrhundert, Freiburg 1967 (Handbuch der Jugendpastoral 1).

Heggen, Alfred, Das Hochstift Paderborn im Königreich Westfalen von 1807 bis 1813, Paderborn 1984.

Heimatbücher des Kreises Büren 1923 und 1925, hg. vom Landkreis Büren, Büren 1923 und 1925.

Henkel, Gerhard, Geschichte und Geographie des Kreises Büren, Paderborn 1974.

Henrich, Franz, Die Bünde katholischer Jugendbewegung. Ihre Bedeutung für die liturgische und eucharistische Erneuerung, München 1968.

Honselmann, Klemens, Der Kampf um Paderborn 1604 in der Geschichtsschreibung, in: WZ 118 (1968) S. 229–338.

Hüser, Karl, Wewelsburg 1933 bis 1945. Kult- und Terrorstätte der SS: eine Dokumentation, Paderborn, 2. überarb. Aufl. 1987 (Schriftenreihe des Kreismuseums Wewelsburg 1).

Informationsmaterial der Jugendherberge Wewelsburg.

Informationsmaterial des Fördervereins Kreismuseum Wewelsburg e. V.

Informationsmaterial des Kreismuseums Wewelsburg.

Jakobi, Irmhild "Burgverein" zwischen Gründung und Auflösung, in: Die Warte 50 (1986) S. 16 f.

Kaldewei, Gerhard, Aspekte historischer Museumspädagogik – Zur Kooperation von Museum und Schule 1903 – 1943, in: Museumskunde 48 (1983) H.1, S. 17–27.

Kampschulte, H., Der Almegau. Ein Beitrag zur Beschreibung und Geschichte desselben, in: WZ 23 (1863) S. 192–294.

Kerschensteiner, Georg, Bildungsaufgabe des Deutschen Museums, in: Conrad Matschoß (Hg.), Das Deutsche Museum, Berlin-München 1925.

Kindl, Harald, Der Siebenjährige Krieg und das Hochstift Paderborn, Paderborn 1974 (Heimatkundliche Schriftenreihe 5).

Klocke, Friedrich von, Aus dem Elternhause des Paderborner Fürstbischofs Dietrich Adolf von der Recke, in: WZ 83 (1925) S. 142–160.

Klönne, Arno, Jugend im Dritten Reich: Die Hitler-Jugend und ihre Gegner. Dokumente und Analysen, Düsseldorf-Köln 1982.

Koch, A., Die Borbergkapelle, unveröffentl. Manuskript Brilon 1960.

Köhler, Oskar, Art. "Jugendbewegung", in: LThK, hg. v. Karl Rahner, Bd. 5, Freiburg 2. überarb. Aufl. 1960, Sp. 1181 f.

Korth, Georg, Wandervogel 1896 – 1906. Quellenmäßige Darstellung nach Karl Fischers Tagebuchaufzeichnungen von 1900 und vielen anderen dokumentarischen Belegen, Frankfurt a. M. 1967 (Quellen und Beiträge zur Geschichte der Jugendbewegung 3).

Laqueur, Walter, Die Deutsche Jugendbewegung. Eine historische Studie, Köln 1978.

Levison, Wilhelm, Der Sinn der rheinischen Tausendjahrfeier 925 – 1925, Bonn 1925.

Löher, Franz von, Geschichte des Kampfes um Paderborn, Paderborn 1874.

Marx, J., Otto von Rietberg, Bischof von Paderborn (1279 – 1307), in: WZ 59 II (1901) S. 3–92.

Micus, Franz-Josef, Denkmale des Landes Paderborn, Paderborn 1844.

Mogge, Winfried, Art. "Quickborn", in: LThK, Bd. 8, Freiburg 1963, Sp. 937.

Mummenhoff, Karl E., Die Wewelsburg, München-Berlin 1972 (Große Baudenkmäler 265).

Oberschelp, Reinhard, Die Edelherren von Büren bis zum Ende des 14. Jahrhunderts, Münster 1963 (Geschichtliche Arbeiten zur westfälischen Landesforschung 6).

Ders., Die Wewelsburg als Sitz der Edelherren von Büren bis zum 14. Jahrhundert, in: WZ 113 (1968) S. 377–383.

Ders., Beiträge zur Geschichte des Kanonissenstiftes Böddeken (837 – 1408), in: WZ 118 II (1968) S. 157–197.

Pabst, Klaus, Der Ruhrkampf, in: Först, Walter (Hg.), Zwischen Ruhrkampf und Wiederaufbau, Köln-Berlin 1972 (Beiträge zur neueren Landesgeschichte des Rheinlandes und Westfalens 5), S. 11–50.

ders., Der Vertrag von Versailles und der deutsche Westen, in: Düwell, Kurt/ Köllmann, Wolfgang (Hg.), Rheinland-Westfalen im Industriezeitalter. Beiträge zur Landesgeschichte des 19. und 20. Jahrhunderts (4 Bde.), Bd. 2: Von der Reichsgründung bis zur Weimarer Republik, hg. i. A. des Kultusministers des Landes Nordrhein-Westfalen, Wuppertal 1984, S. 271–289.

Paulussen, Ludwig, Art. "Marianische Kongregation", in: LThK, Bd. 7, Freiburg 1962, Sp. 49 f.

Peters, Wilhelm, Die Wewelsburg, in: Heimatbuch des Kreises Büren 1925, Büren 1925, S. 5–8.

Pfliegler, M., Art "Jugendbewegung", in: Lexikon der Pädagogik der Gegenwart (2 Bde.), Bd. 1, hg. v. Deutschen Institut für wissenschaftliche Pädagogik, Münster i. W. unter Leitung von Josef Spieler, Freiburg 1930, Sp. 1267 – 1275.

Pöppelbaum, Johannes, Die Wewelsburg, Paderborn 1925.

Pohlmeier, Heinrich (Bearb.), 150 Jahre Landkreis Büren, hg. vom Landkreis Büren, Büren 1966.

Programme zur Internationalen Jugendfestwoche auf der Wewelsburg 1987 und 1989, hg. vom Jugend- und Sportamt des Kreises Paderborn, Paderborn 1987 und 1989.

Pross, Harry, Jugend – Eros – Politik. Die Geschichte der deutschen Jugendverbände, Bern-München-Wien 1964.

Raabe, Felix, Die Bündische Jugend. Ein Beitrag zur Geschichte der Weimarer Republik, Stuttgart 1961.

Richter, Wilhelm, Die "vom Teufel Besessenen" im Paderborner Lande unter der Regierung des Fürstbischofs Theodor Adolf von der Reck, in: WZ 51 II (1893) S. 37–96.

Ders., Der Übergang des Hochstifts Paderborn an Preußen, in: WZ 62 II (1904) S. 163–235.

Riesenberger, Dieter, Der Friedensbund Deutscher Katholiken in Paderborn – Versuch einer Spurensicherung, Paderborn 1983.

Ders., Die katholische Friedensbewegung in der Weimarer Republik, Düsseldorf 1976.

Rosenkranz, G. J., Die ehemalige Herrschaft Büren und deren Übergang in den Besitz der Jesuiten, in: WZ 8 (1845) S. 125–251.

Roth, Martin, Heimatmuseum 1918 – 1945. Eine deutsche Institution im Wandel der politischen Systeme, uv. Diss. Tübingen 1987.

Rüegg, Walter (Hg.), Kulturkritik und Jugendkult, Frankfurt a. M. 1974.

Schaten, Nikolaus, Annales Paderbornenses, 3 Bde. Münster 1774², 1775, Paderborn 1741.

Schellenberger, Barbara, Katholische Jugend und 3. Reich. Eine Geschichte des Katholischen Jungmännerverbandes 1933 – 1939 unter besonderer Berücksichtigung der Rheinprovinz, Mainz 1975 (Veröffentlichungen der Kommission für Zeitgeschichte, Reihe B: Forschungen 17).

Schieffer, Theodor, Wilhelm Levison, in: RhVjbll 40 (1976) S. 225–242.

Schiwy, Günther, Symbole als Zeichen – Ansätze einer semiotischen Symboltheorie, in: Udo Titgemeier (Hg.); Symbole – Ihre Bedeutung in Kirche und Gesellschaft, Loccum, 3. Aufl. 1985 (Loccumer Protokolle 17/ 1980) S. 5–14.

Schlieper, Andreas, 150 Jahre Ruhrgebiet. Ein Kapitel deutscher Wirtschaftsgeschichte, Düsseldorf 1986.

Schmittmann, Benedikt, Die Jahrtausendfeier des Rheinlandes, Wiesbaden 1925.

Schumacher, Th., Art. "Jugendbewegung", in: Lexikon der Pädagogik (4 Bde.), Bd. 2, hg. vom Deutschen Institut für wissenschaftliche Pädagogik, Münster, und dem Institut für vergleichende Erziehungswissenschaft, Salzburg-Freiburg 1953, Sp. 961–965.

Schwarz, Johann Ludwig Georg, Denkwürdigkeiten aus dem Leben eines Geschäftsmannes, Dichters und Humoristen, Bd. 2, Leipzig 1828.

Segin, Wilhelm, Geschichte der Wewelsburg, Büren 1925.

Ders., Zur Geschichte der Wewelsburg im Lichte der Kunstgeschichte, in: Heimatbuch des Kreises Büren 1925, Büren 1925, S. 9–12.

Seibertz, Johann Suibert, Übersicht der Geschichte des Regierungsbezirks Arnsberg, in: WZ 16 (1855) S. 175–280.

Seidelmann, Karl, Bund und Gruppe als Lebensformen deutscher Jugend, München 1955.

Sonnen, Max, Die Weserrenaissance. Die Bauentwicklung um die Wende des XVI. und XVII. Jahrhunderts an der oberen und mittleren Weser und in den angrenzenden Landesteilen, Münster 1918.

Spancken, Wilhelm, Zur Geschichte der Gerichtsverfassung in der Herrschaft Büren und zur Geschichte der Edelherrn von Büren, in: WZ 43 II (1885) S. 1–46.

Stoffers, Albert, Das Hochstift Paderborn zur Zeit des Siebenjährigen Krieges, in: WZ 69 II (1911) S. 1–90.

Szemkus, Karol, Gesellschaftliche Bedingungen zur Entstehung der Jugendbewegung, in: Walter Rüegg (Hg.), Kulturkritik und Jugendkult, Frankfurt a. M. 1974, S. 39–46.

Teppe, Karl, Zwischen Besatzungsregiment und politischer Neuordnung (1945-1949). Verwaltung – Politik – Verfassung, in: Kohl, Wilhelm (Hg.), Westfälische Geschichte, 3 Textbde., 1 Bild- und Dokumentenbd.), Bd. 2, Düsseldorf 1983, S 269–339.

Voermanek, Johannes, Die Wewelsburg. Beiträge zur Geschichte derselben, Paderborn 1912.

Warloski, Ronald, Neudeutschland, German Catholic Students, 1919 – 1939, The Hague 1970.

Die Warte 11 (1923), 18 (1957) und 50 (1986).

Wehler, Hans-Ulrich, Modernisierungetheorie und Geschichte, Göttingen 1975.

Wesselmann, Franz, Die Wewelsburg, Bürens Kreis- und Jugendburg, in: Heimatblätter der Roten Erde 4 (1925) S. 496–500.

Wewelsburg, Internationale Begegnungsstätte, hg. v. Internationalen Jugendwerk Wewelsburg e. V. in Verbindung mit der Internationalen Begegnungsstätte e.V., o.O., o.J. (Büren 1950).

Winkelmann, Eduard/ Wattenbach, W., Der sächsische Annalist, Leipzig, 2. neu bearb. Auflage o. J. (Geschichtsschreiber der deutschen Vorzeit 6).

Wolker, Ludwig, Art. "reichsdeutsche Jugendverbände", in: Lexikon der Pädagogik der Gegenwart (2 Bde.), Bd. 1, hg. v. Deutschen Institut für wissenschaftliche Pädagogik, Münster i. W., unter Leitung von Josef Spieler, Freiburg 1930, Sp. 1307–1312.

250 Jahre Erpernburg 1731 – 1981, Erpernburg 1981.

Zwerschke, Manfred, Jugendverbände und Sozialpolitik. Zur Geschichte der deutschen Jugendverbände, München 1963.

Personenregister

Die kursiv gesetzten Zahlen bezeichnen Nennungen in Anmerkungen oder Bildbeischriften.

Amelunxen, Dr. Rudolf, Persönlicher Referent des preuß. Ministerpräsidenten   28 f., *28*
Annalista Saxo   9, *10*
Arnoldi, Dr., Ministerialdirektor   39
Arnsberg, Friedrich Graf von   9, *9*

Bänfers, Ludwig, Museumsleiter   *137*
Bartels, Hermann, Architekt   142
Bausinger, Hermann, Volkskundler   *146*
Becker, Dr., Vors. d. Ausschusses für d. Rhein. Heimatspiele   86 f.
Benedikt XV., Papst   113
Berton, Prof. P., Abbé   114 ff.
Böhner, Franz, Kreisrat, Lichtenau   39, *40*
Bolley, Bernhard, Wewelsburg   91
Bolley, Hans, Wewelsburg   19
Braun, Otto, preußischer Ministerpräsident   *28*
Brauns, Heinrich, Arbeitsminister   43
Brenken, Berthold von   10
Brenken, Reinhard Franz Carl Freiherr von und zu, Landrat von Büren   13 ff., *13*
Brockmeyer, Kreisrat   40
Buben, Josef, Fabrikdirektor und Vors. d. Burgvereins, Büren   36, 66, 70, 73, 76 f., *77*, *79*, 96, *120*
Büren, Edelherren von   10
Büren, Wewel von   9
Büren-Wewelsburg, Herren von   10

Deimel, Kreisrat   *39*, 40
Dieckmann, Franz, Landeshauptmann, Münster   22, 25, 94
Dominicus, Josef, Künstler   127
Droste-Hülshoff, Annette von, Dichterin   *10*

Ebbers, Dr. Josef, Oberkreisdirektor d. Kreises Büren   *144*
Eickel, Ferdinand, Landrat von Büren   127 f.
Eiler, Regierungsassessor   25, *25*
Eley   81
Erzberger, Matthias, Zentrumspolitiker   113
Esch, Ludwig, Generalsekretär des Bundes Neudeutschland   111
Evers, Philipp, Büren   62, 78

Fischer, Karl   109, *109*
Freiberg, Dechant, Atteln   27
Fuchs, Prof. Dr., Paderborn   58, 70, 117
Fürstenberg, Ferdinand von, Fürstbischof von Paderborn   9, 11
Fürstenberg, Theodor von, Fürstbischof von Paderborn   9 ff., *14*
Fuest, Kreisrat   40

Geck, L. H. Ad., Historiker   *111*
Gerlach, Kaplan, Wewelsburg   27

155

Giefers, Wilhelm Engelbert, Historiker   14
Glahe, Josef, Künstler   144
Glaser, Hermann, Publizist   109
Gleim, Revierförster, Wewelsburg   76, 91
Gronowski, Johannes, Oberpräsident, Münster   59, 70 ff., 72, 78, 94
Grundhoff, Wilhelm Anton, Rentmeister in Wewelsburg   12

Hagemeister, Dr., Regierungspräsident von Minden   19, 22 f., 29 f., 33, 39 f., 44, 70, 83, 94, 127
Hartmann, Amtmann, Atteln   41 f., *41*, 44, 46
Hartmann, Bürodirektor   81
Hartmann, Felix von, Kardinal, Erzbischof von Köln   110
Hastenteufel, Paul, Historiker   111
Heger, Franz   116
Heinrich I., deutscher König   9, 85, 140
Heinrich II., Bischof von Paderborn   9
Hellweg, Kaplan, Paderborn   *27*
Hengstenberg, Dr.   93, 98
Henkemeier, Hauptlehrer u. Vors. d. Ortsgruppe Wewelsburg d. Burgvereins   127
Hermes, Andreas, preuß. Finanzminister   46
Hiecke, Staatskonservator, Berlin   36, 59
Himmler, Heinrich, Reichsführer SS   131, 142 f.
Hirtsiefer, Heinrich, preuß. Minister f. Volkswohlfahrt   23, 25, 31, 43, 46
Hoischen, Fritz, Burgwart   55 f., *56, 58*, 76, 111, 122
Honselmann, Klemens, Theologiestudent   20
Horwald, Lehrer, Leiter der Paderborner Sektion des DJH   27
Hüser, Prof. Dr. Karl, Historiker   *131*, 132
Hüttemann, Dechant, Büren   *27*
Hunstiger, Künstler   127

Jordan, Wilhelm, Archäologe   142
Jox, Lehrer   98

Kampschulte, H., Historiker   *10*, 14, 140
Karl d. Große, Kaiser   95
Kawerau, Regierungsrat   *13*
Kleine, Unternehmer, Salzkotten   50
Klingenthal, Unternehmer, Salzkotten   *40*, 50
Körner, Provinzialkonservator   23 f., *27*, 28 f., *28*, 36, 44, 46, 53 ff., *58*, 62 f., 94
Köthenbürger, Landtagsabgeordneter, Paderborn   43
Kollofrath, Dr., Redakteur   *14, 63, 64*
Krupp, Industrieller, Essen   19

Landsberg, Frhr. von, Mitglied des Stahlhelms   *116*, 155
Larsen, Schriftsteller   93
Lemacher, Kreisrat   *40*
Lenz, Paul, Generalsekretär des F.D.K.   114 ff., 141
Levison, Wilhelm, Historiker   87
Lichtwark, Alfred, Direktor der Kunsthalle, Hamburg   137

Linneborn, Prof. Dr. Johannes, Domprobst u. Landtagsabgeordneter 92, 94, *96*, 96 ff.,
   139
Lucas, Georg, Künstler 127
Marx, Fr., Gutsbesitzer, Wewelsburg 81
Micus, Franz-Josef, Historiker 9
Mische, Künstler 127
Mosterts, Carl, Generalpräses d. Verbandes der kath. Jugend- und Jungmännervereine
   21, *21, 27,* 28, 30
Münker, Wilhelm, Hilchenbach, Geschäftsführer des DJH 27, *27*
Napoleon, frz. Kaiser 140
Nillies, Kreiswohlfahrtsamtsleiter 27
Niemann, Baurat, Paderborn 21, *27,* 36
Nies, Maria, Künstlerin 127
Ocken, Künstler, Hegensdorf 127
Oppenhoff, Landgerichtsdirektor, Mitglied d. preuß. Landtages 24, *24*
Pabst, Klaus, Historiker 85
Parensen, Kreisrat *40*
Peters, Dr., Oberregierungsrat 43, 119
Peters, Wilhelm, Wegebauinspektor 70, 84
Pfliegler, M. 105
Plinke, Oberregierungs- u. Baurat, Minden 36
Pöppelbaum, Johannes, Pfarrer in Wewelsburg 13, *13,* 18–24, *18, 20, 24, 27,* 40, 70, 79,
   94, *94,* 100 f., 111, 113, *113,* 115 f., *119*
Pohlmeier, Dr. Heinrich, Historiker 39, 113
Recke, Theodor Adolph von der, Fürstbischof von Paderborn 9, 11, *11*
Reineke, Unternehmer, Salzkotten 50
Rempe, Konrad, Amtmann 27, 73, 76, 91
Rietberg, Otto von, Bischof von Paderborn 10, *10*
Rose, Lehrer, Wewelsburg 76
Rühlmann, Schriftsteller 93
Ruppert, Dr., Redakteur, Hamm 125, 127
Savigny, Dr. Carl Friedrich von, Landrat von Büren 13, *13,* 15
Schaefer, Kreisrat, Harth 40
Schaten, Nikolaus, Historiker 10
Schinkel, Karl Friedrich, Architekt 14, 64, *64*
Schmittmann, Benedikt, Soziologe 87
Schnettler, W., Kreisschulrat 83, 91
Schreck, Carl, Reichstagsabg. u. 2. Vors. d. Gaues Oberweser d. DJH, Bielefeld 27–30,
   28
Schüler, Schriftsteller 94
Schulte, Kreisrat *40*
Schulte, Dr. Karl Joseph, Bischof von Paderborn 106 f.
Schumacher, Johannes, Kreisbauwart *27,* 36, 58, 70
Schumacher, Th., Historiker 111
Schwärzel, Bezirksjugendpfleger 101
Schwarz, Johann Ludwig Georg, preuß. Regierungsrat 11
Segin, Wilhelm, Historiker, Wewelsburg 11, 13 f., 40, 42 f., 81, 84
Seldte, Franz, Gründer und „Bundesführer" des „Stahlhelm" *115*

Siegl, Otto, Musikdirektor, Paderborn   125
Solemacher-Antweiler, Dr. Victor Frhr. von, Landrat von Büren   *14,* 20, *38,* 40, 43, 46, 48, 50 f., 56, *61,* 62 f., *63,* 77, *84,* 88, 92–96, 101, *102,* 103, 111 ff., 115 f., *118, 119,* 122, 125, 127, *128,* 129, 136, *137, 138,* 139 ff.
Spiegel, Kurt von, Ritter   *10*
Stellbrink, Gemeindevorsteher, Wewelsburg   *27,* 91
Stiehl, Wilhelm, Künstler, Wewelsburg   127

Terstesse, Kaufmann   91, 119
Thiele, Josef, Künstler   127
Thyssen, August, Unternehmer, Mülheim   19, *19,* 21, *23*
Tiede, Geheimrat   19
Tillmann, Erika und Klaus, Herbergseltern, Wewelsburg   145
Tochtrop, Redakteur, Büren   48, *48,* 91, 125
Tomaschewski, Gregor, Drogist, Büren   131, *131*
Tüffers, P., Kreisheimatpfleger   *27,* 91, 101, 117, 119, *137*

Valentiner, Wilhelm R.   *137*
Voermanek, Johannes, Historiker   13 f.
Vogels, Dr. Aloys, Landrat von Büren   14 f., *14,* 18–25, *21, 24, 25, 27,* 27–31, *28,* 33, 36, *36,* 39 f., *40,* 42 f., *42,* 46, *46, 49,* 50 f., *50,* 53, 65 f., 69 f., 73, 77, *77,* 83 f., 88, 91, 94 ff., *96,* 98 f., 117, 119, 121, 132, 136, 138 f., 141, 143–146
Voß, Lehrer, Ahden   84, *84*

Wagenfeld, Dr. Karl   125, 127
Waldeck, Grafen von   10
Wand, Dr. Gottfried, Bürgermeister und Vors. des Burgvereins   77, 79, *79,* 81, 91, 115
Wegener, Kreisrat   *40*
Weskamp, Domvikar, Paderborn   27
Wesselmann, Franz, Historiker   13, 133
Westphalen, Graf von   *121*
Wichart, Liborius, Bürgermeister von Paderborn   10
Wiedemeyer, Kreisrat   *40*
Wiepen, Lehrer, Weine   114 ff., 141
Wilcke, Waldemar, Künstler   127
Winkelmann, Adolf, Landrat von Büren   15, *15,* 18 f.
Würmeling, Dr. Bernhard, Oberpräsident, Münster   25, 28

Abbildungsverzeichnis

Seite

Luftaufnahme von Schloß und Dorf Wewelsburg aus den zwanziger Jahren
(KM W Fotoarchiv 1.4.2.0.) — 10

Grundriß der Wewelsburg aus dem Jahre 1806
(StA MS Kartensammlung A Nr. 19 848) — 12

Landrat Dr. Aloys Vogels
(150 Jahre Landkreis Büren, hg. vom Landkreis Büren, Büren 1966, nach S. 92) — 14

Blick vom Innenhof auf das Hauptportal der Wewelsburg in der Zeit vor 1924
(Westfälisches Landesamt für Denkmalpflege Münster) — 16

Pfarrer und Geistlicher Rat Johannes Pöppelbaum (vorn in der Mitte)
im Jahre 1930 anläßlich seines diamantenen Priesterjubiläums
(KM W Fotoarchiv 1.2.3.4.) — 24

Gesamtansicht der Wewelsburg von Südwesten aus dem Jahre 1924 vor Beginn
der Ausbaumaßnahmen – Foto: Günther
(KM W Fotoarchiv 1.4.3.4.) — 26

Entwurf für die Gestaltung des Obergeschosses der Wewelsburg vom
24. Juli 1924
(KM W Plan Nr. 17) — 30

Entwurf für die Gestaltung des Erdgeschosses der Wewelsburg vom
24. Juli 1924
(KM W Plan Nr. 15) — 32

Vorlage zur Beratung über den Erwerb der Wewelsburg vom 29. Januar 1925
für die Kreistagssitzung am 4. Februar 1925
(KA PB Nr. B 40, Bl. 343) — 34

Beschluß des Kreistages über den Erwerb der Wewelsburg in der Sitzung vom
4. Februar 1925, Aushang vom 6. Februar
(KA PB Nr. B 40, Bl. 347) — 35

Endgültige Fassung des Vertrages über den Erwerb der Wewelsburg durch den
Kreis Büren vom 9. März 1925
(KA PB Nr. B 421, S. 68a und 68b) — 37 f.

Landrat Dr. von Solemacher-Antweiler – anläßlich der Reichsjugendwettkämpfe auf dem neuen Wewelsburger Sportplatz im Oberhagen im August 1929
(KM W Fotoarchiv 1.5.4.) — 38

Schreiben des Landrats Vogels an den Attelner Amtmann Hartmann, in dem er
diesen zurechtweist, weil Atteln keine Bereitschaft zeigt, für die Wewelsburg
ein Fenster zu stiften
(KA PB Nr. B 406, S. 73a und 73b) — 41 f.

Blick in den Innenhof (1930) – Links im Erdgeschoß die durch Spenden
finanzierten Fenster
(Westfälisches Landesamt für Denkmalpflege Münster) — 45

159

Die Wewelsburg von Südosten mit Südwest- und Südostturm im Jahre 1932
(Westfälisches Landesamt für Denkmalpflege Münster)   47

Spendenaufforderung des Landrates an die Westfälische Drahtindustrie vom
6. Dezember 1924
(KA PB Nr. B 407, Bl. 39)   49

Entwurf für die Türen in Keller und Erdgeschoß des Westflügels vom
10. Oktober 1924
(KM W Plan Nr. 21)   51

Blick von der Burgbrücke auf den Nordturm im Jahre 1932
(Westfälisches Landesamt für Denkmalpflege Münster)   52

Entwurf für die Deckenaufteilung im „Rittersaal" vom 2. März 1925
(KM W Plan Nr. 28)   54

Kamin im Untergeschoß des Südflügels
(Aufnahme vor 1918 – Westfälisches Landesamt für Denkmalpflege Münster)   55

Derselbe Kamin an seinem neuen Standort im „Rittersaal" (Aufnahme aus dem
Jahr 1932) – Heute befindet sich der Kamin im Südwestturm
(Westfälisches Landesamt für Denkmalpflege Münster)   55

Plan zum Ausbau der Kopfwand im „Rittersaal" vom April 1925
(KM W Plan Nr. 31)   56

Details aus dem Entwurf zur Gestaltung des „Rittersaals"   57

Innenansicht des Nordturmes in einer Aufnahme vom 25. Juli 1930
(Westfälisches Landesamt für Denkmalpflege Münster)   58

Keller des Nordturms in einer Aufnahme aus dem Jahre 1934
(Westfälisches Landesamt für Denkmalpflege Münster)   59

Ablehnung von Erhaltungsarbeiten am Nordturm durch den Kreisausschuß
vom 27. Mai 1932
(KA PB Nr. B 406, Bl. 317)   60

Bestandszeichnung für die Sicherung des Nordturmes der Wewelsburg vom
14. November 1933
(KM W Plan Nr. 78)   61

Sicherungsarbeiten am Nordturm 1932
(KM W Fotoarchiv 1.4.7.1.)   63

Blick aus dem Südflügel auf die Sicherungsarbeiten am Nordturm –
Foto: Breithaupt 1932 (KM W Fotoarchiv 1.4.5.2)   63

Blick aus dem – heute z. T. verschütteten – Finneckestal auf den eingerüsteten
Nordturm
(KM W Fotoarchiv 1.4.4.6)   64

Aufnahme der Gründungsmitglieder des „Burgvereins" im Innenhof der
Wewelsburg vom 29. Juli 1924
(KM W Fotoarchiv 1.5.2.1)   65

Satzung des Vereins zur Erhaltung der Wewelsburg e. V. vom 16. Oktober 1927 (KA PB Nr. B 419)	67 f.
Aus dem Protokoll der ersten Sitzung des geschäftsführenden Ausschusses des Burgvereins vom 5. September 1924 mit Vorstandswahl und Beschluß erster Aktivitäten (KA PB – Protokollbuch des Burgvereins, S. 8 f.)	71 f.
Einladung zum Herbstfest auf der Wewelsburg am 14. November 1926 (KA PB Nr. B 410, Bl. 76)	74
Aufnahme vom Herbstfest des Burgvereins auf der Wewelsburg vom 14. November 1926 (KM W Fotoarchiv 1.5.5.)	75
Verzeichnis der Ehrenmitglieder des Burgvereins von 1931 (KA PB Nr. B 419, Bl. 317)	78
Bericht der Bürener Zeitung über das Herbstfest des Burgvereins 1927 auf der Wewelsburg (KA PB Nr. B 410, Bl. 138)	80
Programm der Eröffnungsfeier der Wewelsburg am 31. Mai 1925 (KA PB Nr. B 420, Bl. 178)	82
Informationsblatt zur Tausendjahrfeier der Rheinlande (KA PB Nr. B 420, Bl. 176)	86
Aufruf zur Teilnahme an der Eröffnung der Wewelsburg am 31. Mai 1925 (KA PB Nr. B 420, S. 159 a und b)	90 f.
Blick auf das Eingangstor im Jahre 1932 (Westfälisches Landesamt für Denkmalpflege Münster)	95
Prolog zur Eröffnungsfeier der Wewelsburg am 31. Mai 1925 (KA PB Nr. B 420, Bl. 177)	97
Bestandszeichnung vom Ostflügel der Wewelsburg (Jugendherberge) vom 5. Dezember 1932 (KM W Plan Nr. 58)	99
Theatergruppe Wewelsburg im Innenhof am 8. Dezember 1931 – Foto: A. Gieshoidt (KM W Fotoarchiv 1.5.2.10)	100
Umzug durch das Dorf aus Anlaß der 75-Jahrfeier des Jünglingsvereins (KM W Fotoarchiv 1.5.2.1.)	101
Plan für die Um- und Ausbauarbeiten eines Teils der Wewelsburg für den FAD vom 14. Juni 1933 (KM W Plan Nr. 65)	102
Programm des Konzerts der Katholischen Jugendvereine Dortmund-Derne in der Wewelsburg am 15. und 16. Mai 1932 (KA PB Nr. B 410, Bl. 223)	104

Schreiben des Landrats an die Geistlichen des Kreises über einen „Jugendpflegelehrgang für die weibliche Jugend" in der Wewelsburg vom 21. Mai 1929
(KA PB Nr. B 414, Bl. 186) — 105

Programm des Gautages des Katholischen Lehrerinnenverbandes am
24. Juni 1928
(KA PB Nr. B 410, Bl. 165) — 105

Plakat der Katholischen Spielschar „Union" Dortmund-Derne
(KA PB Nr. B 414, Bl. 143) — 106

Ankündigung eines Lehrgangs zur Förderung der Leibesübungen in der
Bürener Zeitung vom 6./7. Juni 1928, Nr. 130
(KA PB Nr. B. 410, Bl. 161) — 107

Bericht über die Haupttagung des Kronacher Bundes in der Bürener Zeitung
vom 8. Juni 1927
(Bürener Zeitung vom 8. Juni 1927, Nr. 130 – KA PB Nr. B 410, Bl. 94) — 108

Blick auf den Südflügel im Jahre 1932
(Westfälisches Landesamt für Denkmalpflege Münster) — 110

Bericht über die Tagung des Bundes Neudeutschland vom 7. – 13. Juni 1927 in
der Bürener Zeitung
(Bürener Zeitung vom 18. Juni 1927, Nr. 138 – KA PB Nr. B 410, Bl. 95) — 112

Programm der Kundgebung des Friedensbundes Deutscher Katholiken, Bezirk
Büren-Paderborn, in Wewelsburg am 6. September 1931
(KA PB Nr. B 410, Bl. 215) — 114

Aufnahme einer Versammlung der Teilnehmer der Reichsjugendwettkämpfe
1929 im Innenhof
(KM W Fotoarchiv 1.5.4.) — 117

Bericht des Westfälischen Volksblattes über das Kreisheimatfest in Wewelsburg
am 9. Juni 1929
(WV vom 11. Juni 1929, Nr. 161 – KA PB Nr. B 414, Bl. 73) — 118

Dankschreiben Bubens für seine Berufung in den Ehrenausschuß des Heimatmuseums vom 22. Februar 1923
(KA PB Nr. B 423, Bl. 44) — 120

Ablehnung der Wahl in den Ehrenausschuß durch den Grafen von Westphalen
vom 5. Februar 1923
(KA PB Nr. B 423, Bl. 42) — 121

Blick in den großen Keller des Westflügels vor seiner Herrichtung zum Heimatmuseum im Jahre 1924
(Westfälisches Landesamt für Denkmalpflege Münster) — 122

Das Kellergeschoß des Westflügels als Domizil des Heimatmuseums im
Jahre 1932
(Westfälisches Landesamt für Denkmalpflege Münster) — 123

Aufruf zur Sammlung von Gegenständen für das Heimatmuseum aus dem
Jahre 1923
(KA PB Nr. B 423, Bl. 63) — 124

Einrichtung des Museums im Kellergeschoß nach seiner Fertigstellung im
Jahre 1925
(KM W Fotoarchiv 1.4.7.4.1.) 125

Blick in das Kreisheimatmuseum im Jahre 1932
(Westfälisches Landesamt für Denkmalpflege Münster) 126

Einladung zum Kreisheimatfest am 9. Juni 1929 mit Veranstaltungsprogramm
(KA PB Nr. B 414, Bl. 84) 127

Geleitwort des Landrats zum Kreisheimatfest vom 9. Juni 1929
(KA PB Nr. B 414, Bl. 84) 128

Übersichtsplan über Einrichtung und Nutzung der Wewelsburg vom
6. Juni 1929
(KM W Plan Nr. 37) 130